Condomínio – Casos Resolvidos, Legislação e Jurisprudência

Condomínio – Casos Resolvidos, Legislação e Jurisprudência

Francisco Cabral Metello
Advogado

2011

CONDOMÍNIO
– CASOS RESOLVIDOS, LEGISLAÇÃO E JURISPRUDÊNCIA

AUTOR
Francisco Cabral Metello

EDITOR
EDIÇÕES ALMEDINA, S.A.
Rua Fernandes Tomás, nºs 76, 78, 80
3000-174 Coimbra
Tel.: 239 851 904 · Fax: 239 851 901
www.almedina.net · editora@almedina.net

DESIGN DE CAPA
FBA.

PRÉ-IMPRESSÃO
G.C. – GRÁFICA DE COIMBRA, LDA.
Palheira Assafarge, 3001-453 Coimbra
producao@graficadecoimbra.pt

IMPRESSÃO E ACABAMENTO
PAPELMUNDE, SMG, LDA.
V. N. de Famalicão

Outubro, 2011

DEPÓSITO LEGAL
334990/11

Apesar do cuidado e rigor colocados na elaboração da presente obra, devem os diplomas legais dela constantes ser sempre objecto de confirmação com as publicações oficiais.

Toda a reprodução desta obra, por fotocópia ou outro qualquer processo, sem prévia autorização escrita do Editor, é ilícita e passível de procedimento judicial contra o infractor.

BIBLIOTECA NACIONAL DE PORTUGAL – CATALOGAÇÃO NA PUBLICAÇÃO
METELLO, Fancisco Cabral
Condomínio : casos resolvidos, legislação
e jurisprudência.- (Guias práticos)
ISBN 978-972-40-4654-9
CDU 347

"Um grande homem realmente não tem tempo para fazer nada, a não ser sentar-se e ser Grande."

Francis Scott Key Fitzgerald
(Romancista norte americano, 1846-1940)

A *distância* traz *Saudade*... mas, nunca esquecimento!...

In memorian.
Luís Xavier

NÓTULA INTRODUTÓRIA

"É gratificante ver um castelo ou um edifício antigo que não está em decadência"[1]

Actualmente, o *"Condomínio"* representa um verdadeiro *"Universo"* multidisciplinar de relações *condominiais*.

Toda a temática em redor da *"Condomínio"* que, até há muito pouco tempo, não tinha – entre nós – qualquer relevo ou expressão jurídica, cultural, económica, ou social, assumiu – ao longo das últimas décadas – um papel absolutamente determinante e, até mesmo, preponderante na generalidade do país. Aliás, hoje em dia – curiosa e caricatamente –, constitui mesmo *conditio sine qua non* do quotidiano, numa qualquer *urbe*. Inclusive, é mesmo caso para afirmar: sem _ela_, nada feito!... Tal, a respectiva e, premente importância!

Motivos díspares justificaram de *per si*, a elaboração do presente trabalho.

Em primeiro lugar, pretendemos contribuir para uma total e cabal clarificação jurídica em redor da temática do *"Condomínio"*.

Na verdade, no mundo contemporâneo, o *"Condomínio"*, implica toda uma diversidade de conhecimentos!

Logo à partida, implica um absoluto domínio do próprio _instituto_ da **propriedade horizontal**; perpassa toda uma vasta legislação conexa (v.g.: *"NRAU"* (Novo Regime do Arrendamento Urbano), **Regulamento Geral do Ruído** (Decreto-Lei nº 9/2007, de 17 de Janeiro), *"RJUE"* (Regime Jurídico da Urbanização e Edificação – Decreto-Lei nº 555/99, de 16 de Dezembro), *"SCIE"* (Segurança contra incêndios em edifícios – Decreto-Lei nº 220/2008, de 12 de Novembro, entre

---

[1] Francis Bacon. Político, filósofo e ensaísta inglês (1561-1626).

outros diplomas...) e, finalmente, culmina – provavelmente – na conveniente aplicação de alguns programas informáticos.

Nesta *ratio*, o presente trabalho representa uma verdadeira resposta!...
Uma resposta, aos diversos intervenientes nas múltiplas relações *condominiais: proprietários/condóminos, arrendatários, usufrutuários, administradores de condomínios,* entre outros!...

Ao mesmo tempo, reproduz o produto de um longo percurso profissional – assembleias de condóminos, contencioso condominial, tribunais, seminários, reuniões, acções de formação!...
Em qualquer dessas ocasiões, a temática e/ou problemática do *"**Condomínio**"*, sempre constituiu uma profunda matéria de debate e resolução.

Nestas circunstâncias, considerámos por conveniente reunir nesta publicação, as principais dificuldades que diariamente *"desafiam"* os múltiplos intervenientes nessas relações *condominiais*.
Em plena consciência, da profunda amplitude das contrariedades envolvidas, temos como primordial intenção, auxiliar todos aqueles – *condóminos, arrendatários, firmas de administração de condomínios, ...* – se (preo)ocupam da temática *condominial*.
Assim sendo, os *casos práticos* aqui disponibilizados, constituem apenas breves notas de enunciação às soluções que consideramos mais adequadas a cada caso. Isto, não obstante, os *mesmos* encontrarem-se – *uns*, muito mais que *outros* – disponíveis a quaisquer outros desfechos.

Oxalá, o presente trabalho, se enquadre nas expectativas de todos!...
E, constitua – porventura – o dínamo para outros trabalhos.

Lisboa, Julho de 2011.

Francisco Cabral Metello

1º Caso Prático
A primeira Acta

No dia 1 de Março do ano transacto, o Sr. António José Oliveira, gerente, da firma de construção *"Choupal & Mondego, Ld*ª*"*, proprietária de algumas fracções do edifício, constituído sob o regime da propriedade horizontal, sito no nº 59 da Alameda Dr. Júlio Henriques, freguesia Almedina, em Coimbra, descrito na 1ª Conservatória do Registo Predial de Coimbra, inscrito na matriz predial urbana sob o artigo 123, endereçou por carta regista, "Convocatória da Assembleia de Condóminos".

Na época, a *"Choupal & Mondego, Ld*ª*"*, com sede na Calçada de Santa Isabel, nº 11 – 2º Esq., freguesia de Santa Clara, em Coimbra, ainda detinha a legítima e legal propriedade de 7 (sete) das 28 (vinte e oito) fracções do aludido edifício.

Na referida convocatória, além da indicação da respectiva data (13 de Março), hora (21.00 h) e local (sala do condomínio), ainda constava a seguinte *"Ordem de Trabalhos"*:

1. Apresentação de contas;
2. Constituição do Condomínio;
3. Eleição do cargo de Administrador;
4. Aprovação orçamento previsional;
5. Abertura de contas bancárias.

Simultaneamente, a *"Choupal & Mondego, Ld*ª*"* afixou num dos elevadores desse edifício, um Aviso de realização da Assembleia de Condóminos. Igualmente, com a correspondente indicação: data, hora, local e *"Ordem de Trabalhos"*.

Na aprazada data, compareceram os legítimos e legais proprietários (**condóminos**) das 21 (vinte e uma) fracções; bem como, o Sr. António José Oliveira, em representação, da firma de construção *"Choupal & Mondego, Ld.ª"*. Inclusive, desde logo apresentou e juntou, a devida Procuração para os efeitos.

Os proprietários/condóminos, presentes e/ou representados, constituíam 100% do valor total do edifício. Existindo, dessa forma, quórum deliberativo totalitário.

Exerceu, então, as funções de presidente da mesa da Assembleia, o Sr. António José Oliveira.

Logo ao iniciar a Assembleia de Condóminos, o Sr. António José Oliveira efectuou uma exposição detalhada sobre o absoluto interesse pela *"Choupal & Mondego, Ld.ª"*, na futura constituição do condomínio. Isto, porquanto, encontrarem-se vendidas a maior parte das fracções e, nos últimos quatro meses, ter a *"Choupal & Mondego, Ld.ª"*, suportado – pela totalidade – todos os encargos de conservação e fruição das *"partes comuns"*.

Neste quadro, seria conveniente e/ou – até mesmo – aconselhável proceder à respectiva transferência e repartição de responsabilidades dos *"encargos de conservação e fruição das partes comuns do edifício"* (conforme resulta do artigo 1424.º do Código Civil), pelos respectivos proprietários/*condóminos* *"residentes"*.

Por esse mesmo motivo, o Sr. António José Oliveira apresentou todo um conjunto de despesas já efectuadas, e devidamente liquidadas, ao longo dos últimos quatro meses (água, luz, limpeza das partes comuns, manutenção elevadores, entre outras...).

Também apresentou, orçamento previsional dos *"encargos de conservação e fruição das partes comuns"*, para os restantes meses (até ao final desse ano).

Aproveitou, igualmente, a oportunidade para apresentar uma proposta da firma *"Choupal & Mondego, Ld.ª"*, quanto à futura repartição dos *"encargos de conservação e fruição"*.

Assim, tendo em particular consideração as despesas anteriormente suportadas e, dado encontrarem-se – ainda – por vender algumas fracções autónomas daquele edifício/condomínio, a *"Choupal & Mondego, Ld.ª"* pretenderia, única e simplesmente, contribuir para o habitual *"fundo comum de reserva"*. Repartindo-se, os futuros *"encargos de conservação das partes comuns"* pelos proprietários/*condóminos* já residentes no edifício.

Progressivamente, à medida que aquelas fracções autónomas fossem sendo vendidas, os futuros proprietários/*condóminos* assumiriam os correspondentes *"encargos de conservação e fruição"* na proporção das respectivas responsabilidades (i.e.: permilagem/percentagem).

Acordaram os proprietários/*condóminos*, por unanimidade, proceder à futura constituição do ***"condomínio"***, junto do RNPC (Registo Nacional de Pessoas Colectivas).

Iniciado o período de votações, foi eleito para o cargo de Administrador, o Sr. Artur Jorge Teixeira, proprietário/*condómino* da fracção *"L"*.

Quanto ao quarto ponto da *"Ordem de Trabalhos"*, a Assembleia aprovou o orçamento previsional de receitas e despesas no montante de € 9.999,99. O orçamento apresentado e aprovado, constitui anexo à presente Acta, fazendo parte integrante desta.

Porém, entendeu aquela Assembleia de Condóminos – por maioria – não aceitar, de forma alguma, a proposta apresentada pela firma *"Choupal & Mondego, Ld*ª*"*, no que respeita à sua futura comparticipação, apenas, para o *"fundo comum de reserva"*.

Aliás, ficou mesmo bem patente e, desde logo, convenientemente lavrado em Acta, a absoluta intenção da Assembleia de Condóminos em mover todos os mecanismos legais para efectiva cobrança de todas e quaisquer dívidas relativas aos *"encargos de conservação e fruição"*, na eventualidade da *"Choupal & Mondego, Ld*ª*"* não acarretar com todas as suas responsabilidades.

Relativamente ao quinto ponto da *"Ordem de Trabalhos"* (abertura de contas bancárias), deliberaram os proprietários/*condóminos* presentes, procederem à abertura de duas contas bancárias no Banco *"X"*; considerando sempre por conveniente a assinatura para movimentação dessas contas do Administrador (Sr. Artur Jorge Teixeira – proprietário da fracção *"L"*) e, do administrador provisório (Sr. Celestino da Silva – proprietário da fracção *"D"*).

A terminar a referida Assembleia, alguns proprietários/*condóminos* questionaram o representante da *"Choupal & Mondego, Ld*ª*"*, quanto à existência do seguro multi-riscos das *"partes comuns"* do edifício.

Também, considerou a Assembleia de Condóminos, por oportuna, a futura elaboração e apresentação, por parte do Administrador, dum projecto de *"Regulamento do Condomínio"*; prevendo eventuais *"penas pecuniárias"* aos proprietários/*condóminos* em mora nas respectivas quotizações.

Por volta das 22,30h foram encerrados os trabalhos, tendo sido elaborado de imediato pelo Sr. António José Oliveira a 1ª (primeira) Acta do Condomínio. Sendo, devidamente, lida, aprovada e, convenientemente, assinada pelo Presidente da Mesa da Assembleia de Condóminos e, por todos os condóminos presentes e/ou representados.

Uma vez concluída, a Assembleia de Condóminos, o Sr. António José Oliveira, procedeu de imediato à entrega ao novo Administrador de diversa documentação e, alguns objectos.

Ao mesmo tempo, procedeu à afixação – vitrina do hall de entrada do edifício – da identificação do novo Administrador em exercício.

Questão:

Importa – essencialmente – apurar a validade da presente convocatória, respectivas deliberações e, consequentes trâmites legais.

Resolução:

1. Ao analisarmos o presente caso, verificamos a perfeita conformidade da *"Convocatória"* face aos requisitos legais exigidos pelo nº do 2 do artigo 1431º do Código Civil («*a assembleia também reunirá quando for convocada pelo administrador ou por condóminos que representem, pelo menos, vinte e cinco por cento do capital investido*»).

Efectivamente, a firma de construção *"Choupal & Mondego, Ldª"* detém e/ou detinha 25% do capital investido. Logo, revela-se absoluta e legítima essa *"Convocatória"*.

Além do mais, a presente *"Convocatória"* apresenta alguma acuidade, porquanto respeita à futura transferência de responsabilidades entre construtor (entenda-se: *proprietário*) e *condóminos*, no que tange aos futuros *"encargos de conservação e fruição"* das *"partes comuns"* do *condomínio*.

2. Por outro lado, foram convenientemente preenchidos todos os requisitos constantes nos nºs 1 e 2 do artigo 1432º do Código Civil. Ou seja: convocação por carta registada com 10 (dez) dias de antecedência e, com indicação de data, local, hora e respectiva *"Ordem de Trabalhos"*.

Neste capítulo, os aludidos 10 (dez) dias devem ser considerados em termos de calendário, excluindo-se o dia da recepção e, o próprio dia da Assembleia.

3. Já, a afixação dum aviso de realização da Assembleia de Condóminos, no elevador ou, até mesmo, noutro local comum do edifício; não se enquadra, de forma alguma, em quaisquer dos requisitos legais. Podendo considerar-se ineficaz, juridicamente, a sua afixação.

Eventualmente, poderá servir – apenas e só – para (*re*)lembrar aos *condóminos*, a necessidade de participação nessa reunião condominial.

4. Na verdade, constitui um *direito*, bem como, um *dever* dos *condóminos*, participarem – activamente – na *"vida"* condominial. Como tal, os *condóminos* podem e/ou devem representar-se por procurador (cfr. nº 3 do artigo 1431º do Código Civil). Nestes termos, a presença do Sr. António José Oliveira, enquadra-se – por absoluto – nessas mesmas exigências legais.

5. Tendo em particular consideração o disposto no nº 3 do artigo 1432º do Código Civil, quaisquer deliberações, são tomadas, salvo disposição especial, por maioria de votos representativos do capital investido.

6. Por sua vez, os encargos com as despesas necessárias à conservação e fruição das partes comuns do edifício e, ao pagamento de serviços de interesse

comum são da exclusiva responsabilidade dos *condóminos*, na proporção do valor das respectivas fracções (nº 1 do artigo 1424º do Código Civil).

Porém, a proposta apresentada pela firma *"Choupal & Mondego, Ldª"*, não se apresenta por completo desajustada da realidade. Frequentemente, nalguns condomínios, verifica-se a aceitação desse tipo de proposta por contrapartida aos encargos outrora liquidados pelo construtor até constituição do *condomínio*.

7. É claro que, compete sempre à Assembleia de Condóminos a eleição e exoneração do cargo de Administrador (cfr. nº 1 do artigo 1435º do Código Civil).

8. É comum, na generalidade dos condomínios, a existência de duas contas bancárias. Uma – à ordem – tem como objectivo primordial fazer face às despesas comuns (água, electricidade, limpeza, pagamento de outros serviços...) e, uma outra – a prazo – destinada exclusivamente ao designado *"fundo comum de reserva"* (cfr. artigo 4º do Decreto-Lei nº 268/94, de 25 de Outubro.

Regra geral, esta última é movimentada anualmente. Neste sentido, transfere-se um determinado montante – devida e convenientemente apurado no final de cada exercício –, da conta à ordem, para a conta a prazo.

"É obrigatória a constituição, em cada condomínio, de um fundo comum de reserva para custear as despesas de conservação do edifício, ou conjunto de edifícios" (cfr. artigo 4º do Decreto-Lei nº 268/94, de 25 de Outubro).

Obviamente, este *"Fundo Comum de Reserva"*, tem como primordial desiderato, fazer face à progressiva e normal degradação de qualquer edifício.

Nesse sentido, devem ser realizadas *«pelo menos uma vez em cada período de oito anos»*, obras de conservação (cfr. nº 1 do artigo 89º do Decreto-Lei nº 555/99, de 16 de Dezembro (*"RJUE"* – Regime Jurídico da Urbanização e da Edificação).

9. Como resulta do disposto nos nºs 1 e 2 do artigo 1429º-A do Código Civil, incumbe à Assembleia de Condóminos, a realização do *"Regulamento do condomínio"*. Nestes termos, a realização pelo *Administrador* desse documento interno poderá constituir uma – manifesta – delegação de poderes.

10. Em termos gerais, poderemos definir o *"Regulamento do Condomínio"*, como um conjunto de normas internas pelas quais se regem todos os condóminos.

11. Naturalmente, em sede de *"Regulamento do Condomínio"*, não poderemos deixar de abordar a previsão de eventuais *"penas pecuniárias"* (situação bem distinta da fixação de juros de mora!...). Conforme resulta do disposto no nº 1 do artigo 1434º do Código Civil, em conjugação com o nº 1 do artigo 6º do Decreto-Lei nº 268/94, de 25 de Outubro, na expressão *«contribuições devidas ao condomínio»*.

Porém, por força do disposto no nº 2 do artigo 1434º do Código Civil, o montante das designadas *"penas pecuniárias"* aplicáveis em cada ano, nunca poderá exceder a quarta parte do rendimento colectável do infractor (entenda--se: *condómino*).

12. Outra matéria que também importa analisar, respeita ao seguro de incêndio. Efectivamente, a legislação em vigor, só torna obrigatória a existência do seguro de incêndio «*quer quanto às fracções autónomas, quer relativamente às partes comuns*», conforme resulta do disposto no nº 1 do artigo 1429º do Código Civil. Também não poderemos deixar de aludir à competência do *Administrador*, no sentido proceder à respectiva actualização, em conformidade com o índice publicado pelo Instituto de Seguros de Portugal (nº 3 do artigo 5º do Decreto-Lei nº 268/94, de 25 de Outubro).

Todavia, nada invalida a realização dum seguro multi-riscos, de forma a abarcar um maior número de situações.

13. Na verdade, "*são obrigatoriamente lavradas actas das assembleias de condóminos, redigidas e assinadas por quem nelas tenha servido de presidente e subscritas por todos os condóminos que nelas tenham participado*" (cfr. artigo 1º do Decreto-Lei nº 268/94, de 25 de Outubro).

A Acta constitui o único meio de prova das deliberações tomadas numa qualquer Assembleia de Condóminos (*Ordinária* ou *Extraordinária*).

As deliberações da Assembleia de Condóminos, convenientemente consignadas em Acta, sempre que assinadas pelos condóminos representativos da maioria dos votos essências à tomada das deliberações, possuem força probatória, representando a vontade colegial e, revelam-se vinculativas tanto para os condóminos – inclusive para os que não tenham participado na reunião ou, participado se abstiveram na votação e/ou votaram contra – bem como, para os terceiros titulares de direitos relativos às fracções autónomas (v.g.: *arrendatário, usufrutuário*).

14. Cremos, essa transferência de documentação e, abertura e/ou alteração de assinaturas junto das instituições bancárias ou, outras entidades, dever ocorrer dentro da maior brevidade possível; tendo em vista assegurar a normal e regular liquidação de futuros encargos de conservação e fruição.

15. Por sua vez, a afixação da identificação do (novo) *Administrador* em exercício, na vitrina do hall de entrada do edifício, encontra-se em perfeita sintonia com o disposto no artigo 3º do Decreto-Lei nº 268/94, de 25 de Outubro. Trata-se, dum *direito* dos *condóminos* ou, terceiros (ex: *usufrutuário, arrendatário*, entre outros).

Doutrina e Jurisprudência

"*Em síntese, entendemos que entre a data da recepção da convocação, seja por correio registado, seja mediante entregue em mão, e a data da realização da assembleia geral devem mediar, pelo menos, 10 dias completos de calendário, em cuja contagem não se inclui nem o dia da recepção, nem aquele em que a assembleia se realiza; assim, se a convocatória foi recepcionada em 5, a assembleia não pode ter lugar antes de 16".*[2]

"1. A Lei nº 60/2007, de 4 de Setembro, aditou ao Decreto-lei nº 555/99, de 16 de Dezembro este artigo 89º-A no sentido de penalizar o proprietário do prédio ou qualquer outra pessoa quando realizem, com dolo, acções que conduzam ao agravamento ou que provoquem falta de segurança ou de salubridade, que provoquem a deterioração do prédio, mesmo que essa deterioração não conduza à falta de segurança ou de salubridade, ou que prejudiquem o seu arranjo estético. A dificuldade de aplicação desta norma está em provar o dolo.

2. O nº 2 desta norma elencam-se três tipos de acções de presunção dolosa, obviamente ilidível, de violação do nº 1, estendendo-se no seu nº 3 a aplicação do estatuído nesta disposição a qualquer pessoa, independentemente de ser ou não proprietário do imóvel".[3]

"1. Subsiste, na actual versão do "RJUE", a obrigação do(s) proprietário(s) em proceder(em) às obras de conservação pelo menos uma vez em cada período de oito anos,

Preocupação, já bem antiga!... "Grosso modo, se recuarmos no Tempo – sensivelmente um século –, já Regulamento de Salubridade das Edificações Urbanas, aprovado pelo Decreto de 14 de Fevereiro de 1903, concedia poderes de polícia administrativa das edificações urbanas, às respectivas câmaras municipais. Atitude que, para a época, já demonstrava consciente ou inconscientemente –, as mais profundas preocupações nesta matéria. Aliás, estamos mesmo em crer, encontrarmo-nos perante um diploma absoluta e manifestamente "avant garde"!...

No mesmo sentido – quase meio século depois – também o tão famoso e "velhinho" RGEU (Regulamento Geral das Edificações Urbanas) – Decreto-Lei nº 38 382, de 7 de Agosto de 1951 –, previa a possibilidade das câmaras municipais (lex rei sitae) determinarem a execução de obras nos edifícios.

2. Todavia, entendeu o legislador ordinário, acrescentar – nesta recente alteração – a obrigação do(s) proprietário(s), independentemente deste prazo, realizar(em) todas as obras necessárias à manutenção da sua segurança, salubridade e arranjo estético.

3. Nesta nova versão, acresce ainda, às câmaras municipais, muito para além das habituais obras – necessárias à correcção de más condições de segurança ou salubridade – a faculdade em intervirem para efeitos de melhoria do arranjo estético."[4]

---

[2] In Manual da Propriedade Horizontal, Abílio Neto, Ediforum, 3ª Edição, Outubro 2006, pág. 333.

[3] In Regime Jurídico Urbanização e da Edificação Comentado, Fernanda Paula Oliveira, Maria José Castanheira Neves, Dulce Lopes, Fernanda Maçãs, Almedina, 2ª edição, Março 2009, pág. 518 e 519 (comentário ao artigo 89º-A).

[4] In RJUE – Regime Jurídico da Urbanização e Edificação, Francisco Cabral Metello, Almedina, Outubro 2008, pág. 167.

"O campo de aplicação do actual n.º 1 do artigo 89.º é, assim, idêntico ao estatuído no artigo 9.º do RGEU, já que igualmente estabelece que as edificações devem ser objecto obras de conservação, pelo menos uma vez em cada período de 8 anos. Mas diferentemente do que acontecia com a versão inicial deste artigo, as alterações introduzidas pela Lei 60/2007 vieram consagrar uma obrigação genérica de efectuar obras necessárias à segurança e salubridade, independentemente do prazo de 8 anos. Acresce ainda que o dever de conservação do n.º 1 do artigo 89.º, abrange também aspectos estéticos dos edifícios e não apenas as questões de segurança e salubridade."[5]

"Embora se trate de uma medida jurídica de carácter positivo, cujos efeitos práticos se mostram irrelevantes, o problema da degradação dos centros urbanos dificilmente se resolverá com imposições desta natureza.

A obrigatoriedade de conservação do edificado, de oito em oito anos, já vigora desde o governo de Duarte Pacheco, com a entrada em vigor do RGEU em 1951 e o resultado está à vista.

A situação, poderá ser eventualmente atenuada, através de um processo interdisciplinar, envolvendo acções concertadas em que a política fiscal, social e económica, de incentivo ao arrendamento e ao investimento em reabilitação urbana se conjuguem e objectivos concretos e rigorosamente definidos".[6]

"I – O que releva é o uso que cada condómino pode fazer das partes comuns, medido em princípio pelo valor relativo da sua fracção e não o uso que efectivamente se faça delas; a responsabilidade das despesas de conservação subsistirá mesmo em relação àqueles condóminos que, podendo fazê-lo, não utilizem (por si ou por intermédio de outrem) as respectivas fracções e se não sirvam, por conseguinte, das partes comuns do prédio.

II – Se uma "sala do condomínio" e uma "arrecadação geral" do edifício – partes comuns – se localizam no 11.º piso do prédio, apenas aí sendo possível aceder através das escadas e dos ascensores do imóvel – também partes comuns – há que concluir, segundo um critério aferidor de carácter objectivo – o único legalmente definidor da situação – ser manifesta a susceptibilidade (abstracta) de as diversas fracções poderem ser servidas pelas referidas partes e equipamentos comuns.

III – Não se pode considerar isento de responsabilidade pelos encargos relativos às partes comuns, qualquer condómino cuja fracção esteja objectivamente em condições de ser servida por essas partes ou equipamentos comuns.

IV – Apenas poderão ficar isentos de contribuir para as despesas de manutenção e conservação dos elevadores os condóminos cujas fracções não são (nem podem ser) servidas

---

[5] In Regime Jurídico da Urbanização e da Edificação, João Pereira Reis, Margarida Loureiro, Rui Pereira Lima, 3ª Edição Revista e Actualizada, Almedina, Outubro 2008, pág. 258 (anotação ao artigo 89º).
[6] In Regime Jurídico da Urbanização e da Edificação, António Manuel Góis Nóbrega, pág. 265 (comentário ao artigo 89º-A).

por eles como os rés-do-chão, a menos que possuam algum arrumo no último piso ou na cave (neste incluída uma garagem ou um lugar no aparcamento) no caso desta também ser servida por elevador, ou se houver no último piso um terraço, sala de reuniões ou de convívio que possa ser usada por todos os condóminos.

V – É possível instituir, por acordo majoritário da assembleia de condóminos, um critério equitativo/proporcional de repartição de despesas distinto do da proporcionalidade (permilagem) do valor das respectivas fracções, quiçá em função da regularidade ou da intensidade da utilização das partes ou equipamentos comuns." (Acórdão do Supremo Tribunal de Justiça, de 24.02.2005, Colectânea de Jurisprudência, Acórdãos do Supremo Tribunal de Justiça, 2005, Tomo I, pág. 95).

"*I – No artigo 89º do DL nº 555/99, de 16.12, que estabelece que as edificações devem ser objecto de obras de conservação pelo menos em cada período de oito anos, atribuindo às câmaras municipais poderes para determinarem a execução das obras de conservação necessárias à correcção de más condições de segurança ou salubridade, consagram-se deveres de direito público, cujo incumprimento não atribui a nenhum particular o direito ao proprietário a realização das aludidas obras.*

II – Não existe, no regime legal da propriedade horizontal, norma que permita a um dos condóminos exigir dos restantes a realização de obras de conservação das partes comuns, para prevenir lesões ao património ou à sua saúde." (Acórdão da Relação de Lisboa, de 28.09.2006, Colectânea de Jurisprudência, 2006, Tomo IV, pág. 67).

2º Caso Prático
Alteração destino da fracção

Aos 19 dias do mês de Março do ano transacto, reuniu, pelas 20.00 horas, na sala do condomínio, a Assembleia de Condóminos do edifício, constituído sob o regime da propriedade horizontal, sito no nº 584 da Av. Fernão de Magalhães, freguesia de Santa Cruz, em Coimbra, descrito na 2ª Conservatória do Registo Predial de Coimbra, inscrito na matriz predial urbana sob o artigo 123, com a seguinte *"Ordem de Trabalhos"*:

1. Apresentação, discussão e votação das despesas e receitas referentes ao período de .../.../... a .../.../...;
2. Eleição e/ou reeleição do cargo de Administrador;
3. Alteração do título constitutivo.

Uma vez, conferida a lista de condóminos, verificou-se a presença de todos os legítimos e legais proprietários/*condóminos*.

Presidiu, então, à mesa da Assembleia de Condóminos, o Sr. Joaquim Lucas Jesus.

Os pontos, 1º e 2º da *"Ordem de Trabalhos"*, foram aprovados por maioria dos presentes.

Relativamente ao 3º ponto da *"Ordem de Trabalhos"*, o *Administrador* (Sr. Joaquim Lucas Jesus) apresentou a pretensão do Sr. Arq. Paulo Grilo – proprietário da fracção autónoma designada com a letra *"C"* (1º Dtº) – na futura alteração do título constitutivo e, a realização de algumas obras no interior da respectiva fracção autónoma.

Com efeito, a escritura de constituição do regime de propriedade horizontal do aludido edifício, destina(va) a referida fracção autónoma, exclusivamente, a habitação.

Contudo, após aquisição da referida fracção autónoma – designada pela letra *"C"* –, pretende o Sr. Arq. Paulo Grilo, destiná-la a *atelier* de arquitectura e, posteriormente, afixar uma pequena placa na porta de entrada do edifício.

Nesta matéria, durante o período de debate, diversos *condóminos* manifestaram alguma insatisfação por aquela fracção autónoma adquirir um cariz absolutamente distinto do inicialmente previsto no título constitutivo. Também demonstraram, preocupação pela respectiva segurança do próprio *condomínio*. Afinal, a existência duma qualquer actividade comercial e/ou liberal, num condomínio, sempre acarreta a presença dum número incalculável de visitas. Alertaram, ainda, esses condóminos para os elevados custos implícitos à própria modificação do título constitutivo. Por fim, também, manifestaram alguma preocupação pela realização de obras nessa fracção autónoma. Muito provavelmente seria, na opinião de alguns condóminos, necessária autorização por parte de alguma entidade municipal.

Por sua vez, o proprietário da fracção designada pela letra *"C"* (Sr. Arq. Paulo Grilo), teve oportunidade em esclarecer os condóminos, quanto à inexistência de quaisquer prejuízos. Isto, porquanto, a própria actividade a desenvolver implicar alguma tranquilidade, não produzir quaisquer tipos de ruído e, o número de visitas ser bastante reduzido. Salientou, ainda, o benefício do próprio *condomínio*, com a presença daquele *atelier*. Afinal, sendo o *condomínio* composto na totalidade por fracções habitacionais, a presença duma actividade liberal, até poderia constituir um motivo absolutamente dissuasor para eventuais intrusos. Além do mais, nunca pretenderia causar prejuízos ao *condomínio*; nem sequer, ao exercício da respectiva actividade profissional.

Quanto à realização de obras no interior da fracção, esclareceu apenas pretender unir duas divisões, no sentido dotar o *atelier* de maior funcionalidade.

Relativamente à eventual emissão de ruídos, durante o período de obras, o Sr. Arq. Paulo Grilo, teve oportunidade esclarecer apenas ocorrer durante o período diurno, aos dias úteis, não ultrapassar mais de três dias e, não acarretar qualquer incómodo aos condóminos.

A terminar, o Sr. Arq. Paulo Grilo, manifestou total disponibilidade em suportar todos e quaisquer encargos inerentes à futura modificação do título constitutivo.

Colocada a pretensão do Sr. Arq. Paulo Grilo a votação, foi a mesma aprovada por unanimidade.

Nada mais havendo a deliberar, a Assembleia de Condóminos foi encerrada às 21,40 horas, sendo lavrada e, assinada por todos os condóminos, a respectiva Acta.

CASO PRÁTICO

desempenha de igual modo uma função modeladora do respectivo estatuto, sempre que complete o regime legal ou consagre alguma das opções nele previstas em detrimento das restantes, tanto mais que, atenta a sua natureza real e consequência eficácia erga omnes após ser levado ao registo predial, torna-se cogente em relação aos futuros adquirentes das fracções, independentemente do seu assentimento." (In Manual da Propriedade Horizontal, Abílio Neto, Ediforum, 3ª Edição, Outubro 2006, págs. 75 e 76).

"Pode, todavia, acontecer – e é o que na prática ocorre com carácter geral – que a entidade licenciadora fixe o fim da fracção através do recurso a expressões genéricas, v.g., "estabelecimento comercial", "escritórios", "serviços", "actividades industriais compatíveis com o uso habitacional do edifício" e outras similares. Ora, se o(s) instituidor(es) da propriedade horizontal quiser(em) restringir, com eficácia em relação a terceiros, a actividade a desenvolver na fracção, aí, sim, pode(em) e deve(m) fazer constar do título o fim, v.g., indicando quais os ramos de comércio ou modalidades de serviços exercitáveis no local, que "género" de escritórios, quais as actividades industriais admitidas. Só assim tais restrições poderão ser levadas ao registo predial, e, como tal, se tornam oponíveis a terceiros, incluindo subadquirentes de tais fracções (vid. Acórdão RL, de 4.10.1990, Col. Jur., 1990, 4º-136).

Ou seja, o que o nº 3 do art. 1418º veda, sob pena de nulidade, é que se estabeleça, no título constitutivo da propriedade horizontal, como fim a que se destina cada fracção ou parte comum, algo de diferente do que foi fixado no projecto aprovado pela entidade competente – por ex., passar um espaço comum destinado a porteiro para fracção autónoma (Ac. STJ, de 9.3.1994; Col. Jur/STJ, 1994, 1º-144; contra, Ac. STJ, de 12.5.2005); ou uma fracção destinada a habitação ser afecta ao exercício de profissão liberal –, mas admite que no âmbito da destinação genérica ali fixada, se introduzam restrições; o que está vedado é ir além ou fora da afectação definida pela autoridade administrativa licenciadora.

Sintetizando, dir-se-á que, muito embora, como vimos, o destino das fracções não tenha obrigatoriamente de constar do título constitutivo da propriedade horizontal, se nele tiver sido fixado, e estiver em conformidade com o projecto aprovado pela entidade pública competente, passa a fazer parte do estatuto real do condomínio, com eficácia erga omnes, do qual constitui um elemento essencial, e não meramente acidental, e, daí, a sua publicidade registral (art. 83ºa1-c, e 95º-1-p, do Cód Reg. Predial).

Assim, a posterior alteração do fim ou destinação cai na previsão do art. 1419º do Cód. Civil, de tal modo que só pode ter lugar havendo acordo de todos os condóminos, tem de ser reduzida a escritura pública e licenciada previamente pela Câmara Municipal. O acordo dos condóminos ou é manifestado através da intervenção pessoal de todos eles na escritura, ou é comprovado por acta assinada por todos, podendo, neste caso, ser o administrador a outorgá-la, em representação do condomínio, como melhor se verá a propósito do mencionado art. 1419º." (In Manual da Propriedade Horizontal, Abílio Neto, Ediforum, 3ª Edição, Outubro 2006, pág. 82).

3º Caso Prático
Inovações: uma pala

O Sr. Manuel António Leitão, proprietário da fracção autónoma designada pela letra "*B*" (R/c Direito) do edifício constituído sob o regime da propriedade horizontal, sito no nº 71 da Rua Carlos Seixas, freguesia de Santo António dos Olivais, em Coimbra, descrito na 1ª Conservatória do Registo Predial de Coimbra, inscrito na matriz predial urbana sob o artigo 123, recebeu em 29 de Julho do ano transacto, uma carta registada com aviso de recepção, do *Administrador* do referido *condomínio*.

A aludida carta, continha cópia da Acta da Assembleia de Condóminos, realizada – então – no dia 4 de Julho.

Entre as inúmeras deliberações (Aprovação do relatório e contas do último exercício, aprovação do orçamento previsional para o novo exercício, (re)eleição do cargo de Administrador, obras nas partes comuns, entre outras...), daquela Assembleia de condóminos, saliente-se:

"*A futura colocação duma cobertura/pala, no exterior da porta de entrada do edifício, tendo como objectivo proteger todos os condóminos e/ou utentes, contra quaisquer intempéries.*"

"*Orçamento no montante de € 7 575,75 (sete mil quinhentos e setenta e cinco euros e setenta e cinco cêntimos), a suportar por todos os condóminos na proporção do valor das respectivas fracções.*"

Ao analisar a Acta em questão, o Sr. António Manuel Leitão, rapidamente vislumbrou alguns motivos de profunda discórdia.

Logo, em primeiro lugar, por considerar essas obras nas "*partes comuns*" do edifício (entenda-se: fachada) manifestamente desnecessárias, constituírem natureza absolutamente voluptuária, e colocarem mesmo em risco, a própria

CONDOMÍNIO – CASOS RESOLVIDOS, LEGISLAÇÃO E JURISPRUDÊNCIA

segurança da sua fracção. Afinal, a futura colocação dessa cobertura e/ou pala, facultaria facilmente a introdução de qualquer malfeitor na sua residência. Isto, porquanto, proporcionar e facilitar o rápido acesso às janelas da sua fracção.

Por outro lado, por considerar essas "obras" colocarem profundamente em risco a própria linha arquitectónica e/ou arranjo estético do edifício. E, a finalizar, por representarem uma profunda e manifesta violação aos direitos de autor (entenda-se: traços do arquitecto).

Nestes termos, em 21 de Julho, o Sr. Manuel António Leitão, considerou por conveniente, endereçar carta registada com aviso de recepção à Assembleia de Condóminos – e, ao cuidado do *Administrador* –, relevando a sua total e profunda discordância na realização das referidas obras. Aproveitou, igualmente, a oportunidade para manifestar intenção em recusar – judicialmente – a respectiva (com)participação naquela inovação.

Questão:

Atendendo ao conceito legal de inovações, compete avaliar a respectiva aprovação e, a futura (com)participação do(s) *condómino*(s), na respectiva realização.

Resolução:

1. Antes de mais, ao iniciar e debruçarmo-nos sobre a presente temática, somos desde logo tentados, e – porque não dizer – quase compelidos a debruçarmo-nos sobre uma questão prévia. *In concreto*, a observância de alguns trâmites legais.

Assim, incumbe ao *Administrador* comunicar – no prazo de 30 dias – aos *condóminos* ausentes, todas as deliberações, conforme resulta do disposto no nº 6 do artigo 1432º do Código Civil.

Por sua vez, os *condóminos* ausentes dispõem do prazo de 90 dias – após recepção de carta registada com aviso de recepção, dando conhecimento das deliberações – para comunicarem, por escrito, à Assembleia de Condóminos, o seu assentimento ou discordância (cfr. nº 7 do artigo 1432º do Código Civil).

Ora, no caso em análise, quaisquer destes prazos foram atempada e escrupulosamente respeitados por quaisquer dos intervenientes nesta relação condominial (*Administrador* e/ou *condómino*).

Questão – ainda – a observar, centraliza-se na forma de comunicação do *condómino* à Assembleia, quanto ao respectivo assentimento ou discordância. Na realidade, o legislador apenas exige uma comunicação «por escrito»!... Nada refere, quanto á respectiva *forma* legal: carta registada ou, eventualmente, carta registada com aviso de recepção.

CASO PRÁTICO

Assim, tendo em especial consideração, a forma exigida de comunicação das deliberações aos condóminos ausentes; pugnamos – *mutatis mutandis* – pela mesma medida. Isto é: carta registada com aviso de recepção.

2. Uma vez ultrapassada esta questão, debrucemo-nos, definitivamente no conceito inovação. Constituirá, toda e qualquer alteração e/ou modificação (introduzidas – título constitutivo – tanto na *substância*, bem como na sua própria *forma*), desde que, reverta em benefício de certo(s) e determinado(s) condómino(s). Por exemplo: a construção duma churrasqueira no terraço comum do edifício, a instalação de painéis solares, a construção de arrecadações num pátio comum dos condóminos, a instalação dum parque infantil no jardim do condomínio, entre muitas outras situações...

3. A introdução de quaisquer inovações nas «*partes comuns*» do condomínio depende – sempre – da aprovação da maioria dos condóminos. Devendo, essa mesma, maioria representar dois terços (2/3) do valor total do prédio (cfr. nº 1 do artigo 1425º).

4. Conforme resulta do disposto no nº 2 do artigo 1426º do Código Civil «*os condóminos que não tenham aprovado a inovação são obrigados a concorrer para as respectivas despesas*».

5. Eventual e excepcionalmente, os condóminos discordantes podem imiscuir-se às respectivas despesas, sempre que, a recusa seja judicialmente havida como fundada (cfr. nº 2 do artigo 1426º do Código Civil, *in fine*).

6. Conclui-se, pois, que, tal como resulta da lei, incumbe ao(s) condómino(s) discordante(s), o respectivo impulso processual, junto dos tribunais competentes (*lex rei sitae*[8]). E, consequentemente, a demonstração dessa mesma recusa.

7. No entanto, entende o legislador por fundada essa recusa, sob *conditio*[9]: «*as obras tenham natureza voluptuária ou não sejam proporcionadas à importância do edifício*» (cfr. nº 3 do artigo 1426º do Código Civil).

Curiosamente, é por demais visível ao comum dos mortais – inclusive aos simples olhares superiormente desprevenidos e desatentos – as profundas modificações que, ainda, amiúde são efectuadas na «*linha arquitectónica*» ou no "*arranjo estético*" dos edifícios. *Umas*, na mais estreita e perfeita simpatia, entre harmonia dos diversos condóminos, estética e instituições. *Outras*, numa total discordância e, por vezes, evidenciando autênticos atentados e/ou violações ao "*estilo arquitectónico*" ou, ao "*arranjo estético*" do(s) edifício(s). Enumerar ou denunciar todas essas situações (*v.g.:* instalação ilegal de marquises, ampliação

---

[8] Lei do lugar da situação das coisas, onde o bem se encontra.
[9] Condição.

de portas e janelas, alteração de montras, entre muitos outros casos...), revelar-se-iam, sem dúvida, tarefa árdua. Senão mesmo inesgotável.

8. Por outro lado, encontra-se especialmente vedado aos condóminos *«prejudicar, quer com obras novas, quer por falta de reparação, a segurança, a linha arquitectónica ou o arranjo estético do edifício»*, conforme resulta da alínea *a*) do nº 2 do artigo 1422º do Código Civil.

9. A finalizar, verificamos a regular e escrupulosa observância de quaisquer prazos legais. Nomeadamente: comunicação quer das deliberações, quer da respectiva discordância.

Verificamos, igualmente, a regular e competente intenção do condómino (Sr. Manuel António Leitão) em recorrer aos competentes mecanismos legais, para fazer prevalecer todos os seus respectivos direitos.

Doutrina e Jurisprudência

"Se as inovações tiverem sido introduzidas sem aprovação prévia da assembleia de condóminos, com aprovação por maioria inferior à fixada no nº 1 do art. 1425º, contra o voto da assembleia ou lesando o direito dos condóminos consagrado no nº 2 daquele artigo, tais obras terão de ser demolidas ou destruídas (art. 829º-1 do Cód. Civil), mesmo que tenham sido objecto de aprovação por parte da respectiva Câmara Municipal." (STJ, 4.10.95)

Todavia, há claros sinais de que esta situação está a mudar. (...) o Direito de Autor começa gradualmente a sair da espécie de ghetto em que durante anos se manteve encerrado entre nós. (...) o que não pode deixar de registar-se com natural regozijo, e conforta a esperança de que, futuramente, ele deixe de ser o "parente pobre" ou o "primo afastado" da grande família do Direito que até aqui praticamente tem sido».[10]

"I – A construção de arrecadações num pátio comum dos condóminos, em propriedade horizontal, não previstas no título constitutivo dessa propriedade, constituem obras inovadoras, dependentes da maioria de dois terços da assembleia de condóminos – art. 1425º do CC.

II – Tendo a Relação fixado, em interpretação desse título, que o pátio ou logradouro foi afectado somente a usufruição dos condóminos habitacionais do prédio, ficando fora dessa usufruição 4 lojas, fracções autónomas dos autores, destinadas só a comércio, esta interpretação do documento não pode ser censurada na revista, por não se ter violado qualquer norma reguladora do instituto da propriedade horizontal.

---

[10] In Introdução ao Direito de Autor, Vol. I, de Luiz Francisco Rebello, Sociedade Portuguesa de Autores, Publicações Dom Quixote, 1994, págs. 22 e 23.

CASO PRÁTICO

III – Assim, o pátio ou logradouro é parte comum só dos condóminos habitacionais, com exclusão dos destinados ao comércio, tendo a maioria legal de dois terços daqueles condóminos autorizado a construção das arrecadações." (Ac. STJ, de 5.12.1985: JSTJ00014841.ITIJ.NET)

"I – Um condómino, dono de um andar e sótão destinado a habitação, não pode, por sua exclusiva vontade, modificar o sótão e o telhado por forma a tornar aquele espaço habitável; sendo irrelevante, para este efeito, que tenha obtido licença municipal para obras.

II – Mas não ofendem as regras do condomínio a obra consistente no acrescimento de uma parede em tijolo e cimento no abrigo para carro e logradouro; o fechamento de uma marquise contínua à cozinha com um pequeno murete e colocação de estrutura de alumínio e vidros e de uma porta de vidro à entrada daquela marquise; tudo isto, em área exclusiva do condómino que fez tais obras, e sem que conste prejuízo para as relações de boa vizinhança ou para a estética do prédio." (Ac. RL, de 27.6.1991; Col. Jur., 1991, 3º – 176)

"Agora declara-se expressamente que nenhuma alteração pode ser introduzida sem consulta prévia ao autor do projecto arquitectónico (nº 2), garantindo-se a este o direito de fiscalizar a construção da obra em todas as suas faces, como forma de assegurar o respeito por aquele projecto (nº 1). A Lei nº 114/91 acrescentou ao projecto da obra de arquitectura as obras plásticas nela incorporadas.

(...)

2. A introdução de alterações na obra arquitectónica pelo proprietário depende de prévia consulta ao autor do projecto, respondendo aquele por perdas e danos se o não fizer, mas não fica prejudicada pela eventual oposição do autor.

3. Se o autor do projecto, consultado sobre as alterações, não lhes der o seu acordo, mas apesar disso elas forem introduzidas pelo dono da obra, poderá aquele repudiá-la e não será lícito a este invocar o nome do autor do projecto em seu proveito. Além disso, e nos termos gerais de direito, poderá, tal como no caso da falta de prévia consulta, exigir do proprietário indemnização por perdas e danos. Trata-se de um claro desvio ao princípio da inaltera-bilidade da obra sem a anuência do autor."[11]

"A obrigatoriedade de indicação do nome do arquitecto não só na obra como nos respectivos estudos e projectos e no estaleiro da respectiva construção, é uma manifestação do direito moral afirmado no artigo 56º e subsiste mesmo no caso de ser lícita a reprodução da obra sem o consentimento do autor [artigo 76º-1 a)]."[12]

---

[11] In Código do Direito de Autor e dos Direitos Conexos, Luiz Francisco Rebello, Âncora editora, Dezembro 2002, pág. 106 (anotação ao artigo 60º).

[12] In Código do Direito de Autor e dos Direitos Conexos, Luiz Francisco Rebello, Âncora editora, Dezembro 2002, pág. 218 (anotação ao artigo 161º).

4º Caso Prático
Ruído de obras e vizinhança, animais

Em 2 de Abril do ano transacto, o Sr. Victor Domingos Campos, proprietário da fracção autónoma designada pela letra *"D"*, correspondente ao 1º andar esquerdo, do edifício constituído sob o regime da propriedade horizontal, sito no nº 11 da Rua Pedro Álvares Cabral, freguesia de Santo António dos Olivais, em Coimbra, descrito na 1ª Conservatória do Registo Predial de Coimbra, inscrito na matriz predial urbana sob o artigo 123, endereçou carta registada com aviso de recepção, à firma *"XPTO Administração de Condomínios, Ldª"*, com sede na Rua Dr. Dias da Silva, nº 15 – 5º Esq., freguesia de Sé Nova, em Coimbra – administradora do referido edifício – revelando algum descontentamento.

Na missiva, endereçada à aludida firma de Administração de Condomínios, destacamos:

"Ao longo dos últimos meses, os condóminos desta fracção têm sido diária e sistematicamente perturbados, durante toda a noite, pelos mais variados ruídos provenientes do 2º andar esquerdo. Mais propriamente: o permanente ladrar e latir dum animal doméstico de raça Bull Mastiff, o constante bater de vários tacões dos sapatos e botas no soalho, o contínuo abrir e fechar portas de forma manifestamente violenta, e a audição de televisão e rádio em tons absolutamente despropositados ao normal.

Também, o barulho causado pelas obras que decorrem desde Março, para junção de duas fracções do 3º andar, têm provocado aos condóminos deste condomínio, um manifesto incómodo. Aliás, diga-se de passagem que todas essas obras começaram sem qualquer tipo de autorização dos condóminos deste condomínio.

Por sua vez, a cervejaria "Fino & Tremoço", que fica no r/c esquerdo, continua a funcionar até à 1.00 hora da manhã. Sem qualquer autorização nossa. Após o encerramento, muitos clientes ficam à porta da cervejaria por muito mais tempo, à conversa, ou em discussões proferindo palavrões escabrosos, que incomodam, perturbam e, até afectam, todos aqueles que querem dormir.

Sucede que, quaisquer destas situações, já foram devidamente alertadas na Assembleia de Condóminos.

Mas essa firma de Administração continua sem fazer nada.

Já por várias vezes, tivemos de chamar a polícia, por causa dos condóminos do 2º andar esquerdo fazerem barulho fora de horas. Não deixam dormir ninguém. Não se verifica nem tranquilidade, nem sossego neste condomínio.

Vimos mais uma vez chamar a atenção de V.Exas para todos estes acontecimentos, e exigir que tomem algumas medidas para os condóminos deste condomínio poderem dormir em condições de tranquilidade e bem-estar.

Vimos ainda exigir a marcação imediata duma Assembleia de Condóminos para debater todas estas situações e, para demitir a presente administração de condomínios."

Questão:

No presente caso, importa analisar as múltiplas relações condominiais; bem como, quaisquer responsabilidades da firma de Administração *"XPTO Administração de Condomínios, Ldª"*.

Resolução:

1. Em primeiro lugar, cumpre efectuar um simples e breve esclarecimento. Na realidade, «*o cargo de administrador é remunerável e tanto pode ser desempenhado por um dos condóminos, como por terceiro*», conforme resulta da primeira parte do disposto no nº 4 do artigo 1435º do Código Civil. Logo, a administração do condomínio em referência, por uma entidade terceira, enquadra-se – perfeitamente – neste normativo legal.

2. Relativamente, ao caso em análise e, tendo em especial consideração todas as situações de ruído denunciadas pelo proprietário/*condómino* (Sr. Victor Domingos Campos) da fracção autónoma, designada pela Letra *"D"* correspondente ao 1º andar esquerdo – por carta registada com aviso de recepção – afiguram-se simples e puras relações de vizinhança. Ou seja: encontrar-nos-emos, eventualmente, perante manifestas situações do designado *"ruído de vizinhança"*.

Logo, todas essas situações revelam-se alheias e, extravasam mesmo, a competência e funções do próprio Administrador do Condomínio.

3. Atendendo ao disposto na alínea *r*) do artigo 3º do Decreto-Lei nº 9/2007, de 17 de Janeiro (Regulamento Geral do Ruído), entende-se por *"ruído de vizinhança"* «*o ruído associado ao uso habitacional e às actividades que lhe são inerentes, produzido directamente por alguém ou por intermédio de outrem, por coisa à sua*

guarda ou animal colocado sob a sua responsabilidade, que, pela sua duração, repetição ou intensidade, seja susceptível de afectar a saúde pública ou a tranquilidade da vizinhança».

Por outro lado, entende o legislador por **«período nocturno»**, aquele compreendido entre as 23.00 horas e as 07.00 horas do dia seguinte (conforme resulta do disposto na alínea *p*) do artigo 3º do Decreto-Lei nº 9/2007, de 17 de Janeiro – Regulamento Geral do Ruído).

Assim, por força do disposto no nº 1 do artigo 24º do Decreto-Lei nº 9/2007, de 17 de Janeiro (Regulamento Geral do Ruído) compete às autoridades policiais ordenar ao *«produtor do ruído de vizinhança, produzido entre as 23.00 e as 7.00 horas, a adopção das medidas adequadas para fazer cessar imediatamente a incomodidade».*

Inversamente, a título de curiosidade, *"as autoridades policiais podem fixar ao produtor de ruído de vizinhança produzido entre as 7 e as 23 horas um prazo para fazer cessar a incomodidade"* (conforme resulta do disposto no nº 2 do artigo 24º do Decreto-Lei nº 9/2007, de 17 de Janeiro – Regulamento Geral do Ruído).

4. Importa, ainda, efectuar uma breve referência para os designados *"animais de companhia"*: cães, gatos, etc...

Particularmente, quanto ao número de *"animais de companhia"* a alojar por cada fogo. Conforme, estipula o nº 2 do artigo 3º do Decreto-Lei nº 314/2003, de 17 de Dezembro, é possível um número de 3 (***três***) **cães** ou 4 (***quatro***) **gatos** – adultos[13] – por cada fogo; não podendo no **total** ser excedido o número de **quatro** animais.

Considera-se, *"**fogo** ou **alojamento** (arrendamento) a casa ou fracção autónoma de um prédio destinada à ocupação de uma família"* (Pinto Furtado, Curso Dir. Arrendamentos Vinculísticos, ed. 1984-244).[14]

5. Nos termos da alínea *g*) do artigo 1436º, em conjugação com o disposto no nº 4 do artigo 1435º do Código Civil, constitui função do Administrador *"regular o uso das coisas comuns e a prestação dos serviços de interesse comum"*.

6. Uma vez analisada a missiva endereçada à aludida firma de Administração de Condomínios, não se vislumbram quaisquer queixas por eventuais desacatos ocorridos nas *"partes comuns"* do edifício/condomínio. Nestes termos, não podem recair quaisquer responsabilidades sobre a aludida firma de Administração de Condomínios.

7. Porém, importa efectuar uma breve referência, quanto à realização de obras no interior das designadas *"fracções autónomas"*. Efectivamente, conforme

---

13 *"Todo o animal da espécie canina ou felina com idade igual ou superior a 1 ano de idade"* (conjugação das alíneas *f*) e *g*) do nº 2 do Decreto-Lei nº 314/2003, de 17 de Dezembro).

14 In Dicionário de Conceitos e Princípios Jurídicos de João Melo Franco e Herlander Antunes Martins, Almedina, 3ª Edição, 1991, pág. 435.

resulta do artigo 1422º-A do Código Civil, «*não carece de autorização dos restantes condóminos a junção, numa só, de duas ou mais fracções do mesmo edifício, desde que estas sejam contíguas*».

8. Por outro lado, «*as obras de recuperação, remodelação ou conservação realizadas no interior de edifícios destinados a habitação, comércio ou serviços que constituam fonte de ruído apenas podem ser realizadas em dias úteis, entre as 8 e as 20 horas, não se encontrando sujeitas à emissão de licença especial de ruído.*» (cfr. nº 1 do artigo 16º do Decreto-Lei nº 9/2007, de 17 de Janeiro – Regulamento Geral do Ruído).

9. Além do mais, encontram-se isentas de controlo prévio, quaisquer «*obras de alteração no interior de edifícios ou suas fracções que não impliquem modificações na estrutura de estabilidade, das cérceas, da forma das fachadas e da forma dos telhados ou cobertura.*» (alínea *b*) do nº 1 do artigo 6º do Decreto-Lei nº 555/99, de 16 de Dezembro – "*RJEU*" Regime Jurídico da Edificação e Urbanização)[15].

Neste quadro, confrontando a legislação em vigor, com os factos denunciados na missiva endereçada ao Administrador do Condomínio ("*XPTO – Administração de Condomínios, Ldª*"), não configuramos quaisquer violações às normas constantes no ordenamento jurídico português.

10. A finalizar, importa salientar "*a assembleia também reunirá quando for convocada pelo administrador ou por condóminos que representem, pelo menos, vinte e cinco por cento do capital investido*", conforme resulta do disposto no nº 2 do artigo 1431º do Código Civil.

11. Por fim, saliente-se: o administrador ser "*eleito e exonerado pela assembleia*" (conforme resulta do disposto no artigo 1435º do Código Civil).

Doutrina e Jurisprudência

"*– Viola ilicitamente o direito à integridade física e moral, à saúde e ao repouso essencial à existência física dos habitantes de determinado andar o comportamento do andar de cima consistente em dar pancadas, bater os tacões no soalho, arrastar objectos, produzir ruídos decorrentes do tombar de coisas no chão, ter um cão que ladra e late, isto quer de dia, quer de noite, e ainda, sobretudo de noite, deslocar-se em tamancos ou socas ou outro tipo de tacões, batendo no soalho com um barulho estridente e penetrante o que tudo impede os ditos habitantes do andar de baixo de descansar e de dormir e um deles de efectuar em casa a preparação duma tese de mestrado.*" (Acórdão do Supremo Tribunal de Justiça, de 24 de Outubro de 1995, in CJ – Acórdãos do Supremo Tribunal de Justiça, 1995, Tomo III, pág. 74 e seguintes.)

---

[15] Na redacção introduzida pelo Decreto-Lei nº 26/2010, de 30 de Março (10ª alteração ao RJUE).

CASO PRÁTICO

"I – O artigo 1346º do Código Civil contém uma previsão específica para as relações de vizinhança, ali se dispondo que o proprietário de um imóvel pode opor-se às emissões provenientes dos prédios vizinhos que importem um prejuízo substancial para o uso do seu prédio ou que não resultem da utilização normal do prédio de que emanam.

II – A habitação é o espaço, com as condições de higiene e conforto, destinado a preservar a intimidade pessoal e a privacidade familiar; bem como o local privilegiado para o repouso, sossego e tranquilidade necessários à preservação da saúde e, assim, da integridade material e espiritual.

III – Nessa perspectiva, todas as emissões de prédios vizinhos ao de habitação transcendem as meras relações reais de vizinhança, envolvendo a tutela dos direitos de personalidade.

IV – No caso de colisão de direitos, o direito ao repouso é superior ao direito de propriedade e ao direito de exercício de actividade comercial.

V – Justifica-se, assim, a proibição de emissão de ruídos, cheiros e vibrações provenientes da exploração de um estabelecimento de talho e que prejudicam o uso adequado de um imóvel de habitação." (Acórdão do Supremo Tribunal de Justiça, de 21 de Outubro de 2003, in CJ, STJ, Tomo III, 2003, pág. 106 e segs.

"Para que seja fundada a oposição, exige o artigo 1346º que se verifique um de dois casos: que as emissões importem um prejuízo substancial para o uso do imóvel vizinho, ou que não resultem da utilização normal do prédio de que emanam. Não se exige a verificação conjunta dos dois requisitos (em sentido contrário, Menezes Cordeiro, Direitos reais, cit. Vol. I, págs. 595-596). Basta que ocorra um deles, pois que funcionam em alternativa. Se houve um prejuízo substancial para o prédio vizinho, pouco importa que as emissões resultem da utilização normal do prédio donde emanam. E se não corresponderem à utilização normal deste, pouco adianta também que o prejuízo causado pelas emissões não seja substancial."[16]

---

[16] In Código Civil, Anotado, Volume III, Pires de Lima e Antunes Varela, 2ª Edição Revista e Actualizada, Coimbra Editora, pág. 178.

5º Caso Prático
Construção "box"...

A "*BriosaCondominum – Limpezas & Administração de Condomínios, Ld*ª", com sede na Rua Alexandre Herculano, nº 37 – 1º, freguesia de Sé Nova, em Coimbra, acusou em 2 de Abril do ano transacto, uma carta registada com aviso de recepção, endereçada pelo Sr. Dário Jesus, proprietário/*condómino* da fracção autónoma designada pela letra "*G*", correspondente ao 3º andar esquerdo do edifício, constituído sob o regime da propriedade horizontal, sito na Rua das Parreiras, nº 9, freguesia de Santa Clara, em Coimbra, descrito na 2ª Conservatória do Registo Predial de Coimbra, inscrito na matriz predial urbana sob o artigo 123.

O Sr. Dário Jesus solicitava, àquela Administração, parecer relativo à futura construção duma "*box*".

Na referida carta, o Sr. Dário Jesus, referia:

"*Pretendo transformar o meu parqueamento em "box" fechada, utilizando para tal alvenaria e um mecanismo de portão semelhante ao existente que dá acesso ao mesmo piso. Tenho como principal preocupação o motivo da segurança dos meus veículos. O carro, duas bicicletas e uma mota.*

Pretendo fazer a alteração de forma legal, com projecto assinado por técnico responsável e também com a aprovação da Câmara Municipal.

É que na escritura de constituição deste edifício apenas consta: Fracção "G" – Terceiro andar, esquerdo, destinado a habitação com a tipologia T dois, com uma arrecadação na cave, à qual foi atribuído o número sete, um parqueamento na cave, ao qual foi atribuído o número sete.

A minha principal dúvida, prende-se com o facto de o parqueamento ser ou não parte integrante da minha fracção autónoma, e por isso ser ou não necessário levar o assunto à Assembleia de Condóminos para votação."

Questão:

A) Poderá o Sr. Dário Jesus transformar o respectivo parqueamento na cave em "*box*"?

B) Deve a Administração deste Condomínio efectuar algum esclarecimento?

C) Permitir e/ou impedir tal construção ou, eventualmente, proceder à convocação duma Assembleia de Condóminos?

Resolução:

1. Conforme demonstrámos no caso anterior, a administração do condomínio, «*pode ser desempenhada por um terceiro*» (n.º 4 do artigo 1435.º do Código Civil). Situação que, constatamos, no presente caso.

2. Por outro lado, constitui funções do *Administrador*, além de outras que lhe sejam atribuídas pela Assembleia de Condóminos, «*regular o uso das coisas comuns...*" (cfr. alínea *g*) do artigo 1436.º).

Nestes termos, incumbe à Administração do aludido condomínio, efectuar todos e quaisquer esclarecimentos aos condóminos. Clarificando, inclusive, relativamente ao uso das designadas "*partes comuns*".

3. Em segundo lugar, importa – desde já – analisar os n.ºs 1 e 2 do artigo 1421.º do Código Civil. Com efeito, se atentarmos ao n.º 1 do referido artigo, encontrar-nos-emos na presença de uma presunção irrefutável – "*juris et de jure*". Jamais, a própria vontade dos condóminos, a poderá afastar.

Quanto ao n.º 2 do mesmo artigo, estaremos na presença de uma presunção "*juris tantum*". Isto é, uma presunção onde será sempre admissível qualquer prova em contrário, desde que observe certos e determinados requisitos legais.

4. A estes factores, não poderemos ignorar o próprio conceito de "*box*", constante no n.º 9 do artigo 1.º do Anexo I da Portaria n.º 1532/2008, de 29 de Dezembro (Regulamento Técnico de Segurança contra Incêndio em Edifícios – RT-"*SCIE*"):

"*«Box», espaço situado num parque de estacionamento coberto, destinado exclusivamente à recolha de um ou dois veículos ou seus reboques, de área não superior a 50m², delimitado por paredes com a altura do piso e sem aberturas, possuindo acesso directo aberto ou fechado, desde que, neste último caso, seja possível sem necessidade da sua abertura combater com facilidade um incêndio que ocorra no seu interior*".

5. Posto isto, uma vez consultado o referido título constitutivo, verifica-se a atribuição – por fracção – de «*um parqueamento na cave, ao qual foi atribuído o número ...*». Nestas circunstâncias, a cave (local destinado a parqueamento) constituirá uma "*parte comum*" do edifício.

6. Muito embora, efectivamente, conste do aludido título constitutivo «*um parqueamento na cave, ao qual foi atribuído* ....); este «*espaço para parqueamento*» deve ser entendido e interpretado – apenas e só – como uma "*área*" inserida numa "*parte comum*" do edifício.

Doutrina e Jurisprudência

"*A al. d) do nº 2 deste artigo 1421º estabelece a presunção de que as "garagens" – termo que se reporta a espaços delimitados por paredes, destinados à recolha de viaturas automóveis – e "outros lugares de estacionamento" – expressão que visa abranger os meros espaços abertos, desprovidos de qualquer forma física de isolamento individual em relação aos demais, salvo, eventualmente, meras linhas de demarcação assinaladas no pavimento – constituem parte comum do edifício, presunção essa que tem, no entanto, um campo de aplicação prática mais restrito do que possa parecer numa primeira aproximação.*

(...)

Quando se trate de meros parqueamentos colectivos, por via de regra situados na(s) cave(s) do edifício, podem ocorrer diversas situações distintas: ou se trata de lugares de estacionamento que constituem parte integrante de todas ou de algumas fracções autónomas; ou estamos perante uma garagem colectiva que constitui na sua globalidade uma fracção autónoma; ou de um espaço de garagem, como parte comum do edifício.

(...)

Finalmente, - e esta é a terceira e última hipótese das acima configuradas –, pode haver, e há, casos em que as garagens e outros locais de estacionamento são, face ao título constitutivo da propriedade horizontal, mera parte comum do edifício, tal como uma sala de reuniões de condóminos, etc."[17]

"*A matéria dos estacionamentos representa uma área privilegiada para a desconformidade entre os projectos aprovados pela Câmara e os títulos de instituição da propriedade horizontal, nomeadamente quanto o instituidor é o próprio construtor do prédio, o qual, por essa via, procura alcançar uma majoração da rendibilidade do investimento.*

Assim se, de acordo com os regulamentos aplicáveis, é imperativo que o prédio preveja estacionamentos destinados aos futuros condóminos, e referindo a licença camarária (e o respectivo projecto) que "a cave destina-se a estacionamento privativo, na transposição para o regime da propriedade horizontal a constituir, não pode deixar de constar que este

---

[17] In Manual da Propriedade Horizontal, Abílio Neto, Ediforum, 3ª Edição, Outubro 2006, págs. 140 e 141.

CONDOMÍNIO – CASOS RESOLVIDOS, LEGISLAÇÃO E JURISPRUDÊNCIA

estacionamento é privativo dos condóminos, sendo-lhe fixado como destino, o de estacionamento."[18]

"I – Os espaços de garagem que constam do título constitutivo da propriedade horizontal como partes comuns, embora afectados ao uso exclusivo de cada um dos condóminos, estão sujeitos ao regime das partes comuns.

II – Sendo lícita a autorização de obra inovadora, desde que dada pelos condóminos representantes de, pelo menos, a maioria de dois terços do valor total do prédio, lícita é também a deliberação que a proíba nos mesmos termos.

III – Assim é, válida a deliberação da assembleia de condóminos que aprovou a cláusula do regulamento interno do condomínio em que se determina que é vedado a qualquer condómino fechar com paredes fixas ou amovíveis o espaço ou os espaços de garagem que, embora partes comuns, foi ou foram afectados à respectiva fracção autónoma no título constitutivo da propriedade horizontal." (STJ, de 4 de Outubro de 1995, in. Colect. Jur. De 1995, Acórdãos do Supremo Tribunal de Justiça, t. 3, pág. 51).

"I – O espaço de aparcamento individual, delimitado por traços pintados no pavimento duma garagem situada na cave ampla dum prédio em propriedade horizontal, é parte integrante das fracções autónomas.

II – Não podem, contudo, ser realizadas quaisquer obras destinadas a fechar esse espaço, que constituem inovação em partes comuns, por serem feitas à custa da ocupação do pavimento da garagem e da utilização da parte exterior e dos pilares de suporte do edifício para apoio das paredes de vedação." (Acórdão, RP, de p.3.1989. BMJ, 385º-612).

---

[18] In Manual da Propriedade Horizontal, Abílio Neto, Ediforum, 3ª Edição, Outubro 2006, pág. 141.

6º Caso Prático
Alteração propriedade horizontal / Procuração

A Srª Maria de Lourdes Trindade Dias, legítima e legal proprietária/*condómina* da fracção autónoma designada pela letra *"F"*, correspondente ao 2º andar frente do edifício, constituído sob o regime da propriedade horizontal, sito na Rua da Venezuela, nº 55, freguesia de Benfica, em Lisboa, recebeu no ano transacto – 13 de Dezembro – uma carta proveniente da *"CoopCasas – Cooperativa para Casas, CRL"*, com o seguinte texto:

"Assunto: Prédio da Rua da Venezuela, nº 55 – A, em Lisboa. Alteração Propriedade Horizontal – Representação de condóminos em Assembleia Geral.

Exmos. Senhores,

Como é do vosso conhecimento, já tinha sido abordada em Assembleias Gerais anteriores a nossa vontade de alterar a PH, pelo que já iniciámos junta da Câmara Municipal de Lisboa o procedimento para proceder à aludida alteração, a qual já emitiu parecer favorável para o fraccionamento da fracção designada pela letra "A" e, 3 fracções distintas, conforme plantas em anexo.

Pelo exposto vimos por este meio solicitar a V. Exª, autorização para procedermos à referida alteração.

Assim, e considerando que para que o processo possa continuar a correr os seus regulares trâmites legais naquela edilidade, é necessário efectuar uma Assembleia Geral, para o efeito, com um ponto único da Ordem de Trabalhos, referente à autorização do Condomínio para a referida alteração de propriedade horizontal e como não é nossa intenção penalizar V. Exª com vista a ter de comparecer pessoalmente na aludida Assembleia Geral, com os incómodos inerentes, vimos por via da presente missiva, sugerir se dignem assinar a nosso favor procuração, a fim de podermos representá-la naquela Assembleia Geral.

Aliás, o exposto é no sentido sempre pugnado pela empresa signatária de, não só ter sempre as melhores relações e proximidade com os demais condóminos, bem como com a sua Administração, como também ser colaborante em todos e quaisquer assuntos que ao Condomínio digam respeito.

Assim, agradecemos desde já a colaboração de V. Exª com vista ao solicitado, anexamos procuração com o adequado texto para os fins em vista, bastando para o efeito a assinatura da mesma, na qualidade de condómino(a). Colocamo-nos, desde já, ao inteiro dispor de V. Exª para todos e quaisquer dos esclarecimentos que considerem por convenientes sobre este assunto, indicando o contacto do Sr. Rui Costa, para os efeitos a saber: 21 123 45 67 ou 96 123 45 67.

Não queremos deixar de informar que a Administração do Condomínio, a firma "DoceLar 24 horas – Administração de Propriedades e Serviços", na pessoa da Srª Ana Cristina Serra, encontra-se ao corrente desta nossa pretensão e brevemente vai enviar a convocatória para esta Assembleia Geral específica.

Reiterando os nossos agradecimentos, aguardamos as v/ prezadas notícias e subscrevemo--nos com os melhores cumprimentos.

Junto: Plantas
Procuração.

PROCURAÇÃO

Nome: Maria de Lourdes Trindade Dias, titular do BI nº _____, emitido pelo Arquivo de Identificação de Lisboa, proprietária da fracção designada pela Letra"F" – correspondente ao 2º andar frente –, confere poderes bastantes à "CoopCasa – Cooperativa para Casas, CRL", com sede na Rua da Venezuela, nº 55 –A, 1500-618 Lisboa, para a representar na Assembleia Geral de Condóminos do prédio em propriedade horizontal, sito na Rua da Venezuela nº 55, Lisboa, descrito na 5ª Conservatória do Registo Predial de Lisboa, inscrito na matriz predial sob o artigo 123, com a seguinte Ordem de Trabalhos:

Ponto Único – Alteração da propriedade horizontal relativa à fracção designada pela Letra"A", no sentido de serem constituídas três fracções conforme plantas em anexo, passando a ser identificadas:

"A" – Destinada a comércio e serviços situada no r/c, com a permilagem de 79;

"X" – Destinada a comércio e serviços no r/c, com a permilagem de 52;

"Y" – Destinada a armazém situada na cave com entrada pelo r/c, com a permilagem de 149.

A procuradora poderá deliberar em nome e em representação do mandante da forma que entender por mais conveniente, em Assembleia de Condóminos a realizar para este efeito, em primeira ou segunda convocação, que se reúna para deliberar sobre o identificado no ponto único da Ordem de Trabalhos.

Lisboa, 15/12/201...

Assinatura: _____"

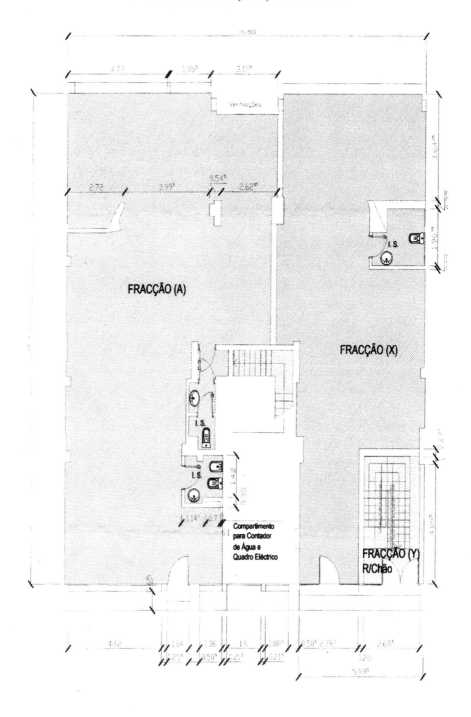

CASO PRÁTICO

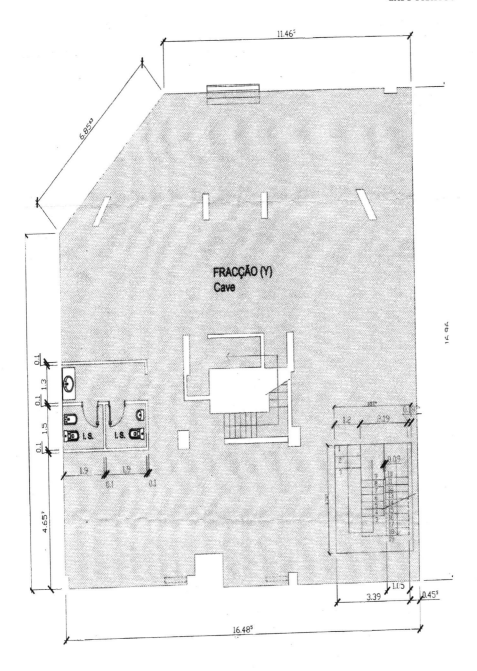

Questão:

A) Face aos elementos apresentados, importa, analisar a pretensão do presente condómino.

B) Caso as alterações ocorram, como garantir a futura repartição de «*despesas necessárias à conservação e fruição das partes comuns*»?

Resolução:

1. Na realidade, a pretensão apresentada pela "*CoopCasa – Cooperativa para Casas, CRL*" – divisão da fracção em novas fracções autónomas – colhe pleno enquadramento legal.

Todavia, por força do disposto no nº 3 do artigo 1422º-A do Código Civil, revela-se essencial «*autorização do título constitutivo ou da Assembleia de Condóminos, aprovada sem qualquer oposição*».

2. Acontece que, no caso em análise e, tal como se depreende do próprio regime da propriedade horizontal, essa alteração depende da mais estreita observância aos requisitos constantes no artigo 1415º do Código Civil. Ou seja: as novas fracções têm verdadeiramente de constituir «*unidades independentes, distintas e isoladas entre si, com saída própria para uma parte comum do prédio ou da via pública*».

3. Porém, não se revela suficiente o simples preenchimento desses requisitos legais – «*unidades independentes, distintas e isoladas entre si, com saída própria para uma parte comum do prédio ou da via pública*» –; torna-se essencial, as novas fracções autónomas, não colocarem em risco a própria estrutura do edifício.

Isto porquanto, nalgumas situações, revelar-se necessário a construção de novas infra-estruturas. Nomeadamente: cozinhas e instalações sanitárias.

4. Fora toda esta especificidade, a alínea *b*) do nº 1 do artigo 6º, do "*RJUE*" – Regulamento Jurídico da Urbanização e Edificação, sob a epígrafe "*Isenção de controlo prévio*", refere: "*estão isentas de controlo prévio as obras de alteração no interior de edifícios ou suas fracções que não impliquem modificações na estrutura de estabilidade, das cérceas, da forma das fachadas e da forma dos telhados ou coberturas*".

5. Uma vez, ultrapassadas todas estas questões co-laterais; importa debruçarmo-nos – essencialmente –, numa questão de fundo.

Com efeito, tal como tivemos oportunidade de salientar – em momento anterior –, a divisão de uma fracção autónoma, em novas fracções acarreta sempre «*autorização do título constitutivo ou da Assembleia de Condóminos, aprovada sem qualquer oposição*».

Nesse sentido, a questão que se pode(rá) colocar, prende-se – basicamente – com a determinação do respectivo e competente *quórum* deliberativo.

CASO PRÁTICO

Desde logo, importa efectuar um ligeiro esclarecimento!... *A priori* o nº 3 do artigo 1422º-A, deve ser interpretado e, consequentemente, conjugado com o disposto nos nºs 3 e 4 do artigo 1432º do Código Civil.

Assim sendo, a autorização para qualquer divisão de fracções autónomas em novas fracções, deve ser concedida em primeira convocação da Assembleia de Condóminos, pela maioria dos votos representativos do capital investido. Já, em segunda convocação, a assembleia pode deliberar por maioria dos votos dos condóminos presentes, sob *conditio*: desde que estes representem, pelo menos $1/4$ do valor total do prédio, sem qualquer oposição (entenda-se: votos contra).

6. No caso, em apreço, cumpre – ainda – efectuar uma pequena referência quanto ao destino (entenda-se: fim) das futuras e novas fracções.

Em princípio, cremos não existir qualquer alteração. De outro modo, seria necessário o acordo de todos os condóminos.

7. Por outro lado, o próprio regime da propriedade horizontal, concede aos proprietários/*condóminos* que juntaram ou cindiram quaisquer fracções, a faculdade em por acto unilateral constante de escritura pública ou documento particular autenticado, introduzir a correspondente alteração no título constitutivo (conforme resulta do disposto no nº 4 do artigo 1422º-A do Código Civil).

8. Em consequência, incumbe aos proprietários/*condóminos* que juntaram ou, eventualmente, cindiram quaisquer fracções autónomas; um "***dever***" em *comunicar*/fornecer, ao *Administrador* – num prazo de dez dias – a respectiva e competente escritura pública ou, documento particular autenticado (conforme resulta do disposto no nº 5 do artigo 1422º-A do Código Civil).

9. Compreende-se, perfeitamente, este requisito leal. Afinal, motivos díspares justificam tal procedimento.

Por um lado, constitui função do *Administrador* "*guardar e manter todos os documentos que digam respeito ao condomínio*" (alínea *m*) do artigo 1436º do Código Civil). Por outro, revela-se essencial para futura "*actualização anual do seguro contra o risco de incêndio*" (conforme resulta do artigo 5º do Decreto-Lei nº 268/94, de 25 de Outubro).

Além do mais, tal facto, provém dum *direito* geral de *informação*.

Com efeito, se ao proprietário/*condómino* assiste um *direito* de *informação* quanto à identificação do *Administrador*, bem como, no que tange às deliberações das Assembleia – nas ocasiões em que se encontre impossibilitado de comparecer ou, não se tenha feito representar –; então, por maioria de razão, também se *lhe* impõe um *dever* genérico de *informar* o próprio *condomínio*.

Doutrina e Jurisprudência

"Suposta a divisibilidade material da fracção, a sua divisão efectiva só pode ter lugar desde que esteja autorizada no próprio título constitutivo da propriedade horizontal – hipótese que, na prática, será pouco frequente –, ou, na ausência dessa autorização, desde que a assembleia de condóminos a autorize, mediante deliberação "aprovada sem qualquer oposição" (nº 3 deste art. 1422º-A).

Tratando-se de primeira convocação da assembleia, a autorização deverá ser concedida, sem oposição, pela maioria dos votos representativos do capital investido (art. 1432º-3); em segunda convocação, a assembleia deliberará por maioria dos votos dos condóminos presentes, desde que estes representem, pelo menos, $1/4$ do valor total do prédio, contanto que não haja, de igual modo, oposição (entendida como votos contra, podendo haver abstenções).

A oposição de qualquer dos condóminos à pretendida divisão pode fundamentar-se, por ex., no facto de a mesma obstar ou dificultar a utilização comum do edifício ou, de certas partes dele, na diminuição do valor da respectiva fracção ou na das comodidades inerentes à sua utilização, etc."[19]

"A autorização a conceder pela assembleia de condóminos tem de ser concedida sem oposição.

Significa isto, em primeira convocatória da assembleia, a autorização deverá ser concedida pela maioria dos votos do capital investido; em segunda convocatória, poderá sê-lo, apenas, por maioria de votos dos condóminos presentes, desde que estes representem, pelo menos, um quarto do valor total do prédio – artigo 1432, nºs 3 e 4 – mas sem oposição, por a eliminação destes requisito não estar previsto no nº 4.

Trata-se de uma excepção ao nº 1. do artigo 1419º que para a modificação do título constitutivo exige o acordo de todos os condóminos."[20]

"1. A modificação ou alteração de um edifício submetido ao regime da propriedade horizontal, por divisão de uma das fracções autónomas em outras fracções autónomas ou por reunião numa fracção autónoma de duas anteriores fracções autónomas, implica a apresentação, pelos titulares das fracções cindidas ou da fracção unificada, de declaração, através do modelo adequado do IMI, no prazo de 60 dias contados a partir da data da conclusão das respectivas obras, e determina que a avaliação a ter lugar incida exclusivamente sobre as novas fracções autónomas, pois destas não resultam novos factores

---

[19] In Manual da Propriedade Horizontal, Abílio Neto, 3,ª Edição – Outubro 2006, Ediforum, págs. 249 e 250.

[20] In Propriedade Horizontal – Condóminos e Condomínios. 2ª Edição Revista e Actualizada, Jorge Alberto Aragão Seia, Almedina, Março 2002, pág. 120.

de ponderação comuns que possam influir no valor patrimonial tributário das demais fracções autónomas do edifício;

2. Avaliadas as novas fracções autónomas nos termos das regras constantes no CIMI, a liquidação deste imposto é feita por aplicação ao valor patrimonial tributário de cada uma das novas fracções da taxa fixada a partir dos valores constantes da alínea c) do n.º 1 do artigo 112.º do CIMI (0,2% a 0,5%);

3.Nos termos da alínea e) do artigo 106.º, conjugada com o disposto nos n.ºs 1 e 3 do artigo 92.º do mesmo Código, elimina-se a descrição e individualização da fracção autónoma dividida e cada nova fracção resultante da divisão é descrita e individualizada pela letra maiúscula que lhe competir segundo a ordem alfabética. Nos termos da alínea f) do mesmo artigo 106.º, igualmente conjugada com o estabelecimento nos n.ºs 1 e 3 do artigo 92.º do CIMI, a fracção autónoma resultante da reunião de outras é descrita e individualizada pela letra maiúscula que lhe competir segundo a ordem alfabética, eliminando-se as descrições e individualizações que deixaram de ter existência autónoma, mantendo-se, em ambos, a anterior inscrição matricial."[21]

"Nos termos do disposto no n.º 1 do art. 1422.º-A, a junção de fracções autónomas contíguas não carece de consentimento por parte da assembleia de condóminos e tratando-se de garagens e arrecadações, a contiguidade é dispensada.

Diferente é o regime da divisão de fracções autónomas, pois a mesma só é possível se essa divisão estiver autorizada no título constitutivo ou seja autorizada pela assembleia de condóminos, aprovada sem oposição, nos termos do disposto no n.º 3 do artigo 1422.º-A do C.C..

Tal diferença de regime, resulta do facto de na execução da divisão ser necessário construir novas infra-estruturas como sejam cozinhas e instalações sanitárias que podem colocar em risco a estrutura do edifício, caso a situação não esteja anteriormente acautelada em termos de estrutura edificada.

De todo o modo, refere-se que não obstante a autorização prevista no título constitutivo da propriedade horizontal, ou conferida pela assembleia de condóminos sem oposição, que viabiliza a divisão, existem ainda outros requisitos a observar. Suponhamos que a fracção a dividir se encontra arrendada (sendo o gozo de um bem a título oneroso a terceiro mediante o pagamento de uma retribuição) estando em vigor um contrato de arrendamento, a divisão da fracção é inevitável, pois é apta a inviabilizar o cumprimento do contrato de arrendamento, sem que tal causa de incumprimento tenha qualquer fundamento legal.

O mesmo raciocínio se terá de aplicar à existência de um direito de uso e habitação, de usufruto ou de superfície."[22]

---

[21] In Manual da Propriedade Horizontal, Abílio Neto, 3.ª Edição – Outubro 2006, Ediforum, págs. 250 e 251.

[22] In Assembleias de Condóminos, Ana Sofia Gomes, Quid Juris, 2011, págs. 106 e 107.

"Ainda a propósito deste regime, da conjugação da parte inicial do n° 1 do artigo 6°
("sem prejuízo do disposto na alínea d) do n° 2 do artigo 4.") com a excepção introduzida na
alínea b) do n° 1 do artigo 6° ("à excepção dos imóveis classificados ou em vias de
classificação") resulta alguma dificuldade de determinação do regime aplicável às obras de
alteração no interior de edifícios ou fracções.

*No entanto, entendemos, a este propósito, que as **obras de alteração no interior dos***
***edifícios ou das suas fracções** que não impliquem modificações na estrutura de*
estabilidade, das cérceas, da forma das fachadas e da forma dos telhados:

a) Se efectuadas em imóveis classificados ou em vias de classificação encontram-se
sujeitas a licença.

b) Se efectuadas nos restantes imóveis incluindo os situados em zonas de protecção de
imóveis classificados, os integrados em conjuntos ou sítios classificados, ou em áreas sujeitas
a servidão administrativa ou restrição de utilidade pública encontram-se isentas de
licença."[23]

"O artigo 6° do RJUE na versão do Decreto-Lei 26/2010 enumera as operações
urbanísticas que estão isentas de qualquer controlo prévio, sendo, por isso, operações
urbanísticas livres, expressão esta que deve ser entendida no sentido de que se trata de
operações urbanísticas que não estão sujeitas a controlo prévio ou a qualquer procedimento
habilitante, e não com o significado de que as mesmas não estão submetidas à observância
das regras jurídicas urbanísticas e a um controlo a posteriori ou sucessivo da Administração,
como decorre dos artigos 6°, n° 8, e 93° do RJUE.

(...) estão isentas de controlo prévio as seguintes operações urbanísticas: (...) as obras de
alteração no interior de edifícios ou suas fracções que não impliquem modificações na
estrutura de estabilidade, das cérceas, da forma das fachadas e da forma dos telhados ou
coberturas (artigo 6° n° 1, alínea b)]."[24]

"A alteração do título constitutivo a que a junção ou a divisão dão lugar pode ser
formalizada por escritura pública ou em documento particular autenticado., por acto uni-
lateral do condómino que proceder à junção ou pelos condóminos que cindirem as fracções,
mas, neste último caso, só com autorização do título constitutivo ou em face do consenti-
mento dos outros condóminos (e de documento camarário ou de projecto devidamente apro-
vado que comprove que a alteração introduzida respeitou os requisitos legais das fracções,
desde que tal modificação exija obras de adaptação que necessitem de autorização)."[25]

---

[23] In Regime Jurídico da Urbanização e da Edificação, João Pereira Reis, Margarida Loureiro, Rui Ribeiro Lima, Almedina, 3ª Edição, Anotado Jurisprudência, 2008, págs. 40 e 41.

[24] In Direito do Urbanismo, Fernando Alves Correia, Almedina, Volume III, Setembro 2010.

[25] In A Função Notarial dos Advogados, Fernando Neto Ferreirinha, Zulmira Neto Lino da Silva, Almedina, 2ª Edição, Novembro 2010, pág. 286.

CASO PRÁTICO

"É preciso notar – como se salienta no parecer proferido no Proc. Nº R.P. 4/98 DSJ-CT, publicado no II caderno do BRN nº 7/98 – que a lei, ao autorizar a junção, pressupôs que o destino das fracções se mantinha e que este só pode manter-se, com a excepção do nº 2 do artigo em anotação, quando o fim das fracções a anexar for o mesmo. Digamos que apenas se permitiu que o objecto, que é a fracção autónoma, fosse ampliado com a junção de outra fracção contígua (ou de arrecadação e garagens), se tal junção não ofender quaisquer outros princípios ou regras imperativas consignadas nas demais disposições legais que exijam o consenso unânime dos condóminos, como é o caso da prevista no art. 1419º do CC.

As conclusões desse parecer são as seguintes:

"I – A junção de fracções autónomas contíguas é livre e pode ser formalizada através de escritura pública outorgada, unilateralmente, pelo respectivo titular ou titulares, mas no pressuposto de inexistirem obstáculos legais, designadamente os que impliquem qualquer outra modificação do conteúdo do estatuto do condomínio do prédio.

II – O fim a que as fracções autónomas se destinam, constando do título constitutivo da propriedade horizontal, faz parte do estatuto (real) do condomínio, pelo que a sua alteração depende do consentimento de todos os condóminos, que deve ser formalizado em escritura pública por estes outorgada, ou, em sua representação, pelo administrador, de harmonia com o disposto no nº 2 do art. 1419º do Código Civil.

III – A junção de fracções autónomas com fins diferentes implica que pelo menos o de uma delas sofra alteração, pelo que só poderá ter lugar depois de previamente obtido o consentimento dos restantes condóminos, nos termos da conclusão anterior".[26]

"I – O nº 3 do art. 1422ºA do CC, ao permitir a divisão de fracções autónomas, havendo autorização do título constitutivo ou da assembleia de condóminos, aprovada sem qualquer oposição, contém uma excepção à regra do art. 1419º, nº 1, do mesmo código.

II – Tratando-se de primeira convocação da assembleia, a autorização deverá ser concedida, sem oposição, pela maioria dos votos representativos do capital investido – nº 3 do artigo 1432º do CC." (Ac. STJ, de 30.10.2001, Rev. Nº 2828/01-6ª: Sumários, 54º/2001).

"O art. 1422º-A, nº 1, do C. Civil, permite a um condómino fazer a junção, numa só, de duas ou mais fracções do "mesmo edifício", mas não a junção de fracções de edifícios diferentes embora contíguos." (Ac. RP, de 21.1.2003: JTRP00034373.ITIJ.Net).

"I – Num género que tem a ver com a saúde e tratamentos médicos mais ou menos amplos e de enfermagem, saber se a espécie de hemodiálise e consulta hepática "B" cabe ou não na clínica é problema duvidoso, no mínimo.

---

[26] In A Função Notarial dos Advogados, Fernando Neto Ferreirinha, Zulmira Neto Lino da Silva, Almedina, 2ª Edição, Novembro 2010, pág. 287.

II – Não se demonstrando que a realidade enfrentada não é clínica mas lago mais vasto ou qualificado em termos de utilização e que poderia ter, entre outros qualificativos, o de casa de saúde, há que considerá-la como de clínica.

III – Demonstrando-se que, a pedido da ré, foi aberta pelo construtor do prédio instalado num lote, antes da constituição da propriedade horizontal mas depois do contrato-promessa entre ambos, uma porta de ligação entre prédios que não figurava no projecto inicial, pondo em contacto uma fracção desse prédio com outra de outro prédio, tal obra é clandestina, no sentido de resultar de facto consumado mas não legalizado, há que encerrar tal porta de ligação entre prédios distintos, para restituição da parede mestra divisória ao seu estado natural anterior." (Ac. STJ, de 09.04.1991, Boletim do Ministério da Justiça, 406, pág. 654).

7º Caso Prático
Instalação de painéis solares!...

Aquando da última Assembleia de Condóminos, realizada no dia 2 de Fevereiro do ano transacto, pelas 20,00 horas, do edifício constituído sob o regime da propriedade horizontal, sito no nº 31 da Av. de Berna, freguesia de Nossa Senhora de Fátima, descrito na 2ª Conservatória do Registo Predial de Lisboa, inscrito na matriz predial urbana sob o artigo 123, denominado por *"Varandas das Avenidas Novas"*, o Sr. Serafim Pereira (proprietário da fracção autónoma designada pela letra *"J"* – 5º Esq,) solicitou, então, à Assembleia autorização para a futura instalação de painéis solares no telhado do referido edifício.

Infelizmente, devido ao elevado adiantado da hora, revelou-se absolutamente impossível, efectuar qualquer deliberação nesse sentido pelos mais variados motivos.

Designadamente:

a) Falta de *quórum* deliberativo;
b) Não constar da respectiva *"Ordem de Trabalhos"*;
c) Elevado numero de pontos a deliberar.

A referida Assembleia de Condóminos, deu por encerrados os trabalhos cerca das 01.45 horas do dia 3 de Fevereiro, lavrando-se a respectiva e competente Acta.

Assim, desde a referida Assembleia de Condóminos, até ao presente momento, o Sr. Serafim Pereira encetou toda uma multiplicidade de diligências.

De seguida, salientamos – sumariamente – as principais:

– Em Março desse mesmo ano, entendeu, então, o Sr. Serafim Pereira por conveniente enviar um e-mail à firma *"HappyHouse – Limpezas & Administração de Condomínios, Ldª"* (Administradora das *"Varandas das Avenidas Novas"*), solicitando autorização para instalação dos referidos painéis solares, nos seguintes termos:

"Exmos. Senhores

Na qualidade de condómino da fracção "J", correspondente ao 5º Esq., deste condomínio, venho pela presente solicitar autorização para a instalação de painéis solares no telhado por cima desta mesma fracção.
Com os melhores cumprimentos."

– Em Abril, o Sr. Óscar Duarte (gerente da *"HappyHouse – Limpezas & Administração de Condomínios, Ldª"*), comunicou – também por correio electrónico – ao referido condómino (5º andar esquerdo), o seguinte:

"Exmo. Senhor,

Acusamos, recepção do seu e-mail.
Nesta mesma data, agendámos reunião com o administrador interno do edifício (Sr. Carlos Parente – proprietário da fracção designada pela letra "D", correspondente ao 2º Dtº), tendo como finalidade a resolução da referida pretensão condominial.
Na expectativa da v/ melhor compreensão.
Atentamente
A Administração."

– Em Julho, o Sr. Óscar Duarte (gerente da *"HappyHouse – Limpezas & Administração de Condomínios, Ldª"*) – quando da rotineira visita de reconhecimento e inspecção às *"partes comuns"* do edifício – abordou em conversa perfeitamente informal, com o Sr. Carlos Parente (*administrador interno*), a pretensão do condómino do 5º andar esquerdo quanto à futura colocação de painéis solares no edifício.

– Em Julho, o Sr. Óscar Duarte (gerente da *"HappyHouse – Limpezas & Administração de Condomínios, Ldª"*), comunicou – correio electrónico – ao Sr. Serafim Pereira, o seguinte:

"Exmo. Senhor

Após reunião realizada com o administrador interno desse condomínio (Sr. Carlos Parente), verificamos impossibilidade em atender e autorizar a pretensão de V.Exª
Com efeito, desconhecemos, a dimensão dos painéis solares a instalar futuramente no telhado do edifício.
Inclusive, o próprio administrador interno questiona sobre a eventual violação da própria linha arquitectónica do edifício.

Também desconhecemos quais os benefícios para o próprio condomínio.

Nestes termos, consideramos por conveniente debater todo este assunto numa futura Assembleia de Condóminos.

Julgamos por conveniente – salvo melhor opinião em contrário – uma autorização da Assembleia de Condóminos, numa maioria de dois terços do valor total do prédio.

Caso V. Exª pretenda prosseguir nas suas intenções, deverá apresentar um Parecer Técnico e, benefícios para o próprio Condomínio.

Reafirmamos, não possuirmos quaisquer responsabilidades na realização dessa obra de inovação.

Na expectativa da v/ melhor compreensão.

Atentamente.

A Administração."

– Em Agosto, o Sr. Serafim Pereira enviou novo e-mail à firma *"HappyHouse – Limpezas & Administração de Condomínios, Ldª"* (Administradora das *"Varandas das Avenidas Novas"*), nos seguintes termos:

"Exmos. Senhores.

A/c. Sr. Óscar Pereira

Mais uma vez, conforme tive oportunidade de afirmar em Março deste ano, pretendo instalar painéis solares por cima do meu telhado.

Quero fazer isto tudo, com o acordo da lei.

Além do mais, pretendo usufruir dos benefícios fiscais com a instalação desses painéis por cima do meu telhado.

Já tinha apresentado esta minha ideia na última Assembleia de Condóminos. Mas ninguém me deixou falar!... E, a questão nem sequer chegou a votação.

Essa firma de Administração de condomínios, não tem cumprido com os seus deveres. Há muito tempo que solicitei essa autorização e vocês não apresentam qualquer solução.

Já estou a perder dinheiro na declaração do IRS, por não poder pôr essa despesa na declaração de rendimentos.

Tenho em meu poder um projecto de uma empresa para instalação dos painéis.

Quem vai suportar os custos, com a instalação, sou eu.

Caso V. Exas., não apresentem qualquer solução no decorrer da próxima semana, serei obrigado a recorrer a todos os meios para fazer prevalecer todos os meus próprios direitos.

Cumprimentos."

– Em Setembro, o Sr. Serafim Pereira (proprietário/*condómino* da fracção designada pela letra *"J"* – 5º Esq.), após elaborar um documento, procedeu à recolha de algumas assinaturas de autorização, tendo em vista a futura instalação dos referidos painéis solares.

Curiosamente, alguns proprietários/*condóminos* recusaram-se à assinatura desse documento, insurgindo-se contra essa iniciativa. Designadamente, o Sr. Carlos Parente.

– Em Outubro, o Sr. Serafim Pereira, procedeu à instalação de painéis solares no telhado do edifício, sito no nº 31 da Av. de Berna, em Lisboa.

Questão:

Tendo em consideração os argumentos que sustentam as posições apresentadas, cumpre apreciar em pormenor o regular cumprimento de todos os normativos legais.

Pronuncie-se.

Resolução:

1. Logo a *priori*, é necessário ter clara consciência que, a Assembleia de Condóminos só pode e *deve* deliberar sobre todos e quaisquer assuntos que constem da respectiva *"Ordem de Trabalhos"*.

2. Desde logo, é claro e por demais evidente, a Assembleia de Condóminos poder – sempre – continuar os respectivos trabalhos em momento posterior.

3. No entanto, confrontando as pretensões deste proprietário/*condómino*, com o artigo 1425º do Código Civil, encontrar-nos-emos, perante uma – manifesta e absoluta – inovação nas *"partes comuns"* do edifício.

Consequentemente, esta matéria deve ser tratada nesse mesmo enquadramento legal.

4. Sabemos já, conforme tivemos oportunidade de referir no ponto 2. do 3º caso prático [(*Inovações*)], constituir inovação *"toda e qualquer alteração e/ou modificação (introduzidas – título constitutivo – tanto na substância, bem como na sua própria forma), desde que, reverta em benefício de certo(s) e determinado(s) condó-. mino(s)"*.

5. Realce-se, *"as obras que constituam inovações dependem da aprovação da maioria dos condóminos, devendo essa maioria representar dois terços do valor total do prédio"*, conforme resulta do disposto no nº 1 do artigo 1425º do Código Civil.

6. Eventualmente – numa segunda linha de pensamento – poderemos, ainda, suscitar a hipótese da instalação de painéis solares, constituir uma alteração à *"linha arquitectónica ou o arranjo estético do edifício"* (cfr. alínea *a*) do nº 2 do artigo 1422º do Código Civil).

7. Como é evidente, na sequência do exposto, assiste ao condómino – 5º Esq. – plenas intenções na futura colocação de painéis solares.

8. Sucede, porém, compulsado o regime da propriedade horizontal, entende o legislador por necessário colocar esse tipo de matéria – sempre – à apreciação da Assembleia de Condóminos.

9. Na verdade, conforme resulta do nº 1 do artigo 1430º, a *"administração das partes comuns do edifício compete à assembleia de condóminos e a um administrador"*. Encontramo-nos, dessa forma, na presença de dois *"Órgãos"*.

Um com carácter meramente **deliberativo** – *Assembleia de Condóminos* – e, um outro de cariz, exclusivamente, **executivo** – *Administrador*.

10. Assim, como acabámos de referir, julgamos não ser possível à luz do regime jurídico da propriedade horizontal obter qualquer tipo de deliberação por parte do *Administrador*.

11. Ademais, as próprias diligências encetadas pelo aludido condómino apresentam-se, absolutamente, destituídas de qualquer cobertura legal.

12. Por sua vez, compulsado todo o regime da propriedade horizontal; estranhamos, não vislumbrarmos qualquer enquadramento legal que acolha a *"figura"* do *"administrador interno"*.

Sobre este ponto, somos mesmo obrigados a efectuar um simples apontamento.

Realmente, esta *"figura"* – *"administrador interno"* – surgiu, quase, por simples imposição da generalidade das empresas de gestão e administração de condomínios.

É comum, no quotidiano,

13. No intuito, ultrapassar este impasse e obter autorização para posterior instalação dos painéis solares, considerou este condómino a possibilidade da recolha de assinaturas junto dos restantes comproprietários (condóminos).

Como se tem vindo a reiterar, a introdução de inovações depende – sempre – da aprovação do *"Órgão"* máximo do condomínio (Assembleia de Condóminos).

Para além disso, não basta «*qualquer aprovação obtida fora dela, ainda que por documento escrito e devidamente assinado*».[27]

14. Nesta ordem de razão, o comportamento evidenciado por alguns condóminos – recusando a assinatura desse documento – enquadra-se, perfeitamente, no enquadramento legal ora exposto.

15. Por outro lado, o condómino refere: «*venho pela presente solicitar autorização para a instalação de painéis solares no telhado por cima desta mesma fracção*».

Nestas circunstâncias, não poderemos deixar de recordar: *"São comuns as seguintes partes do edifício: b) O telhado ou os terraços de cobertura ainda que destinados ao uso de qualquer fracção"* (alínea *b*) do nº 1 do artigo 1421º).

16. Sucede que, infelizmente, desconhecemos a dimensão desse telhado.

17. Contudo, a futura instalação de painéis solares, poderia – até mesmo – constituir uma verdadeira ocupação daquela *"parte comum"* do edifício.

---

[27] Relação de Coimbra, 28 de Março de 1989, in Colect. Jur., 1989, t.2, pág. 49.

18. Antes de terminar, não poderíamos deixar de mencionar uma simples curiosidade.

Ao longo da presente exposição, não detectamos qualquer intenção do condómino em benefício do condomínio. Cremos, portanto, pretender – única e simplesmente – beneficiar em seu próprio proveito.

19. A finalizar, importa salientar as consequências pela instalação de inovações sem autorização – prévia – do "*Órgão*" máximo de deliberação (Assembleia de Condóminos). Numa palavra: destruição.

Doutrina e J,urisprudência

"*I– As inovações nas partes comuns do prédio em propriedade horizontal dependem da aprovação da maioria de dois terços dos condóminos.*

II– Essa aprovação terá de ser obtida necessariamente na assembleia de condóminos, não bastando qualquer aprovação obtida fora dela, ainda que por documento escrito e devidamente assinado" (Relação de Coimbra, 28 de Março de 1989, in Colect. Jur., 1989, t.2, pág. 49).

"*I – É duvidoso que a noções de estrutura do prédio e de telhado – alíneas a) e b) do nº 1 do art. 1421º do Cód. Civil – abranjam os sótãos. Não obstante é inequívoco ser o sótão parte comum do prédio, desde que não afectado ao uso exclusivo de um dos condóminos, nos termos do art. 1421º alínea e), do Cód. Civil.*

II – É pois abusiva e ilegal a obra da retenção de parte do sótão de forma a ficar afectada a um só dos condóminos, salvo o disposto nos arts. 1422º e 1425º do Cód. Civil pelo que terão de ser demolidas e a totalidade do sótão restituída à situação anterior às mesmas." (Ac. RL, de 5.5.1976: Col. Jur., 1976, 2º-506).

"*I – A construção de arrecadações num pátio comum dos condóminos, em propriedade horizontal, não previstas no título constitutivo dessa propriedade, constituem obras inovadoras, dependentes da maioria de dois terços da assembleia de condóminos – artigo 1425º do CC.*

II – Tendo a Relação fixado, em interpretação desse título, que o pátio ou logradouro foi afectado somente a usufruição dos condóminos habitacionais do prédio, ficando fora dessa usufruição as 4 lojas, fracções autónomas dos autores, destinadas só a comércio, esta interpretação do documento não pode ser censurada na revista, por não se ter violado qualquer norma reguladora do instituto da propriedade horizontal.

III – Assim, o pátio ou logradouro é parte comum só dos condóminos habitacionais, com exclusão dos destinados ao comércio, tendo a maioria legal de dois terços daqueles condóminos autorizado a construção das arrecadações." (Ac. STJ, 5.12.1985: JSTJ000016409.ggsi.Net).

8º Caso Prático
Infiltrações nas partes comuns/Ocupação partes comuns

Em 20 de Abril de 2000, foi outorgada a escritura de constituição da propriedade horizontal do prédio urbano, composto de rés-do-chão, primeiro a quinto andar, lados direito e esquerdo, com logradouro, sito na Av. João Crisóstomo nº 79, freguesia de Nª Senhora de Fátima, em Lisboa.

O prédio ficou composto de catorze fracções autónomas, destinando-se as fracções designadas pelas letras "*A*" e "*B*" a comércio e as restantes a habitação.

Na referida escritura ficou consignado que constituem "*partes comuns*" do prédio a "*casa da porteira*" situada no rés-do-chão direito, com uma arrecadação no logradouro devidamente identificada e, o sótão constituído por amplo vão de telhado.

Em 10 de Agosto de 2001, o Sr. Camilo Fernandes, adquiriu a fracção autónoma designada pela letra "*N*", correspondente ao 5º andar esquerdo. Em Fevereiro de 2002, este condómino, efectuou algumas obras de remodelação no interior da respectiva fracção.

No decorrer do mês de Abril do ano transacto, a Srª Maria Gustava dos Prazeres – proprietária/*condómina* da fracção "*M*", correspondente ao 5º andar direito – apresentou na firma "*MordomoCondominium – Administração de Condomínios, SA*", uma reclamação.

A condómina alegava, então, a existência de profundas infiltrações no tecto da sua fracção. Muito provavelmente, com origem no telhado do próprio edifício, face ao inverno rigoroso que se fez sentir até àquele momento.

Logo de imediato, a "*MordomoCondominium – Administração de Condomínios, SA*" encetou diversas diligências, tendo em vista apurar a proveniência das infiltrações detectadas na fracção da referida *condómina* (Sr.ª Maria Gustava dos Prazeres) e, consequentemente efectuar quaisquer reparações necessárias.

Contudo, após inspecção ao telhado, não foram registadas quaisquer anomalias que pudessem originar tais infiltrações.

Após realização de inspecção ao sótão do condomínio, a *"Mordomo Condominium – Administração de Condomínios, SA"*, detectou a **ocupação** daquele espaço comum por parte do proprietário/*condómino* da fracção autónoma designada pela letra *"N"*, correspondente ao 5º andar esquerdo, propriedade do Sr. Camilo Fernandes.

Com efeito, o *condómino* (Sr. Camilo Fernandes), ao proceder às obras no interior da sua fracção, derrubou uma parte do tecto da respectiva fracção; ocupando o sótão do edifício, e tendo posteriormente, procedido à instalação de dois quartos e uma casa de banho.

Refira-se, por curiosidade, as infiltrações ocorridas no tecto da fracção *"M"* resultaram – precisamente – da deficiente instalação da aludida casa de banho.

Questão:

Quid juris?[28]

Resolução:

1. Em princípio, até prova em contrário, o sótão constituirá uma *parte comum* do edifício (artigo 1421º do Código Civil).

2. Nestes termos, todas e quaisquer obras efectuadas pelo proprietário/ /*condómino*, no sótão do aludido edifício, representam uma verdadeira *"ocupação"* numa *"parte comum"* do *condomínio*.

3. Consequentemente, deverá proceder à desocupação aquele espaço comum.

4. E, naturalmente, repor o sótão à sua situação primitiva.

5. Por outro lado, também, incumbe ao proprietário/*condómino* da fracção *"N"* proceder a eventuais indemnizações por todos e quaisquer danos provocados.

Doutrina e Jurisprudência

"I – Um condómino, dono de um andar e sótão destinado a habitação, não pode, por sua exclusiva vontade, modificar o sótão e o telhado, por forma a tornar aquele espaço

---

[28] O que há de direito? Qual é a solução do caso à luz do Direito? Qual é o direito aplicável?

habitável; sendo irrelevante para este efeito, que tenha obtido licença municipal para obras.

II – Mas não ofende as regras do condomínio a obra consistente no acrescentamento de uma parede em tijolo e cimento no abrigo para carro e logradouro; e o fechamento de uma marquise contígua à cozinha com um pequeno murete e a colocação de estrutura de alumínio e vidros e de uma porta de vidro à entrada daquela marquise; tudo isto em área exclusiva do condómino que fez tais obras e sem que conste prejuízo para asa relações da boa vizinhança ou para a estética do prédio." (Acórdão da Relação de Lisboa, de 27.06.1991, Colectânea de Jurisprudência, 1991, Tomo III, pág. 176).

"I – É duvidoso que as noções de estrutura do prédio e de telhado – alíneas a) e b) do nº 1 do art. 1421º do Cód. Civil – abranjam os sótãos. Não obstante é inequívoco ser o sótão parte comum do prédio, desde que não afectado ao uso exclusivo de um dos condóminos, nos termos do art. 1421º, alínea e), do Cód Civil.

II – É pois abusiva e ilegal a obra da retenção de parte do sótão de forma a ficar afectada a um só dos condóminos, salvo o disposto nos arts 1422º e 1425º do Cód. Civil pelo que terão de ser demolidas e a totalidade do sótão restituída à situação anterior às mesmas." (Acórdão RL de 5.5.1976, Col. Jur., 1976, 2º-506).

"I – Um sótão é parte comum num prédio em propriedade horizontal, podendo qualquer dos condóminos servir-se dele, desde que o não empregue para fins diferentes daqueles a que se destina e não prive os outros do uso a que igualmente têm direito.

II – As obras que constituem inovações dependem da aprovação da maioria dos condóminos devendo essa maioria representar 2/3 do valor do prédio, desde que não contrariem as limitações impostas pelo nº 2 do art. 1422 do Cód. Civil.

III – A abertura de uma porta num sótão de um prédio, decidida em Assembleia Geral de condóminos, por maioria e respeitando as limitações do do nº 2 do art. 1422º do Cód. Civil, não pode vir a ser impugnada por condómino sem que faça prova do que alega, nomeadamente o perigo de insegurança para o prédio." (Ac. STJ, de 16.02.1993: JST00018160.ITIJ.Net).

"I – Em prédio submetido ao regime da propriedade horizontal, a obra construída por algum dos condóminos, em parte comum, sem autorização da assembleia de condóminos, está sujeita a demolição.

II – Tem legitimidade para intentar a respectivas acção qualquer dos outros condóminos ou ainda o administrador quando a assembleia de condóminos lhe atribua poderes especiais para esse efeito." (Ac. RP, de 3.5.1993: JTRP00008828.ITIJ.Net).

9º Caso Prático
Seguro de incêndio

Um dos factores mais importantes na *gestão* e *administração* de um qualquer *condomínio*, respeita à regular existência e/ou manutenção do designado seguro (obrigatório) de incêndio.

Questão:

Ao abordarmos a temática dos seguros, num *condomínio*, importa, desde logo, analisarmos todas as respectivas e competentes implicações.

Por esta razão, cumpre aquilatar qual o montante a segurar; como deve ser efectuado e, consequentemente, todas e quaisquer responsabilidades do *Administrador*.

Resolução:

1. Colocam-se, neste caso, várias questões atinentes ao objecto do seguro obrigatório contra incêndio, num *condomínio*.

Com efeito, conforme resulta do disposto no nº 1 do artigo 1429º do Código Civil, "*é obrigatório o seguro contra o risco de incêndio do edifício, quer quanto às fracções autónomas, quer relativamente às partes comuns*".

2. Por outro lado, conforme estabelece o nº 2 do artigo 1429º do Código Civil, "*o seguro deve ser celebrado pelos condóminos; o administrador deve, no entanto, efectuá-lo quando os condóminos o não hajam feito dentro do prazo e pelo valor que, para o efeito, tenha sido fixado*".

3. Essa mesma competência, advém das próprias funções do *Administrador* ao "*verificar a existência do seguro de incêndio propondo à assembleia o montante do capital seguro*", conforme resulta do estatuído na alínea *c)* do artigo 1436º do Código Civil.

4. Naturalmente, também, revela-se *"obrigatória a actualização anual do seguro contra o risco de incêndio"*, conforme o disposto no nº 1 do artigo 5º do Decreto-Lei nº 268/94, de 25 de Outubro.

Todavia, por força do artigo 135º do Decreto-Lei nº 72/2008, de 16 de Abril, veio introduzir a actualização automática do valor do imóvel seguro. Isto, em conjugação com o disposto na norma regulamentar do Instituto de Seguros de Portugal nº 16/2008, ao prever no seu artigo 5º, a aplicação do disposto naquele artigo, a partir da primeira revogação dos contratos de seguro celebrados até 1 de Janeiro de 2009.

Dito tudo isto, por outras palavras: a actualização obrigatória e automática do valor aplica-se a todos os contratos em vigor e, inicia-se na sua revogação a partir de 1 de Janeiro de 2009.

Contudo, tal disposição possui um carácter meramente supletivo. Donde resulta, ser admissível estipulação diversa em matéria de actualização automática do valor do imóvel seguro.

Ou seja, podem as partes acordar que em determinado ano não se proceda a qualquer tipo de actualização do valor do seguro.

5. Face ao exposto, convém, então, determinar o montante do capital a segurar.

Assim, deve assegurar-se um capital seguro que cubra em permanência o custo comercial ou, de mercado da respectiva reconstrução, tendo em especial consideração o tipo de construção, ou até mesmo, outros factores que possam influenciar esse mesmo custo.

Excluindo o valor do terreno (que nunca se destrói, nem sofre quaisquer danos em caso de sinistro), todos os elementos constituintes ou incorporados pelo proprietário/*condómino* de cada fracção autónoma incluindo o valor proporcional das *"partes comuns"* dever ser tomados em consideração para a respectiva e competente determinação do capital seguro.

Tendo em vista apurarmos a **superfície coberta** (SC) do prédio, em metros quadrados (**m2**), teremos sempre de recorrer à Caderneta Predial e/ou Registo Predial.

Uma vez apurado esse valor (SC), multiplique-se pelo número total de pisos; obtendo-se, dessa forma, a SUPERFICIE COBERTA (SC) total do prédio.

Já na posse desses elementos, multiplique-se a superfície coberta (SC) total do prédio, pelo valor do preço de reconstrução por metro quadrado (xxx,xx). Esse resultado constitui o valor do capital global a segurar no prédio (incluindo, obviamente, fracções autónomas e *partes comuns*).

Naturalmente, *a contrario sensu*, para determinar o capital a segurar por fracção autónoma (incluindo, obviamente, o proporcional das *"partes comuns"*) bastará multiplicar o valor do capital global a segurar no prédio pela percentagem e/ou permilagem de cada fracção autónoma [conforme constante no Título Constitutivo da Propriedade Horizontal (nº 1 do artigo 1418º do Código Civil)].

Em alternativa ao valor relativo à superfície coberta (SC) total do valor do prédio, para a determinação do capital a segurar em cada fracção autónoma também se afigura correcto utilizarmos o valor relativo à **área bruta** (*Ab*) da fracção autónoma.

Ou seja: *"a superfície total do fogo, medida pelo perímetro exterior das paredes exteriores e eixos das paredes separadoras dos fogos, e inclui varandas privativas, locais acessórios e a quota-parte que lhe corresponda nas circulações comuns do edifício"* (cfr. alínea *a*) do nº 2 do artigo 67º do *"RGEU"* – Regulamento Geral das Edificações Urbanas).

Para melhor exemplificarmos todo o exposto, configuremos a seguinte situação:

Superfície coberta (SC) do prédio = 272 m2
Valor de reconstrução m2 (741,48 €) x 272 m2 = 201.682,56 x 9 pisos = 1.815.143,00 €

Fracção	Capital global a segurar €		%	Valor €
A (garagem)	1.815.143,00	x	1,0%	18.151,43
B (garagem)	1.815.143,00	x	1,0%	18.151,43
C (garagem)	1.815.143,00	x	3,7%	67.160,29
D – R/c Dtº	1.815.143,00	x	7,5%	136.135,72
E – R/Esq	1.815.143,00	x	5,8	105.278,29
F – 1º Dtº	1.815.143,00	x	7,3	132.505,43
G – 1º Esq.	1.815.143,00	x	8,9	161.547,72
H – 2º Dtº	1.815.143,00	x	7,3	132.505,43
I – 2º Esq	1.815.143,00	x	8,9	161.547,72
J – 3º Dtº	1.815.143,00	x	7,3	132.505,43
...		x		

6. Tal como reclama o velho ditado: *"Quem casa quer casa"*. Ora, a aquisição duma simples *"casa"* (entenda-se: fracção autónoma) – regra geral – implica o recurso ao crédito bancário, realização dum seguro de vida, seguro de incêndio e, mais recentemente, a obtenção de um **certificado energético**.

Ora, na linha deste mesmo raciocínio, incumbe ao *Administrador* (cfr. alínea *c*) do artigo 1436º do Código Civil) o *dever* em exigir, aos proprietários/*condóminos*, o comprovativo do respectivo recibo de pagamento do seguro de incêndio (anual e/ou semestral) e, dessa forma, verificar as *"quotas-partes"* do valor do capital seguro, correspondentes à totalidade do edifício.

7. Na eventualidade de inexistência de seguro ou, de insuficiência do capital seguro, o *Administrador* do condomínio pode e/*deve* exigir ao proprietário/*condómino*, o reforço do capital seguro, ou celebrar uma apólice única de reforço, subscrita pela *administração* (entenda-se: Assembleia de Condóminos), cujo capital seguro represente os complementos de capitais insuficientemente seguros, suportando cada proprietário/condómino, inerente custo proporcional.

Doutrina e Jurisprudência

"*A obrigatoriedade do seguro de todas as fracções autónomas pode dizer-se que é estatuída no interesse comum dos condóminos, porque facilita a solução da reconstrução, que a todos convém em princípio, no caso de destruição do prédio pelo fogo.*

A obrigação de efectuar e manter o seguro do edifício contra o risco de incêndio compete especialmente ao administrador (art. 1436º, alín. c)). Se este, porém, o não fizer, o interesse social da sua realização levará a lei a conferir a qualquer dos condóminos a possibilidade de o efectuar, com direito a cobrar dos outros a parte que lhes cabe no respectivo prémio. Essa parte é, dentro do montante total do prédio, proporcional ao valor relativo de cada uma das fracções autónomas."[29]

"*I – A interpretação extensiva só é possível quando o intérprete conclua pela certeza de que o legislador se exprimiu restritivamente dizendo menos do que pretendia.*

II – Só é obrigatório o seguro da totalidade do prédio contra o risco de incêndio, não podendo qualquer dos condóminos eximir-se à sua efectivação ou escusar-se ao pagamentos dos respectivos encargos.

III – Mas o seguro contra qualquer outro risco de destruição ou danificação do edifício é facultativo, podendo o mesmo incidir sobre a totalidade do prédio, mediante deliberação dos condóminos, nos termos do art. 1432º, nº 3 do CC, e podendo qualquer condómino efectuá-lo, embora restrito à sua fracção autónoma." (Ac. RL, de 6.5.2003: Proc. 8609/2003-7.ITIJ.Net).

---

[29] In Código Civil, Anotado, Volume III, Pires de Lima e Antunes Varela, Coimbra Editora, 1987, pág. 441 (anotação ao artigo 1429º).

10º Caso Prático
Procurações/Assinatura Acta/"Livro de Reclamações"/Comissão de Acompanhamento

Em Janeiro do ano transacto, a empresa *"AP – Administração de Propriedades"*, franchisada da *"Condominium XXI – Administração e Gestão de Propriedades"*, foi contactada por alguns *condóminos* do edifício sito no nº 120 da Avenida Marquês de Sá da Bandeira, freguesia de Nª Senhora de Fátima, em Lisboa, tendo em vista a apresentação de um *"Orçamento"* para (futura) administração do referido edifício.

No mês seguinte (Fevereiro) a Srª Florbela Pereira Santinha, gerente da *"AP – Administração de Propriedades"*, apresentou um *"orçamento"* para administração do aludido edifício.

Em Assembleia Ordinária de Condóminos, do edifício em causa, realizada aos 10 (dez) dias do mês de Março do ano transacto, foi deliberado por maioria dos presentes atribuir – entre as diversas propostas apresentadas – à firma *"AP – Administração de Propriedades"*, a administração do edifício e, consequentemente, eleita a Srª Maria Imaculada Pureza, proprietária/*condómina* do R/c esquerdo, para o cargo de *administradora-interna*.

Em Setembro, a Srª Maria Imaculada Pureza, deslocou-se às instalações da firma *"AP – Administração de Propriedades"* para efectuar o pagamento das quotizações respeitantes ao primeiro semestre.

Na altura, a *condómina* – também – aproveitou essa oportunidade, para manifestar – junto da *"AP – Administração de Propriedades"* – intenção em regularizar a situação do logradouro do edifício.

Com efeito, conforme teve oportunidade de descrever, há cerca de 11 (onze), construiu no logradouro uma arrecadação em alvenaria, edificou uma pequena muralha, colocou um estendal e, instalou um equipamento para churrascos. Contudo, nos últimos cinco anos, tem sido sistematicamente advertida por alguns *condóminos* para remoção e demolição de todos aqueles equipamentos e construções.

Na altura, a *"AP – Administração de Propriedades"*, informou a *condómina* (Srª Maria Imaculada Pureza) quanto à necessidade em consultar o título constitutivo e, o respectivo departamento jurídico, para se poder pronunciar.

No decorrer do mês de Outubro, a *"AP – Administração de Propriedades"*, após consultar o título constitutivo de constituição da propriedade horizontal e, o respectivo departamento jurídico, esclareceu a *condómina* (Srª Maria Imaculada Pureza) quanto à situação do logradouro.

Na realidade, a construção e instalação de alguns equipamentos no logradouro, representam verdadeiras ***inovações*** introduzidas numa *"parte comum"* do edifício.

No início do mês de Novembro, a Srª Maria Imaculada Pureza, na qualidade de *administradora-interna* e, em representação dalguns *condóminos*, solicitou à *"AP – Administração de Propriedades"*, a realização duma Assembleia Extraordinária de Condóminos, tendo como pontos da *"Ordem de Trabalhos"*: apresentação de contas, e regularização do logradouro.

No decurso do mesmo mês, a *"AP – Administração de Propriedades"*, endereçou carta registada à *condómina* e seus representados, nos seguintes termos:

"Assunto: Assembleia Extraordinária de Condóminos.

Exmos. Condóminos e representados.

A "AP – Administração de Condomínios", foi legitimamente eleita para o cargo de Administrador, em Março do ano transacto, pelo período de um ano. Constatamos, tal prazo ainda não se ter esgotado.

Por outro lado, não vislumbramos quaisquer motivos para realização de uma Assembleia Extraordinária de Condóminos e, muito menos ainda, a apresentação de contas.

Como V. Exa. e seus representados, muito bem sabem, a qualquer momento podem sempre consultar as contas do condomínio, nas nossas instalações.

A "AP – Administração de Condomínios", sempre pautou a sua actuação de forma transparente e, numa permanente colaboração com quaisquer condóminos.

Com os melhores cumprimentos.

A Gerência."

Aos 15 dias do mês de Dezembro – ano transacto – realizou-se, nas instalações da *"AP – Administração de Propriedades"*, pelas 19.00 horas, uma Assembleia Extraordinária de Condóminos do edifício sito no nº 120 da Avenida Marquês de Sá da Bandeira, freguesia de Nª Senhora de Fátima, em Lisboa.

Encontravam-se presentes a Administradora (Sr.ª Florbela Pereira Santinha), o Sr. Dr. Frederico Cabral Amaral, Advogado da *"AP – Administração de Propriedades"*, o Sr. Paulo Grilo, proprietário/*condómino* da fracção *"F"* – 2.º Dt.º, o Sr. Pedro Canário, proprietário/*condómino* da fracção *"H"* – 3.º Dt.º, a Sr.ª Maria Imaculada Pureza, proprietária/*condómina* da fracção *"B"* – R/c Esq.

Fizeram-se representar pela proprietária/*condómina* Maria Imaculada Pureza os proprietários/*condóminos* das fracções, *"A"* – R/c Dt.º, fracção *"E"* – 2.º Esq. e fracção *"J"* – 4.º Dt.º e, pela Sr.ª Florbela Pereira Santinha os proprietários/*condóminos* das fracções *"G"* – 3.º Esq. e *"M"* – 5.º Dt.º.

Presidiu, então, à mesa da Assembleia de Condóminos, o Sr. Dr. Frederico Cabral Amaral.

O Presidente da mesa da Assembleia de Condóminos, informou não poder aceitar as Procurações apresentadas pela *condómina* Maria Imaculada Pureza, porquanto serem datadas de 2005. Não sendo, por conseguinte, válidas para o acto.

Nesse momento, a Sr.ª Maria Imaculada Pureza, manifestou um profundo desagrado na forma como a Assembleia de Condóminos estava a ser conduzida. Além do mais, sempre apresentou essas Procurações e nunca lhe levantaram quaisquer problemas. A actuação do Presidente da mesa, apenas visava defender os interesses comerciais da própria *"AP – Administração de Propriedades"*; nunca os interesses dos *condóminos*.

Os proprietários/*condóminos* das fracções *"F"* e *"H"* (Sr. Paulo Grilo e Sr. Pedro Canário) insurgiram-se contra as opiniões da Sr.ª Maria Imaculada Pureza. Inclusive, salientaram já estarem habituados a este tipo de comportamento: *"Afinal, anualmente a Sr.ª Maria Imaculada Pureza, arranja sempre mais um mecanismo, para permanente e sistematicamente, tentar mudar de Administração. Nunca vence por motivos legais, mas pelo permanente desgaste que causa."*.

O Presidente da mesa da Assembleia, salientou encontrarem-se presentes as contas do exercício para análise de quaisquer dos condóminos.

Os *condóminos*, Sr. Paulo Grilo e Sr. Pedro Canário, revelaram não se encontrar em causa a administração da *"AP – Administração de Propriedades"*, mas a conduta da Sr.ª Maria Imaculada Pureza; tendo abandonado a Assembleia como forma de protesto.

Por sua vez, a Sr.ª Florbela Pereira Santinha, reiterou absoluta intenção em levar o cargo para o qual foi legítima e regularmente eleita até ao final do respectivo mandato. Não fazendo quaisquer intenções em se demitir.

Os trabalhos foram dados como encerrados, cerca das 22.00 horas, sendo lavrada a respectiva e competente Acta.

Em Abril do corrente ano – dia 25 – realizou-se, pelas 19.30 horas, nas instalações da *"AP – Administração de Propriedades"*, sita na Av. Elias Garcia n.º 179

– 1º, a Assembleia Ordinária de Condóminos do edifício sito no nº 120 da Avenida Marquês de Sá da Bandeira, freguesia de Nª Senhora de Fátima, em Lisboa.

A Assembleia foi regularmente convocada por carta registada.

Encontravam-se presentes a *Administradora* (Srª Florbela Pereira Santinha), o Sr. Dr. Frederico Cabral Amaral, Advogado da *"AP – Administração de Propriedades"*, o Sr. Manuel Carneiro Manso, condómino da fracção *"D"* – 1º Esq., o Sr. Paulo Grilo, *condómino* da fracção *"F"* – 2º Dtº, o Sr. Pedro Canário, *condómino* da fracção *"H"* – 3º Dtº, a Srª Maria Imaculada Pureza, *condómina* da fracção *"B"* – R/c Esq.

Fizeram-se representar pela *condómina* Maria Imaculada Pureza os proprietários/*condóminos* das fracções designadas pelas letras: *"A"* – R/c Dtº, *"E"* – 2º Esq. *"I"* – 4º Dtº, *"J"* – 4º Dtº e *"L"* – 5º Esq., e, pela *administradora* (Srª Florbela Pereira Santinha) os proprietários/*condóminos* das fracções: *"C"* – 1,º Esq., *"G"* – 3º Esq. e *"M"* – 5º Dtº.

Consultada a lista de presenças, verificou-se a presença e/ou representação, de todos os proprietários/*condóminos* do edifício.

Presidiu, então, à mesa da Assembleia de Condóminos, o Sr. Dr. Frederico Cabral Amaral.

Iniciada a *"Ordem de Trabalhos"*, o Presidente da mesa da *Assembleia* concedeu a palavra à *administradora* (Srª Florbela Pereira Santinha).

A Administradora, ao usar da palavra, apresentou relatório das receitas e despesas efectuadas ao longo do último exercício. Concluída a respectiva apresentação, as contas de exercício, foram devidamente colocadas a votação.

Todavia, no decorrer da Assembleia, registaram-se os seguintes incidentes:

– A *condómina*, Maria Imaculada Pureza, lembrou representar a maioria dos *condóminos*, num total de 60% dos votos. Salientou não pretender aprovar as contas e, já ter uma proposta da firma *"Kikas & Manekas – Limpezas e Administração de Condóminos"*, com sede no nº 11 da Azinhaga dos Alfinetes, para administrar o condomínio, por um valor de honorários muito inferior ao actual.

– Os *condóminos* Manuel Carneiro Manso, Paulo Grilo e Pedro Canário, manifestaram o seu mais profundo desagrado. Inclusive, afirmaram: *"Isto é sempre o mesmo! Até parece que já vimos este filme antes!... A senhora, utiliza sempre este estratagema... Estamos fartos disto!... Sempre a mudar de administração... E quer sempre ficar como administradora-interna... Deixe as pessoas trabalharem... A senhora arranja sempre maneira de decidir tudo. Já não estamos aqui a fazer nada!... Vamos embora!...".*

– Os *condóminos* Sr. Paulo Grilo e Sr. Pedro Canário acabaram mesmo por abandonar a *Assembleia*, como forma de protesto.

CASO PRÁTICO

– A *condómina*, Maria Imaculada Pureza esclareceu a *Assembleia*, apenas pretender defender os interesses dos seus representados e do próprio condomínio. Lamentou, os restantes condóminos não compreenderem a sua atitude.

– A *administradora* (Srª Florbela Pereira Santinha) salientou – também – pretender defender os interesses de todos os seus representados.

– Entendeu o Presidente da mesa da Assembleia (Sr. Dr. Frederico Cabral Amaral) intervir e esclarecer a Assembleia: "*Srs. Condóminos não posso permitir o permanente ataque pessoal entre condóminos, nem sequer alimentar quaisquer questões particulares. A Assembleia, tem de prosseguir os seus trabalhos. A Srª Administradora (Srª Florbela Pereira) apresentou o relatório de receitas e despesas do último exercício à Assembleia.*

Passamos, à votação.

Algum voto contra?"

– A *condómina* Srª Maria Imaculada Pureza usou da palavra para referir: "*não pretendo aprovar as contas, porquanto neste momento, devido ao adiantado da hora, revela-se impossível conferir todos os documentos de receitas e despesas.*

Quero o Livro de Reclamações. Esta firma, está a prestar um mau serviço.

Exijo, a imediata presença dum agente da PSP. Os senhores todos estão a tentar-me coagir. Tenho direito a chamar a Polícia!

Quero o Livro de Reclamações.".

– A *Administradora* (Srª Florbela Pereira Santinha) relembrou: "*o relatório das contas está aqui. A Sr. Maria Imaculada Pureza está nas minhas instalações. Ninguém a está a coagir. Aqui quem manda sou eu!... Nem a Srª, nem ninguém chama a Polícia!... Isto não é nenhum caso de Polícia. Faça como entender! Se quer impugnar as contas vá para Tribunal. As contas estão aqui!..*

Livro de Reclamações para quê? O que está em causa são as contas deste condomínio. Não se trata dos serviços desta firma de administração de condomínios"

– O Sr. Manuel Carneiro Manso referiu: "*Qual Polícia, qual quê!... Mas qual Livro de Reclamações, qual quê! Mas alguém aqui lhe está a fazer mal? Demita-se de administradora-interna, deixe as outras pessoas trabalharem... A Srª pensa que é alguma rainha sentada no trono? Isto assim, não pode continuar. Deixe estar que eu vou falar com os condóminos que lhe passaram essas procurações. Isto não fica por aqui!.. Esta administradora tem feito um trabalho extraordinário*".

– Uma vez mais, o Presidente da mesa da Assembleia usou da palavra para referir: "*Senhores Condóminos, a presente Assembleia foi regularmente convocada; em conformidade, foram apresentadas as respectivas contas do exercício. Foram, convenientemente, colocadas a aprovação desta Assembleia. Foi também apresentada uma proposta para futura administração do condomínio. Nada mais havendo a deliberar dá-se por encerrada a presente Assembleia; passando a elaborar a respectiva e competente Acta*".

– A Acta foi elaborada por meios informáticos e, subsequentemente, recolhidas as assinaturas dos condóminos presentes e/ou representados.

A Srª Maria Imaculada Pureza, após assinar a Acta, fez questão de acrescentar à mão, o seguinte texto:

"As contas estavam em dois dossiers em cima da mesa. É impossível, conferir a esta hora – 23.30 h – todos os documentos. Assim, as contas não puderam ser aprovadas. Esta administradora está demitida".

Em Maio (do corrente ano), os *condóminos* Sr. Manuel Carneiro Manso, Paulo Grilo e Pedro Canário, deslocaram-se às instalações da *"AP – Administração de Propriedades"*, para se inteirarem da situação do *condomínio*. (re)Afirmaram, mais uma vez, não pretenderem mudar de administração e, terem total confiança no trabalho desenvolvido.

Salientaram, ainda, já ter afixado na vitrina do hall de entrada do edifício uma informação sobre a nova firma de administração do condomínio.

A Srª Florbela Pereira Santinha, comunicou aos referidos *condóminos*, já ter entrado em contacto com o Master da *"Condominium XXI – Administração e Gestão de Propriedades"* e, ter encontrado uma solução: a constituição por Acta duma *"comissão de acompanhamento"*. Assim, *"como detemos 25% do capital, elaboramos uma Acta, e constituímos uma comissão de acompanhamento, para exigirmos a realização duma Assembleia de Condóminos e tentamos destituir a Srª Maria Imaculada Pureza do cargo de administradora-interna.".*

Questão:

Tendo em consideração, todos os elementos fornecidos, cumpre aquilatar as legítimas e legais aspirações da *condómina* (Srª Maria Imaculada Pureza) quanto às modificações introduzidas no logradouro do edifício em análise.

No mesmo sentido, cumpre analisar todas as reacções e, implicações registadas ao longo das diversas Assembleia de Condóminos.

Resolução:

1. Em conformidade com o disposto no nº 4 do artigo 1435º do Código Civil *"o cargo de administrador é remunerável e tanto pode ser desempenhado por um dos condóminos como por terceiro".*

2. Consequentemente, *"o período de funções é, salvo disposições em contrário, de um ano, renovável"* (cfr. nº 4 do artigo 1435º do Código Civil, *in fine*).

3. Por outro lado, conforme resulta do disposto no nº 1 do artigo 1435º do Código Civil, *"o administrador é eleito e exonerado pela assembleia".*

4. Além do mais, *"o administrador mantém-se em funções até que seja eleito ou nomeado o seu sucessor"* (cfr. nº 5 do artigo 1435º do Código Civil).

5. Por força do disposto no artigo 1421º do Código Civil, o logradouro, deve entender-se como uma *"parte comum"* do *condomínio*.

6. Nessa ordem de razão, todas e quaisquer inovações carecem sempre duma aprovação da *"maioria dos condóminos, devendo essa maioria representar dois terços do valor total do prédio"* (cfr. nº 1 do artigo 1425º do Código Civil).

7. Tal como resulta do disposto no nº 2 do artigo 1431º do Código Civil a *"assembleia também reunirá quando for convocada pelo administrador ou por condóminos que representem, pelo menos, vinte e cinco por cento do capital investido"*. Assim sendo, a pretensão apresentada, em Novembro do ano transacto, pela *condómina* Maria Imaculada Pureza, colhe pleno enquadramento legal.

8. Uma vez, passados em revista, os pontos essenciais, quanto ao cargo de *Administrador* e, convocação de *Assembleias* (Ordinárias e/ou Extraordinárias); importa – ainda – efectuar uma reflexão atinente à representação dos proprietários/*condóminos*. Efectivamente, assiste ao(s) proprietários/*condómino*(s) o *direito/dever* de participação na(s) *Assembleia*(s).

Todavia, na impossibilidade de participação na(s) *Assembleia*(s), *"os condóminos podem fazer-se representar por procurador"* (cfr. nº 3 do artigo 1431º do Código Civil).

Assim sendo, coloca-se então, uma questão. Qual a validade da *procuração*? Em bom rigor, entendemos, ser válida – apenas e só – para o acto. Ou seja: uma *procuração* para cada *Assembleia*.

9. O Decreto-Lei nº 257/96, de 31 de Dezembro – artigos 7º e 9º – veio legalizar a utilização dos designados Livros de Actas informatizados em folhas soltas.

10. Importa, ainda efectuar uma breve referência quanto ao *"Livro de Reclamações"*. Na realidade, de acordo com o previsto no nº 2 do artigo 1º do Decreto-Lei nº 156/2005, de 15 de Setembro, com as alterações introduzidas pelo Decreto-Lei nº 371/2007, de 6 de Novembro, passou a ser obrigatória a existência de um *"Livro de Reclamações"*, para todos os prestadores de serviços ou fornecedores de bens, desde que exista um estabelecimento físico, fixo ou permanente que tenha um contacto directo com o público.

11. Porém, nesta linha de pensamento, não se vislumbra qualquer motivo para a proprietária/*condómina* (Srª Maria Imaculada Pureza) exigir a apresentação do *"Livro de Reclamações"*. Na realidade, a questão subjacente focaliza-se na aprovação das contas do último exercício. Deste modo, encontra-se afastada qualquer outra questão que motive a exigência de apresentação do *"Livro de Reclamações"*.

12. Por outro lado, conforme resulta do disposto no nº 1 do Decreto-Lei nº 268/94, de 25 de Agosto, *"são obrigatoriamente lavradas actas das assembleias de*

condóminos, redigidas e assinadas por quem nelas tenha servido de presidente e subscritas por todos os condóminos que nelas tenham participado".

Ora, como acabámos de constatar, tal formalismo foi efectiva e regularmente cumprido.

A única questão que se poderá – eventualmente – levantar prende-se com o texto inserido manualmente pela proprietária/*condómina* (Srª Maria Imaculada Pureza) no final da Acta.

Salvo melhor opinião em contrário, as Actas devem sempre retratar quaisquer deliberações da Assembleia de Condóminos. Caso contrário, assiste ao(s) proprietário(s)/*condómino*(s) solicitar(em) a respectiva correcção ou, eventualmente, recusar(em) assinatura da Acta; podendo, até mesmo, em última instância recorrer aos respectivos e competentes meios legais.

13. A terminar, registamos a criação de uma *"comissão de acompanhamento"*.

Com efeito, ao consultarmos o regime da propriedade horizontal, não vislumbramos qualquer referência a esta *"figura"*; muito embora, seja frequentemente utilizada. Cremos, constituir um verdadeiro mecanismo de pressão – quer da administração, quer de condóminos – tendo em vista a concretização e prossecução de alguns intentos.

Doutrina e Jurisprudência

"Se um condómino não puder estar presente pode fazer-se representar por outra pessoa, bastando documento escrito onde se indique o representante ou procurador."[30]

"O procurador a que se refere o art. 1431º, nº 3, do Cód. Civil, tanto pode ser qualquer condómino como terceiro não sendo legal a deliberação da assembleia que impõe que a procuração seja apenas passada a outro condómino ainda que resida em prédio diferente." (Ac. STJ, de 26.2.1991: AJ, 15º/16º-33).

---

[30] In Direitos e Deveres dos Condóminos, João Queiroga Chaves, Quid Juris, 4ª edição, pág. 45 (anotação ao artigo 1432º).

11º Caso Prático
Destino casa da porteira / certificado energético

No decurso do mês de Setembro do ano transacto, ocorreu o falecimento da porteira (Srª Maria Papoila) do edifício constituído sob o regime da propriedade horizontal, sito no nº 11 da Calçada de Santa Isabel, freguesia de Santa Clara, em Coimbra.

Face ao lamentável acontecimento, revelava-se imperioso tomar uma deliberação quanto ao destino daquela *"parte comum"* do *condomínio*.

Por esta razão, considerou o Sr. João Lucas, proprietário/*condómino* da fracção autónoma designada pela letra *"G"*, na qualidade de *Administrador* do referido *condomínio*, por conveniente, convocar – 2 de Novembro, pelas 20 horas, nas instalações do condomínio – uma *"Assembleia Extraordinária de Condóminos"*.

Ponto único da *"Ordem de Trabalhos"*: "Destino casa da porteira".

Aquando da referida *"Assembleia Extraordinária de Condóminos"*, o Sr. João Lucas, teve oportunidade em comunicar – oficialmente – aos proprietários//*condóminos* presentes, o falecimento da Srª Maria Papoila (porteira).

Consequentemente, impunha-se deliberar num ponto absolutamente fulcral: a futura utilização daquela *"parte comum"* do *condomínio*.

Uma vez colocada a referida questão a debate, verificaram-se opiniões diametralmente opostas.

Designadamente:

– Alguns proprietários/*condóminos* pugnaram – desde logo – pela contratação de uma nova porteira. Afinal, só dessa forma seria possível manter e, assegurar a regular e salutar *"qualidade de vida"* do *condomínio*. Tanto em termos de segurança, quer mesmo, em termos de higiene.

– Por outro lado, *outros (condóminos)* consideraram – por completo – desnecessária e extremamente dispendiosa, a existência duma porteira naquele *con-*

domínio. Na realidade, hoje em dia, a simples colocação dum qualquer simples intercomunicador assegura e garante, a segurança dos próprios proprietários/ /*condóminos*. Para além disso, basta(va) a simples contratação duma empresa de limpezas, para garantir todas e quaisquer condições de higiene nas *"partes comuns"*. Desse modo, seria possível arrendar a *"casa da porteira"*, e assim até poderia constituir um verdadeiro benefício para o próprio *condomínio*. Contribuindo, e reduzindo, as quotizações dos próprios *condóminos* para as *"partes comuns"* do *condomínio*.

– Por fim, contrariando, todas e quaisquer pretensões anteriormente apresentadas, alguns proprietários/*condóminos*, consideraram – ainda – a possibilidade de venda daquela *"parte comum"* do edifício: *"casa da porteira"*. Dessa forma, seria possível concretizar num curto espaço de tempo, algum montante – até mesmo significativo – a utilizar ao longo dos próximos anos.

Neste quadro, os defensores da 2ª hipótese (arrendamento da *"casa da porteira"*) tentaram – a todo o custo – demover os defensores da 3ª hipótese (venda da *"casa da porteira"*), demonstrando as inúmeras vantagens naquela opção.

Enquanto, a venda da *"casa da porteira"*, poderia constituir a breve trecho um profundo enriquecimento para o próprio *condomínio* (quase uma prenda envenenada!...); o arrendamento daquele espaço, revelar-se-ia, numa verdadeira e regular fonte de rendimento ao longo dos próximos anos... Isto, sem nunca perder de vista, as normais e naturais actualizações de renda.

Dentro desta linha de pensamento, os próprios *condóminos*, evitavam quaisquer encargos com a consequente modificação do título constitutivo.

Ante essa possibilidade, todas estas motivações, foram – consecutivamente – contrariadas pelos defensores da 3ª hipótese (venda da *"casa da porteira"*). Para tanto, alegaram – mais uma vez – a distribuição do produto da venda da *"casa da porteira"* por todos os *condóminos*.

Ao longo da Assembleia de Condóminos, o Sr. João Lucas (*Administrador*) sempre efectuou todos e quaisquer esclarecimentos, quanto aos requisitos legais exigidos para – eventual – instalação de intercomunicadores e arrendamento e/ou venda da *"casa da porteira"*.

Face ao adiantado da hora – 23.30 horas – alguns proprietários/*condóminos* (fracção: *"D"*, *"G"*, *"J"* e *"M"*) abandonaram a reunião.

Ao longo da reunião revelou-se absolutamente impossível obter qualquer deliberação consensual nesta matéria.

Cerca das 23.50 horas, foi decidido prosseguir os trabalhos em nova Assembleia de Condóminos, ficando o *Administrador* incumbido em efectuar um levantamento quanto aos encargos e, quaisquer trâmites processuais e legais, a suportar em qualquer uma das hipóteses avançadas pelos condóminos.

CASO PRÁTICO

Questão:

No caso em análise, importa apurar os requisitos legais, estritamente necessários, para deliberar em qualquer uma destas matérias.

Resolução:

1. *A priori*, supomos terem sido escrupulosamente observados todos os requisitos legais, constantes no artigo 1432º do Código Civil.

In concreto: convocação da Assembleia de Condóminos.

Na realidade, independentemente de uma Assembleia *Ordinária* de Condóminos (cfr. artigo 1431º do Código Civil), quer de uma Assembleia *Extraordinária*, a convocatória deve ser – sempre – efectuada com 10 (dez) dias de antecedência.

2. A distinção entre: *"Assembleia Ordinária"* e *"Assembleia Extraordinária"*, por vezes, apresenta-se ténue.

Enquanto, a primeira (*"Ordinária"*) tem como finalidade a *"discussão e aprovação das contas respeitantes ao último ano e aprovação do orçamento das despesas a efectuar durante o ano"* (cfr. nº 1 do artigo 1431º, *in fine*); a segunda (*"Extraordinária"*) – nº 2 do artigo 1431º – pode(rá) reunir *"extraordinariamente"* para deliberar sobre quaisquer outras questões condominiais.

Ou seja: neste enquadramento legal, nada obsta à realização duma *"Assembleia de Condóminos"*, com o debate de diversos pontos da *"Ordem de Trabalhos"*, para além da simples aprovação do relatório e contas.

3. Curiosamente, entendeu o legislador, por conveniente, a realização anual, duma Assembleia (*"Ordinária"*) de Condóminos, para apresentação do relatório e contas, a realizar – preferencialmente –, *"na primeira quinzena do mês de Janeiro"* (cfr. nº 1 do artigo 1431º – 1:ª parte). Ou seja: o objectivo primordial dessa Assembleia (*"Ordinária"*) centraliza-se na aprovação do relatório e contas do último exercício. Obviamente, sem prejuízo de quaisquer outras deliberações condominiais.

Neste contexto e, para uma correcta interpretação da primeira parte do nº 1 do artigo 1431º – «*a assembleia reúne-se na primeira quinzena de Janeiro*» –, cumpre efectuar uma análise sistemática da lei.

Consideramos essa data não possuir qualquer carácter de matriz imperativa. A intenção do legislador terá sido – apenas e só – uma mera e simples obrigatoriedade no que concerne à apresentação anual do relatório e contas.

Inclusive, o exercício da própria administração – regra geral – não coincide com o ano civil.

Daí que, embora continue a ser de uso corrente – pelo próprio legislador! – a expressão *"na primeira quinzena do mês de Janeiro"*, a verdade é que não se trata de

77

um *princípio* que pretenda significar a (mera) subordinação da Administração à lei; mas essencialmente de um verdadeiro *princípio* de transparência.

4. Vale também a pena (re)lembrar, a administração do condomínio não visar o *"lucro"*, como se duma empresa se tratasse; o seu escopo centra-se em fazer face aos *"encargos de conservação e fruição das partes comuns"*.

5. Por sua vez, cumpre esclarecer, a substituição e/ou manutenção do porteiro, constituir uma plena faculdade das funções de administração corrente do Administrador em exercício, conforme resulta do disposto no artigo 1436º do Código Civil.

6. Porém, no caso em análise, entendeu o *Administrador* – face ao falecimento da porteira – colocar essa mesma questão à breve apreciação da Assembleia de Condóminos.

7. Na hipótese de (futura) colocação de intercomunicadores no edifício, encontrar-nos-emos perante uma – manifesta – inovação.

Logo, como tal, torna-se essencial uma deliberação da Assembleia de Condóminos, num *quórum* que retrate dois terços do valor total do prédio (cfr. artigo 1425º do Código Civil).

8. No âmbito das funções do cargo de *Administrador* e, volvendo ao ponto 3. da presente exposição, congratulamo-nos com a convocatória duma Assembleia Extraordinária de Condóminos.

Com efeito, o (provável) arrendamento da designada *"casa da porteira"* – embora não implique modificação do título constitutivo – carece do acordo de todos os proprietários/*condóminos*, sendo nula se for tomada por mera maioria simples.

9. Porém, no que concerne ao – eventual e provável – arrendamento da designada *"casa da porteira"*, o montante da renda liquidado constituirá um verdadeiro proveito em benefício dos proprietários/*condóminos*.

Nestes termos, dado tratar-se de uma *"parte comum"* do edifício, encontramo-nos perante uma situação de manifesta compropriedade. Pelo que, o montante do rendimento apurado por aquele arrendamento deve ser proporcionalmente repartido pelos respectivos proprietários/*condóminos*. Neste sentido, vide Acórdão em Doutrina e Jurisprudência.

Por outro lado, conforme *"resulta do "NRAU" (Novo Regime do Arrendamento Urbano – Lei nº 6/2006, de 27 de Fevereiro), em conjugação com o artigo 5º do diploma complementar (Decreto-Lei nº 160/2006, de 8 de Agosto – Aprova os requisitos do Contrato de Arrendamento) exige-se, para fins de arrendamento urbano, "licença de utilização""*[31].

---

[31] In *"RJUE"* – Regime Jurídico da Urbanização e da Edificação, Francisco Cabral Metello, Almedina, Outubro 2008, anotação ao artigo 62º, pág. 135.

10. Nalguns *condomínios*, é usual os proprietários/*condóminos* prescindirem da "*casa da porteira*", em benefício duma nova fracção autónoma.

Na realidade, a "*casa da porteira*" constitui uma parte presumivelmente comum (artigo 1421º do Código Civil). Essa "*parte comum*", pode vir a adquirir a natureza de fracção autónoma, desde que, como já sabemos, os proprietários/ /*condóminos* assim o deliberem unanimemente e, obtenham o respectivo documento camarário, tudo em conformidade com o artigo 1419º do Código Civil e 60º do Código do Notariado[32].

A nova "*fracção*" tem de ser devidamente individualizada, fixando-se-lhe o valor relativo, em consonância com as exigências constantes no artigo 1418º do Código Civil.

Em consequência da fixação desse valor, as percentagens e/ou permilagens das restantes fracções autónomas – e, já existentes à data da constituição do título constitutivo – têm de ser proporcionalmente reduzidas, para formar a percentagem ou permilagem da nova fracção autónoma.

Ora, tendo em vista alcançar a percentagem e/ou permilagem a que cada uma das fracções autónomas já existentes fica confinada, torna-se absolutamente necessário usar a seguinte regra de três simples: multiplicação da percentagem (ou permilagem) da fracção preexistente pela percentagem (ou permilagem) total do prédio, descontada da que foi atribuída à nova fracção ("*casa da porteira*") e, posterior divisão do resultado por 100 e/ou 1000. Ou seja: pela percentagem e/ou permilagem total do prédio.

11. Ainda, a propósito, desta matéria, uma breve referência quanto à designada: "*autorização de utilização*".

"*A autorização de utilização de edifícios ou suas fracções autónomas, destina-se a verificar a conformidade da obra concluída com o projecto de arquitectura e arranjos exteriores aprovados e com as condições do licenciamento ou da autorização prévia*".[33]

Assim, caso o edifício, ainda, não disponha de autorização de utilização, pode a mesma ser requerida ao presidente da câmara municipal da respectiva área de utilização (*lex rei sitae*), em conformidade, com o disposto no nº 2 do artigo 5º do "*RJUE*" (Regulamento Jurídico da Urbanização e Edificação).

---

[32] Artigo 60º
Modificações da propriedade horizontal
1. Os instrumentos de modificação do título constitutivo da propriedade horizontal que importem alterações da composição ou do destino das respectivas fracções só podem ser lavrados se for junto documento camarário comprovativo de que a alteração está de acordo com os correspondentes requisitos legais.
2. No caso de a modificação exigir obras de adaptação, a exibição do projecto devidamente aprovado dispensa o documento a que se refere o número anterior.
[33] Conforme nº 1 do artigo 62º do RJUE.

O pedido de autorização de utilização será instruído com o termo de responsabilidade (cfr. artigo 10º do *"RJUE"* – Regulamento Jurídico da Urbanização e Edificação).

Pode, muito bem, o presidente da câmara por sua iniciativa, ou a requerimento do *gestor do procedimento* – no prazo de 10 (dez) dias – , determinar a realização de vistoria ao local objecto do pedido de autorização, quando se trate de alteração da utilização ou autorização de arrendamento para fins não habitacionais (previstos no nº 2 do artigo 62º do *"RJUE"*) e, caso existam indícios o edifício ou fracção autónoma não ser idóneo para o fim pretendido.

Contudo, caso o edifício em questão tenha sido construído em momento anterior à data de entrada em vigor do *"RGEU"* (Regulamento Geral das Edificações Urbanas – Decreto 38 382, de 7 de Agosto de 1951), prevê a lei que a construção se considera legalmente edificada, sendo dispensada a referida *autorização de utilização*.

Saliente-se, a autorização de utilização relativa a edifícios construídos em regime de propriedade horizontal pode ter por objecto o edifício na sua totalidade ou, cada uma das fracções autónomas.

12. Convém ter sempre presente a faculdade da Assembleia de Condóminos, em atribuir ao *Administrador* outras funções além das constantes no artigo 1436º.

Ora, no caso em análise, considerou aquela Assembleia por conveniente, incumbir o *Administrador* em apurar quaisquer encargos face ao – eventual – arrendamento e/ou venda da *"casa da porteira"*.

13. À parte qualquer deliberação da Assembleia de Condóminos, quanto ao eventual arrendamento e/ou venda da *"casa da porteira"*, cumpre efectuar uma breve incursão em redor da certificação energética e da qualidade do ar no interior dos edifícios.

Assim, por força da alínea *c*) do artigo 3º do Decreto-Lei nº 78/2006, de 4 de Abril *"os edifícios existentes, para habitação e para serviços, aquando da celebração de contratos de venda e de locação, incluindo o arrendamento, nos casos em que o proprietário deve apresentar ao potencial comprador, locatário ou arrendatário o certificado emitido no âmbito do SCE"*.

14. Saliente-se, o registo dos certificados junto da ADENE encontrar-se sujeito ao pagamento de uma taxa, a fixar anualmente por portaria conjunta dos membros do Governo responsáveis pelas áreas da energia e do ambiente (artigo 11º do Decreto-Lei nº 78/2006, de 4 de Abril).

À data, a taxa de registo do certificado, encontra-se nos € 55,35 (cinquenta e cinco euros e trinta e cindo cêntimos).

15. Refira-se, ainda, os certificados possuírem uma validade de 10 (dez) anos (artigo 10º do Decreto-Lei nº 78/2006, de 4 de Abril).

CASO PRÁTICO

16. Além do exposto, constitui contra-ordenação punível com coima de 50 a € 3 740,98 no caso de pessoas singulares e de € 2 500 a 44 891,81 no caso de pessoas colectivas: *"não requerer, nos termos e dentro dos prazos previstos a emissão de um certificado de desempenho energético ou da qualidade do ar interior num edifício existente"* (Alínea *a*) do n.º 1 do artigo 14.º do Decreto-Lei n.º 78/2006, de 4 de Abril).

17. Ao encerrarmos esta abordagem, não poderemos deixar – ainda – de efectuar uma referência à situação jurídica da *"casa da porteira"*.

Caso, *essa "parte comum"*, seja constituída e/ou modificada em fracção autónoma, torna-se – automaticamente – essencial a emissão do correspondente certificado energético.

18. Embora, a presente Assembleia Extraordinária de Condóminos, não retrate, nem sequer apresente qualquer deliberação, dispõe o n.º 1 do artigo 1.º do Decreto-Lei n.º 268/94, de 25 de Outubro, *"são obrigatoriamente lavradas actas das assembleias de condóminos, redigidas e assinadas por quem nelas tenha servido de presidente e subscritas por todos os condóminos que nelas tenham participado"*.

Diferente, pode(rá) constituir a situação, em que não seja exarada qualquer Acta. Neste particular, consideramos que, a falta de elaboração da Acta não pode ter qualquer efeito sobre a inexistência e validade das deliberações tomadas.

19. Um outro aspecto a merecer algumas palavras, respeita à assinatura desta Acta. Apesar de alguns proprietários/*condóminos* terem abandonado a referida Assembleia, em momento anterior ao seu encerramento; nada inviabiliza e/ou invalida a posterior assinatura – pelos mesmos – dessa Acta. Afinal, encontravam-se presentes e/ou representados, aquando do seu início.

Doutrina e Jurisprudência

"Segundo o n.º 1 deste art. 1341.º, a assembleia dos condóminos reúne-se na primeira quinzena de Janeiro, mediante convocação do administrador, para discussão das contas respeitantes ao último ano e aprovação do orçamento das despesas e efectuar durante o ano. Trata-se, pois, daquela que é comummente designada por assembleia geral ordinária, em contraposição às também usualmente denominadas assembleias extraordinárias.

Nada impede que no título constitutivo da propriedade horizontal, ou no regulamento do condomínio, ou por acordo unânime dos condóminos se estabeleça outra data limite para a realização da assembleia ordinária (Pires de Lima e Antunes Varela, Cód Civ. Anot., vol. III, 2ª ed. P. 344; M Henrique Mesquita, A Propriedade Horizontal, em RDES, ano XIII, 1976, p. 133, nota 127; Aragão Seia, Propriedade Horizontal, 2ª ed. P. 164), sendo, aliás, de salientar que a lei não estabelece qualquer penalidade específica aplicável ao admi-

nistrador que não cumpre este ou qualquer outro dos seus deveres, para além da possibilidade de, com esse fundamento, vir a ser exonerado pela assembleia (art. 1435º-1) ou pelo tribunal (art. 1435º-3).

O mencionado prazo é meramente ordenatório, e face ao crescente recurso a entidades estranhas ao condomínio para o exercício da administração, é pouco realista, quase diríamos que terá caído em desuso.

De todo o modo, o seu decurso não exonera o administrador do dever de submeter à assembleia dos condóminos que representem, pelo menos 25% do capital investido convoquem a assembleia (art. 1435º-2) – solução que revestirá pouco interesse se o administrador, entretanto, não elaborar o orçamento –, ou que qualquer deles a convoque para apreciar a conduta omissiva do administrador (1438º).

Todavia, o atraso na submissão das contas à discussão e aprovação da assembleia permite aos condóminos – a todos os condóminos – exigir a sua prestação judicialmente, através do processo especial previsto e regulado nos arts. 1014º e ss. do CPC, porquanto o administrador do condomínio será sempre, consoante os casos, um administrador de bens alheios, ou simultaneamente próprios e alheios.

O mesmo sucede se, apresentadas as contas pelo administrador à assembleia de condóminos, esta recusar a respectiva aprovação, hipótese em que o administrador, para se exonerar da correspondente obrigação, poderá requerer a sua prestação judicial."[34]

"O nº 4 deste artigo, vem estabelecer o regime de autorização para as situações de utilização de edifícios ou – porventura – das respectivas fracções autónomas.

A licença de utilização tem como objectivo averiguar a concordância da obra concluída com o projecto aprovado e, consequentemente, correlativas condições de licenciamento ou comunicação prévia".[35]

"Um caso frequente de modificação do título constitutivo da propriedade horizontal é o resultante da casa da porteira, parte presuntivamente comum, vir a adquirir a natureza de fracção autónoma, desde que, como já sabermos, os condóminos assim o resolvam unanimemente e obtenham o documento camarário necessário, tudo em conformidade com os arts. 1419º do CC e art. 60º do CN".[36]

"a) a primeira delas refere-se à "casa da porteira", a qual se considera como presuntivamente comum, nos termos do artigo1421, nº 2 do CC, e que poderá vir a adquirir a natureza de fracção autónoma, desde que os condóminos assim o determinem unanime-

---

[34] In Manual da Propriedade Horizontal, Abílio Neto, Ediforum, 3ª Edição, Outubro 2006, págs. 326 e 327.

[35] In RJUE – Regime Jurídico da Urbanização e da Edificação, Francisco Cabral Metello, Almedina, Outubro 2008, pág. 43.

[36] In A Função Notarial dos Advogados, Fernando Neto Ferreirinha, Zulmira Neto Lino da Silva, Almedina, 2ª Edição, Novembro 2010, pág. 284.

mente e obtenham o documento camarário, em conformidade com os artigos 1419º do CC e 60º do CN. A nova fracção deverá ser devidamente individualizada, fixando-se-lhe o valor relativo, em consonância o exigido no artigo 1418º do CC. Em consequência da fixação deste valor, as percentagens ou permilagens das outras fracções, já existentes, terão de ser proporcionalmente reduzidas para formar a percentagem ou permilagem da nova fracção."[37]

"No caso de as partes comuns proporcionarem receitas – espaço comum da garagem arrendado para recolha de veículo, casa do porteiro pertença do condomínio e sem uso por ele, arrendada para habitação, arrendamento temporário de local do telhado para fixação de estrutura que suporta publicidade, etc. –, e no caso de outra coisa não ter sido deliberado unanimemente pelos condóminos, deverão aquelas ser repartidas por estes na proporção do valor relativo das respectivas fracções autónomas, uma vez que cada condómino é comproprietário das partes comuns, e como tal, tem direito à sua parte no rendimento." Ac. Relação de Lisboa de 25/10/1990, Col. Jur., XV, 4, 157.

"I – Deve ser recusado o registo de alteração da propriedade horizontal quanto ao destino de uma fracção autónoma com base em escritura em que não intervieram todos os condóminos do prédio, ou o administrador em representação do condomínio com apresentação da acta assinada por todos donde conste o acordo quanto à alteração, por se tratar de acto nulo por violação de preceito legal imperativo – artigos 294º e 1419º nºs 1 e 2 (actual nº 3), do Código Civil.

II – A afectação das fracções do prédio ao fim a que se destinam faz parte do estatuto real do condomínio, com eficácia erga omnes, por estarem em causa regras de interesse e ordem pública – Cfr. parecer do CT do DGRN, no Processo 72/96-RP 4, in BRN 8/97." (In Código do Registo Predial, Maria Ema A. Bacelar A. Guerra, Ediforum, 2º Edição 2002, págs. 39 e 40).

"I – A obrigatoriedade de casa de porteira, destina-se, antes de mais, ao construtor do edifício e visa, além de aumentar a qualidade dos prédios o benefício dos condóminos.

II – Se estes decidirem dar outro destino a casa da porteira, nem isso é ofensivo da ordem pública ou dos bons costumes nem, por isso, tal casa deixa de ser parte comum.

III – O fogo destinado a habitação da porteira, sendo uma parte comum, pertence ao conjunto dos condóminos, que são comproprietários do mesmo." (Acórdão da Relação de Lisboa, de 02.11.1193, Colectânea de Jurisprudência, 1993, Tomo V, pág. 108).

"I – O arrendamento a outrem da casa do porteiro, que é parte comum de prédio em regime de propriedade horizontal, não constitui modificação do título constitutivo da propriedade horizontal.

---

[37] In Direito Registral Predial – Noções Práticas, José Alberto R. L. González, Rui Januário, Quid Juris, 3ª edição (actualizada), pág. 79.

CONDOMÍNIO – CASOS RESOLVIDOS, LEGISLAÇÃO E JURISPRUDÊNCIA

II – Vigorando no arrendamento a regra da renovação automática e forçada do contrato, o acto de dar de arrendamento não é de mera administração, mas, sim acto de administração extraordinária, ou acto de disposição; como tal, no âmbito da propriedade horizontal, a deliberação no sentido de dar de arrendamento a outrem a parte comum do edifício, antes ocupada como casa do porteiro, exige o acordo de todos os condóminos, sendo nula se for tomada por maioria simples." (Ac. RL, de 25.6.1991: JTRL00013175.IIJ.Net).

12º Caso Prático
Afixação quotização

Aos dias 15 do mês de Março do ano transacto, realizou-se, pelas 21.00 horas, na sala do *condomínio*, a Assembleia de Condóminos do edifício constituído sob o regime da propriedade horizontal, designado por *"Avenidas Residence"*, sito no nº 25 da Av. Marquês de Tomar, freguesia de Nossa Senhora de Fátima em Lisboa.

Da Acta dessa Assembleia, destacamos:

– Aprovação do relatório de receitas e despesas do último exercício, apresentado pela firma *"CondVictória* – Administração de Condomínios, Ldª";

– Eleição do Sr. Pedro Miguel Rocha (proprietário da fracção designada pela letra *"F"* – 2º Frente – para o cargo de *"administrador interno"*;

– Limpeza do telhado.

Sucede que, em Setembro do mesmo ano, o Sr. Pedro Miguel Rocha, ficou surpreendido e, até mesmo, um pouco agastado ao constatar a afixação na vitrina do hall de entrada do edifício de uma listagem dos proprietários/ /*condóminos* com quotizações em atraso.

Designadamente:

ANO 201x												
Fracção	Jan.	Fev.	Março	Abril	Maio	Jun.	Jul.	Ag.	Set.	Out.	Nov.	Dez.
...												
2º Frt	Pago	Pago	x	x	x	x	x	x	x			
...												

Na mesma data, entendeu o Sr. Pedro Miguel Rocha por conveniente, endereçar uma carta registada com aviso de recepção à *"CondVictória* – Administração de Condomínios, Ldª", nos seguintes termos:

"Exmos. Senhores,

Na qualidade de condómino e, também na qualidade de administrador interno, venho pela presente denunciar o comportamento absolutamente lamentável de V. Exas., para com este condomínio.

Com efeito, colocaram V. Exas., na vitrina do hall de entrada do edifício, uma listagem dos condóminos divulgando o pagamento das respectivas quotizações.

Na minha opinião, trata-se duma divulgação de dados pessoais dos condóminos, para as quais V. Exas., não possuem qualquer legitimidade para a respectiva divulgação. Essa divulgação revela uma devassa da vida privada dos próprios condóminos.

Como V. Exas., muito bem devem saber, a divulgação de dados pessoais implica a autorização das pessoas. Ora, não consta das Actas qualquer deliberação para a divulgação de dados absolutamente pessoais.

Essa divulgação, ficou assim, patente aos olhares, desde o carteiro até a quaisquer visitas dos amigos de algum dos condóminos.

Para além do mais, na última assembleia entreguei um cheque no montante de € 180,00 (cento e oitenta euros) para pagar seis meses de condomínio, que já foi por v/ recebido.

Não tenho quaisquer quotizações em atraso.

Assim, vimos pela presente solicitar a reposição dos factos e, a imediata eliminação dessa listagem do hall de entrada do edifício, por manifestamente ofender e divulgar dados pessoais destes condóminos."

Porém, em Outubro do mesmo ano, a *"CondVictória* – Administração de Condomínios, Ldª", afixou uma *"Comunicação"* na vitrina do hall desse *condomínio*.

Reproduzimos, o respectivo conteúdo:

"COMUNICAÇÃO

Sr.(s) Condómios(as)

A "CondVictória – Administração de Condomínios, Ldª", para evitar despesas administrativas, afixou uma listagem de quotizações em atraso.

Cumpre esclarecer, a respectiva afixação encontrar-se num espaço privado aos condóminos aí residentes os quais para acederem ao edifício terão sempre que ter um código de acesso, chaves ou comando para o efeito.

Os únicos dados que foram apostos «são a fracção e as quotas pagas ou em débito em relação às contas gerais do prédio, que todos os condóminos têm direito de conhecer e consultar».

Nem sequer, são mencionados os nomes dos condóminos com quotizações em atraso.

A afixação dessa listagem tem como finalidade relembrar os condóminos quanto ao pagamento das respectivas quotizações.

Por lapso, do n/ sistema informático, não foram devidamente contabilizados, nem mencionadas importâncias já liquidadas.

Na expectativa da v/ melhor compreensão.

A Administração."

Questão:

Quid juris?

Resolução:

1. Cremos, a aludida Assembleia de Condóminos, ter sido regularmente convocada, em rigorosa observância com o disposto no artigo 1432º do Código Civil.

2. Igual entendimento, no que respeita à existência do designado *quórum* deliberativo.

3. Sobre a *"figura"* do *"administrador interno"*, já tivemos oportunidade de nos pronunciarmos, conforme conta do ponto 12. do 7º Caso Prático 7 [*(Instalação de painéis solares)*].

4. Demonstra o proprietário/*condómino* ofendido, a liquidação – antecipadamente – de algumas quotizações.

5. Também, a firma de administração do referido *condomínio* (*"CondVictória – Administração de Condomínios, Ldª"*), reconhece um lapso no respectivo sistema informático. Razão pela qual terá iludido – inconscientemente – a verdadeira e correcta interpretação dessa listagem.

6. Por outro lado, considera a *Administração* daquele *condomínio*, a afixação duma listagem de quotizações, encontrar-se num espaço absolutamente privado. E, consequentemente, terem os proprietários/*condóminos* o **direito** a conhecer e consultar todas as contas gerais do *condomínio*.

7. Perante a afixação de uma listagem de quotizações, alega o proprietário/ /*condómino* (Sr. Pedro Miguel Rocha), a violação e divulgação de dados estritamente pessoais.

Nesses termos, exige mesmo, a eliminação da referida listagem da vitrina do hall de entrada do *condomínio*.

8. Infelizmente, é comum, constatar-se nalgumas vitrinas do hall de entrada dos edifícios/*condomínios*, a afixação de listagens relativa ao pagamento das quotizações. Todavia – regra geral – tal procedimento não consubstancia de *per si*, uma manifesta e absoluta conformidade com as normas legais vigentes.

9. Na realidade a pretensão do proprietário/*condómino* (Sr. Pedro Miguel Rocha) encontra perfeito acolhimento legal.

Jamais, quaisquer dados pessoais podem ser abruptamente divulgados sem prévia autorização dos interessados e/ou visados, conforme resulta da análise à Lei nº 67/98, de 26 de Outubro (Lei da Protecção de Dados Pessoais).

10. Embora a Administração ("*CondVictória* – Administração de Condomínios, Ldª"), alicerce a sua posição no facto do hall de entrada do edifício/ /*condomínio* constituir um espaço «*privado*»; tal entendimento, efectivamente, não corresponde à realidade.

Isto, porquanto, o hall de entrada do edifício/*condomínio* ser frequentado – para além dos proprietários/*condóminos* – por qualquer cidadão alheio: *arrendatários*, familiares e amigos dos *condóminos*, carteiro e por quaisquer fornecedores ou prestadores de serviços (v.g: canalizador, electricista, telefones, serviços de enfermagem, bombeiros, serviços de limpeza, publicidade, tvcabo, etc...) que podem, muito bem, aceder àquelas "*partes comuns*" pelos mais variados motivos.

Acresce, por outro lado, a apresentação do relatório de receitas e despesas dever efectuar-se em local próprio: Assembleia de Condóminos (ordinária e/ou extraordinária).

No entanto, não poderemos ignorar os proprietários/*condóminos* poderem sempre contactar a Assembleia, quando entenderem e, pretendam inteirar-se sobre a situação (real) das receitas e despesas do *condomínio*.

11. Nestes termos, como acabámos de analisar, a atitude da administração ("*CondVictória* – Administração de Condomínios, Ldª"), extravasa em muito as respectivas funções.

Deliberação nº 49/2004
CNPD – Comissão Nacional de Protecção de Dados

I. Os factos e o pedido

L... solicitou, em *7 de Janeiro de 2004*, a intervenção da CNPD por entender que a administração de condomínio do prédio onde reside estar a divulgar «publicamente alguns dos seus dados pessoais». Efectivamente, no *hall* de entrada do prédio era afixada «uma listagem onde consta o nome completo, a morada e o estado de pagamento das quotas do condomínio».

Alega que nunca autorizou que os seus dados fossem publicados em local público, tendo solicitado a cessação de tal procedimento de afixação, no referido local.

A empresa que administra o condomínio – xxxxx, Administração de Condomínios, Unipessoal, Ldª – refere o seguinte:

O hall do prédio «é um local de acesso privado aos condóminos aí residentes, os quais para entrarem no prédio terão que ter um código de acesso, chaves ou comando para o efeito»;

Os únicos dados que são apostos «são o nome, a fracção e as quotas pagas ou em débito em relação às contas gerais do prédio, que todos os condóminos têm direito de conhecer e consultar»;

O condómino em causa «não solicitou à nossa empresa a não afixação daquelas informações, pelo que não pôde ser considerado tal pedido»;

Alguns condóminos do bloco 11 solicitaram, expressamente, que na listagem ficasse a constar, tão só, a fracção com quotas em atraso, o que passou a ser feito, a partir dessa data;

Tal procedimento deriva de «solicitação da maioria dos condóminos aí residentes, os quais visam, por um lado, conhecer o valor das quotas a pagar, como o estado das contas do condomínio, a que todos têm direito»;

Acrescenta, ainda, que "em assembleia de condóminos foi sugerida esta afixação, o que a administração está a cumprir".

Feita nova insistência da CNPD junto da administração do condomínio informou o seguinte:

Existe um projecto de Regulamento, ainda não aprovado;

"Quanto à sugestão de afixação, sempre se falou no assunto apesar de não constar expressamente da acta, mas só nesta última a *contrario*";

A acta número doze – relativa à reunião de condóminos realizada em 26/1/2004 – a assembleia de condóminos consignou, no âmbito de «*assuntos de interesse geral*» , o seguinte: «*foi falada a situação de, a partir desta data, passar a figurar no mapa de quotas tão só as fracções ao invés dos nomes dos condóminos, à semelhança do que sempre sucedeu com o prédio nº 11*» .

II. Apreciação

1. A questão que se coloca no caso em apreço é a de saber se será legítimo, à luz da Lei 67/98, de 26 de Outubro, afixar o nome, a fracção e o valor das quotas em atraso. Importa, ainda, apurar se o facto de ser omitido o nome do condómino da listagem tem relevância em termos de protecção de dados.

A Lei 67/98, de 26 de Outubro, é aplicável ao «tratamento de dados pessoais por meios total ou parcialmente automatizados, bem como ao tratamento por meios não automatizados de dados pessoais contidos em ficheiros manuais ou a estes destinados» (cf. artigo 4º nº 1 da Lei 67/98).

O conceito de tratamento que nos é dado pelo artigo 3º alínea b) da Lei 67/98 é amplo e nele se englobam as operações sobre dados pessoais efectuadas, com ou sem meios automatizados, tais como "a recolha, registo, a organização... a comunicação por transmissão, por difusão ou por qualquer outra forma de colocação à disposição".

Quer haja a divulgação do nome ou, tão só, da fracção, estamos perante dados pessoais na medida em que – à luz do artigo 3º al. a) da Lei 67/98 – integra-se no conceito de dados pessoais «qualquer informação... relativa a pessoa identificada ou identificável». Será «identificável» a pessoa que possa ser identificada. Ora, através da identificação da fracção é facilmente identificável o respectivo proprietário, ainda que tenha que se recorrer à informação constante do registo predial (a qual é facilmente acessível).

Encontrando-se a informação estruturada numa listagem (cf. artigo 3º al. c) da Lei 67/98) e por aplicação das disposições precedentes, estamos perante um tratamento ao qual é aplicável a Lei 67/98.

Não há dúvida que a informação tratada é necessária, adequada e não excessiva à finalidade da administração e gestão da actividade do condomínio (cf. artigo 5º nº 1 al. c) da Lei 67/98, de 26 de Outubro). A grande dúvida que se coloca é a de saber se é legítimo o tratamento – na vertente de «divulgação» ou «difusão» – das quotas dos condóminos.

Deve salientar-se, em primeiro lugar, que a afixação de dados no hall de entrada não consubstancia uma difusão em «local privado», no sentido de ser acessível apenas aos condóminos. Efectivamente, o hall de entrada é frequentado por muitas outras pessoas, para além dos condóminos: arrendatários, pessoas que visitam o prédio pelos mais variados motivos, pelos diversos fornecedores ou prestadores de serviços que são chamados pelos condóminos. Não podemos, portanto, aceitar que a referida listagem é apenas acessível aos condóminos.

Acresce, por outro lado, que os condóminos sempre podem contactar a administração quando pretendam saber qual a situação de cada condómino em termos de pagamento das quotas.

Não podemos ignorar que, em muitos casos, a razão que está subjacente a tal divulgação pública da qualidade de devedor tem em vista levar esse condómino a liquidar a dívida, em face da publicitação da sua qualidade de devedor.

Em matéria de legitimidade o artigo 6º da Lei 67/98 admitirá a difusão de dados, nomeadamente, quando houver consentimento dos titulares (corpo do preceito), quando tal difusão resultar de disposição legal (alínea b) ou quando essa difusão decorrer de «interesses legítimos do responsável pelo tratamento ou de terceiros a quem os dados sejam comunicados, desde que não devam prevalecer os interesses ou os direitos, liberdades e garantias do titular dos dados» (alínea e).

2. Verifica-se que, já depois da queixa, a assembleia de condóminos se pronunciou sobre a possibilidade de divulgação de dados dos devedores de quotas – com indicação da fracção – sem que tal assunto constasse da ordem de trabalhos. Efectivamente, tal assunto foi tratado na rubrica «assuntos de interesse». Será, por isso, de duvidosa legalidade e força vinculativa tal decisão.

O queixoso pode, através dos mecanismos de impugnação das deliberações das assembleias de condóminos, fazer valer os seus direitos e ver anulada tal decisão (cf. artigos 1432 e 1433 do Código Civil).

3. Mas, independentemente da utilização do mecanismo de impugnação de deliberações, será que a CNPD pode intervir em matéria de divulgação destes dados?

O artigo 35º da Constituição delimita os princípios fundamentais em matéria de utilização da informática e tratamento de dados pessoais, estabelecendo o nº 2 que «a lei define ...as condições aplicáveis ao tratamento automatizado, conexão, transmissão e utilização» de dados pessoais.

Ora, em termos de «legitimidade do tratamento» as respectivas condições (aí se incluindo a difusão de dados) só podem, no caso concreto, decorrer de consentimento ou de disposição legal, já que não parece à CNPD que o interesse na divulgação se possa sobrepor aos direitos dos titulares dos dados (os devedores de quotas do condomínio).

Não se tendo provado que haja consentimento/aprovação de todos os condóminos importa saber se à luz da lei se deve entender – especialmente em sede de protecção de dados – que os condóminos podem condicionar os direitos dos restantes titulares dos dados ( ).

Conforme decorre do artigo 2º da Lei 67/98, o tratamento de dados pessoais deve processar-se de forma transparente e no estrito respeito pela reserva da vida privada, bem como pelos direitos liberdades e garantias. Por seu turno, o artigo 5º estabelece que os dados pessoais devem ser «tratados de forma lícita e com respeito pelo princípio da boa-fé» (alínea a) e «recolhidos para finalidades determinadas, explícitas e legítimas, não podendo ser posteriormente tratados de forma incompatível com essas finalidades» (alínea b).

A CNPD entende que é violadora do direito à privacidade e do bom nome a decisão dos condóminos que, em violação dos princípios de protecção de dados, consideraram que os dados pessoais dos devedores de quotas devem ser afixados no hall do prédio(). A recolha de dados por parte da administração não foi feita com esta finalidade e qualquer desvio da finalidade carece da autorização da CNPD (cf. artigo 23º al. c) da Lei 67/98). Neste contexto, o direito de oposição dos titulares dos dados é legítimo (cf. artigo 12º alínea a) da Lei 67/98).

Acresce, por outro lado, que a lei já estabeleceu mecanismos expeditos para a execução das quotas ao conferir força de título executivo à acta relativa a dívidas por encargos que satisfaçam as condições estabelecidas no artigo 6º do DL 268/94, de 25 de Outubro.

Em face do exposto, entende a CNPD que a empresa que administra o condomínio – xxxxx, Administração de Condomínios, Unipessoal, Ldª – deve, depois de assegurar o direito de informação dos titulares dos dados (cf. artigo 10º da Lei 67/98), omitir da listagem as fracções que exercerem o direito de oposição em relação a este procedimento.

De qualquer forma, o tratamento destes dados deve ser objecto de notificação à CNPD, nos termos do artigo 27º da Lei 67/98.

Lisboa, 9 de Março de 2004.
Amadeu Guerra (relator).

CASO PRÁTICO

*COMISSÃO NACIONAL
DE PROTECÇÃO DE DADOS*

Processo n.º 6512/09

AUTORIZAÇÃO N.º 4645/2010

I. Pedido

O **Condomínio do Edifício Espaço Liberdade sito na Av. da Liberdade, n.º69 em Lisboa**, veio notificar um tratamento de videovigilância nas suas instalações, com a finalidade de *"protecção de pessoas e bens"*.

Pretende-se colocar 4 câmaras fixas interiores que abrangem as seguintes áreas: hall dos elevadores, escadas de acesso aos pisos superiores do r/c, porta de entrada do edifício, porta do terraço do piso 8 e porta de entrada da garagem do edifício.

II. Análise

A Lei da Protecção de Dados Pessoais (Lei n.º 67/98, de 26 de Outubro) determina, no seu artigo 4.º, n.º 4, que a presente lei se aplica à videovigilância e outras formas de captação, tratamento e difusão de sons e imagens que permitam identificar pessoas.

Por sua vez, dispõe o artigo 2.º da citada Lei que o tratamento dos dados pessoais ([1]) se deve processar de forma transparente e no estrito respeito pela reserva da vida privada, bem como dos direitos, liberdades e garantias fundamentais.

A Lei da Protecção de Dados Pessoais consagra ainda o princípio da proporcionalidade, especificando que os dados pessoais só poderão ser objecto de tratamento, incluindo neste a respectiva recolha [cfr. artigo 3.º, alínea b)], quando forem adequados, pertinentes e não excessivos relativamente às finalidades a prosseguir [alínea c)].

([1]) Entende-se por tratamento de dados pessoais *"qualquer operação ou conjunto de operações sobre dados pessoais, efectuadas com ou sem meios automatizados, tais como a recolha, o registo, a organização, a conservação, a adaptação ou alteração, a recuperação, a consulta, a utilização, a comunicação por transmissão, por difusão ou por qualquer outra forma de colocação à disposição, com comparação ou interconexão, bem como o bloqueio, apagamento ou destruição"* (vd. alínea b) do artigo 3.º da Lei n.º 67/98).

Rua de São Bento, 148-3º • 1200-821 LISBOA
Tel: 213 928 400   Fax: 213 976 832
geral@cnpd.pt   www.cnpd.pt

21 393 00 39
LINHA PRIVACIDADE
Dias úteis das 10 às 13 h
duvidas@cnpd.pt

*COMISSÃO NACIONAL
DE PROTECÇÃO DE DADOS*

Neste sentido, entendeu a CNPD, na sua Deliberação n.º 61/2004, de 19 de Abril (²), que *"o tratamento a realizar e os meios utilizados devem ser considerados os necessários, adequados e proporcionados com as finalidades estabelecidas: a protecção de pessoas e bens"*.

O princípio da proporcionalidade, impondo que os dados pessoais sejam adequados, pertinentes e não excessivos relativamente às finalidades para que são recolhidos e posteriormente tratados, visa consagrar o mesmo princípio que decorre do artigo 18.º da Constituição da República Portuguesa (CRP).

Estabelece-se, no supramencionado artigo 18.º, que a lei só pode restringir os direitos, liberdades e garantias nos casos expressamente previstos na Constituição e devendo as restrições limitar-se ao necessário para salvaguardar outros direitos ou interesses constitucionalmente protegidos.

Neste sentido, a CNPD, na sua Deliberação n.º 61/2004, considerou que *"será admissível aceitar que – quando haja razões justificativas da utilização destes meios – a gravação de imagens se apresente, em primeiro lugar, como medida preventiva ou dissuasora tendente à protecção de pessoas e bens e, ao mesmo tempo, como meio idóneo para captar a prática de factos passíveis de serem considerados como ilícitos penais e, nos termos da lei processual penal, servir de meio de prova"*.

No caso da colocação de câmaras em condomínios, mesmo sem carácter habitacional, não podemos esquecer que não estamos perante «locais públicos» mas perante espaços que - embora sejam de utilização comum - constituem propriedade privada.

Cada condómino tem o direito de não ficar sujeito a uma decisão da maioria, pelo que, a instalação de sistemas de videovigilância só poderá ocorrer se for consentida por todos os condóminos e arrendatários dos imóveis à data da instalação daqueles meios.

(²) Disponível in http://www.cnpd.pt/orientaçoes/principiosvideo.htm.

Rua de São Bento, 148-3º • 1200-821 LISBOA
Tel: 213 928 400   Fax: 213 976 832
geral@cnpd.pt   www.cnpd.pt

21 393 00 39
LINHA PRIVACIDADE
Dias úteis das 10 às 13 h
duvidas@cnpd.pt

*COMISSÃO NACIONAL
DE PROTECÇÃO DE DADOS*

Em relação a novos arrendatários o proprietário terá que informar da existência daqueles meios e obter o consentimento para utilização daqueles meios.

Cabe referir que a já citada Deliberação n.º 61/2004, explana, com clareza, o acesso aos dados recolhidos pelo sistema de videovigilância, mencionando o seguinte: *"é imprescindível que - de acordo com o princípio da necessidade - o acesso às imagens seja restrito às entidades que delas precisam para alcançar as finalidades delineadas. Uma vez detectada a prática de infracção penal, a entidade responsável pelo tratamento deve - com a respectiva participação - enviar ao órgão de polícia criminal ou à entidade judiciária competente as imagens recolhidas"*.

O n.º 3 do artigo 13.º do Decreto-Lei n.º 35/2004 garante aos titulares dos dados o **direito de informação**, impondo ao responsável pelo tratamento de videovigilância a afixação de avisos informativo sobre a recolha de imagens, com os seguintes dizeres *«Para sua protecção, este lugar encontra-se sob vigilância de um circuito fechado de televisão, procedendo-se à gravação de imagem»*, que deverão ser seguidos de um símbolo identificativo.

III. Conclusões

Face ao exposto, a CNPD autoriza a recolha de imagens, **na condição de todos os condóminos e arrendatários prestarem o seu consentimento** (artigos 4.º, n.º 4, 27.º, 28.º, n.º 1, alínea a) e 30.º, todos da Lei n.º 67/98) - devendo ser observadas as seguintes condições:

1. **Responsável pelo tratamento** - Condomínio do Edifício Espaço Liberdade sito na Av. da Liberdade, n.º69 em Lisboa.
2. **Finalidade** - Protecção de pessoas e bens.
3. **Categoria de dados pessoais tratados:** imagens.
4. **Forma de exercício do direito de acesso e de rectificação:** Podendo o exercício do direito de acesso por parte de determinado interessado envolver o acesso a dados de terceiros, o responsável do tratamento deve tomar todas as medidas técnicas necessárias para ocultar/anonimizar as imagens de terceiros.

**COMISSÃO NACIONAL
DE PROTECÇÃO DE DADOS**

5. Quando estiverem em causa imagens que servem de prova em processo criminal – imagens necessariamente sujeitas às regras do segredo de justiça – é aplicável ao exercício do direito de acesso o disposto no artigo 11.º n.º 2 da Lei 67/98 (prevenção ou investigação criminal), razão pela qual os pedidos de acesso devem ser encaminhados para a CNPD.

6. Direito de Informação – Deverão ser afixados, em locais bem visíveis, avisos que informem as pessoas sobre a recolha de imagem, com os seguintes dizeres *«Para sua protecção, este lugar encontra-se sob vigilância de um circuito fechado de televisão, procedendo-se à gravação de imagem»* (artigo 13.º, n.º 3, do Decreto-Lei n.º 35/2004, de 21 de Fevereiro).

7. Prazo de conservação – Os dados recolhidos são conservados pelo prazo de 30 dias (artigo 13.º, n.º 2, do Decreto-Lei n.º 35/2004) de modo a garantir o cumprimento das disposições legais relativas à matéria, assegurando o exercício do direito de acesso e o princípio da conservação da prova.

8. A recolha de imagens deve confinar-se ao perímetro da propriedade e não pode envolver a recolha de imagens nas zonas limítrofes ou na via pública.

Lisboa, 6 Dezembro 2010

Ana Roque, Carlos Campos Lobo, Luís Paiva de Andrade, Helena Delgado António, Luís Barroso, Vasco Almeida (Relator).

Luís Lingnau da Silveira (Presidente)

13º Caso Prático
Quotizações em atraso

Em 15 de Fevereiro do ano transacto, reuniu a Assembleia de Condóminos do edifício constituído sob o regime da propriedade horizontal, sito no nº 108 da Av. 5 de Outubro, freguesia de Nossa Senhora de Fátima, descrito na 2ª Conservatória do Registo Predial de Lisboa, inscrito na matriz predial urbana sob o artigo 123, denominado por *"Premium Avenidas Novas"*.

Conferida, a respectiva e competente lista de presenças, registou-se um *quórum* deliberativo de 60% do valor total do prédio.

Ao iniciar a *"Ordem de Trabalhos"*, a Srª Maria Teresa Ribeiro, na qualidade de *Administradora* e Presidente da mesa da Assembleia de Condóminos, apresentou o relatório de receitas e despesas do último exercício.

Transcrevemos, de seguida, as principais rubricas:

Receitas	Despesas
€ 5 405,00	€ 6 485,00
Fundo comum de reserva	€ 810,75
Saldo bancário	€ 37,50
Quotizações em dívida	**€ – 1 080,00**
Orçamento previsional próximo exercício	€ 7 235,00

Após apresentação deste relatório, alguns proprietários/*condóminos* insurgiram-se face ao elevado atraso na liquidação das quotizações. Afinal, esse mesmo, atraso inviabiliza(rá) o regular pagamento das futuras despesas com os encargos de conservação e fruição do condomínio.

A Srª Maria Teresa Ribeiro, Administradora, teve oportunidade referir trata-rem-se de quotizações em atraso relativas a três fracções. Mais propriamente: 2º Dtº, 3º Esq. e 5º Esq.

Realçou, igualmente, já ter endereçado, em tempo oportuno, a cada pro-prietário/*condómino* dessas fracções, uma carta registada com aviso de recepção, exigindo o imediato pagamento e/ou a celebração de um acordo de paga-mento; isto tudo, sob pena de posterior recurso aos meios judiciais. No entanto, todas as suas pretensões foram absoluta e reiteradamente ignoradas pelos referidos proprietários/*condóminos*. Deste modo, não se afigura de imediato, a rápida regularização das quotizações em atraso. Aliás, em face deste comportamento, será de prever que continuem por mais algum tempo sem pagar as respectivas e competentes quotizações. Para além do mais, o proprie-tário/*condómino* do 3º Esq., já adquiriu outro andar, não se encontrando a residir naquele local.

Tendo em vista ultrapassar esta situação, propôs a *Administradora* (Srª Maria Teresa Ribeiro) a repartição das (futuras) despesas (encargos de con-servação e fruição) por todos os proprietários/*condóminos* presentes e, pos-terior ressarcimento, após efectiva regularização de todas as quotizações em atraso.

Por outro lado, também, solicitou autorização à Assembleia de Condómi-nos para intentar as respectivas e competentes acções judiciais; tendo em vista, assegurar o pagamento coercivo das quotizações em atraso. E, nesse sentido, ficou – convenientemente – lavrado em Acta os montantes devidos pelos pro-prietários/*condóminos* das aludidas fracções.

Obviamente, desde logo alguns condóminos manifestaram o seu mais pro-fundo descontentamento; mas, *"para grandes males, grandes remédios..."* ou, como afirmaram outros, *"quando não há remédio, remediado está!..."*

No final da Assembleia de Condóminos, todos os proprietários/*condóminos* deram o respectivo assentimento e, foi lavrada a respectiva Acta, assinada por todos os presentes.

Questão:

Quid Juris?

Resolução:

1. Como é sabido, as deliberações de uma qualquer Assembleia de Con-dóminos (*ordinária* e/ou *extraordinária*) carecem sempre da respectiva aprovação pela *Assembleia*. Regra geral, pela maioria de votos representativos do capital investido (cfr. nº 3 do artigo 1432º do Código Civil, *in fine*).

CASO PRÁTICO

Só, em situações absolutamente excepcionais, a aprovação da Assembleia de Condóminos depende de uma maioria representativa de dois terços do valor total do prédio (cfr. nº do artigo 1425º do Código Civil, *in fine*).

2. Na verdade, a existência de quotizações em atraso podem prejudicar o normal e regular funcionamento de qualquer *condomínio*.

Como é sabido, incumbe ao *Administrador* "*cobrar as receitas e efectuar as despesas comuns*" (cfr. alínea *d*) do artigo 1436º do Código Civil). Ora, como é fácil depreender, o *legislador* (*ordinário*) ao referir "*receitas*", teve – naturalmente – em mente as comparticipações dos proprietários/*condóminos* nos "*encargos de conservação e fruição das partes comuns*". Em suma: as quotizações dos proprietários/*condóminos*, conforme resulta da conjugação da alínea *d*) do artigo 1436º, com o disposto no nº 1 do artigo 1424º do Código Civil.

Nesta mesma linha de pensamento, o envio de uma carta registada, aos proprietários/*condóminos* remissos, enquadra-se plenamente no âmbito das respectivas funções do *Administrador*.

3. Entendeu o *Administrador* por conveniente constar em Acta o montante das quotizações em dívida dos proprietários/*condóminos* dessas fracções. Convenientemente, porquanto, "*a acta da reunião da assembleia de condóminos que tiver deliberado o montante das contribuições devidas ao condomínio ou quaisquer despesas necessárias à conservação e fruição das partes comuns e ao pagamento de serviços de interesse comum, que não devam ser suportadas pelo condomínio, constituí título executivo contra o proprietário que deixar de pagar*". (cfr. nº 1 do artigo 6º do Decreto-Lei nº 268/94, de 25 de Outubro).

4. Nesta ordem de razão, o *Administrador* reuniu todas e quaisquer condições necessárias para um eventual recurso aos diversos mecanismos judiciais.

5. Naturalmente, releva-se imprescindível a Acta da Assembleia de Condóminos, redigida e assinada por quem nela tenha servido de presidente e subscrita por todos os proprietários/*condóminos* que nela tenham participado (cfr. nº 1 do artigo 1º do Decreto-Lei nº 268/94, de 25 de Outubro).

6. Um outro aspecto que merece alguma reflexão respeita ao proprietário/*condómino* da fracção correspondente ao 3º Esq.

Com efeito, o facto de já não residir naquele local, não *o* pode isentar da normal e regular contribuição para os "*encargos de conservação e fruição das partes comuns*".

7. É claro que, não existindo um "*fundo de maneio*" suficiente para fazer face às futuras despesas com os "*encargos de conservação e fruição das partes comuns*"; devem e/ou podem ser os proprietários/*condóminos* – normais contribuintes – a assegurar e/ou suportar tais encargos. De outra forma, podem muito bem ficar privados dos futuros fornecimentos de alguns serviços (v.g.: elevadores, energia eléctrica, limpeza das partes comuns, entre muitos outros...).

Doutrina e Jurisprudência

"*A acta da assembleia de condóminos constitui título executivo, nos termos do art. 6º do Decreto-Lei 268/94, de 25/10, mesmo que o condómino devedor não tenha estado presente na assembleia ou se tenha recusado a assinar a acta.*" (Ac. RP, de 26.10.1998: JTR000023721.ITIJ.Net).

"*I – Os honorários devidos a advogado não são despesas relativas ao pagamento de serviços de interesse comum do condomínio, tal como definidas no art. 6º, nº 1, do DL nº 268/94, de 25-10, e não podem, por isso, mesmo que tenham sido aprovados em assembleia de condóminos e constem da respectiva acta, ser incluídos na execução movida contra o proprietário que deixar de pagar a sua quota parte no prazo fixado.*

II – Se tal acontecer, a acção executiva deverá ser liminarmente indeferida na parte correspondente." (Ac. RC, de 25.9.2001: JTRC1414ITIJ.Net).

"*I – Têm força executiva os "títulos" a que seja atribuída força executiva.*

II – Na redacção da reforma do CPC pelos DLs 329-A/95, de 12-12, e 180/96, de 25-9, a palavra "títulos" foi substituída por "documentos".

III – Estão, neste caso, as actas da assembleia de condóminos onde se delibere sobre despesas, disposição de natureza processual não revogada pelo art. 3º do DL nº 47 344, de 25.11.1996, que aprovou o actual CC." (Ac. RL, de 29.1.1998: Col. Jur., 1998, 1º-106).

"*Quando as prestações de um condómino respeitam a despesas do condomínio atinentes a serviços de segurança, vigilância, limpeza, água e electricidade e seguro do prédio, o prazo de prescrição das mesmas é de cinco anos.*" (Ac. RP, de 14.12.2000; JTRP00031024.ITIJ.Net).

"*I – As despesas necessárias à conservação e fruição das partes comuns do edifício constantes do orçamento anual, embora sendo variáveis, renovam-se ano a ano enquanto subsistir o condomínio, pelo que estão sujeitas ao prazo de prescrição de cinco anos.*

II – O STJ deve respeitar as ilações de facto extraídas pela Relação dos factos provados, desde que aquelas se apresentem como consequência lógica destes." (Ac. STJ, de 5.7.2001, Rev. nº 1990/00-7ª. Sumários, 53º).

14º Caso Prático
Acessibilidade e mobilidade nas partes comuns

A "*MasterCondominium* – Administração de Condomínios, Ldª", na qualidade de *Administrador* do edifício constituído sob o regime da propriedade
horizontal sito no nº 76 da Av. Elias Garcia, freguesia de Nossa Senhora de
Fátima, Lisboa, descrito na 2ª Conservatória do Registo Predial, inscrito na
matriz predial urbana sob o artigo 123, apresentou – última Assembleia – uma
proposta para modificação na escadaria do hall de entrada do edifício.

A Assembleia de Condóminos realizou-se no dia 10 de Fevereiro do ano
transacto, com um *quórum* deliberativo de 27% do valor total do prédio.

Considerou, a "*MasterCondominium* – Administração de Condomínios, Ldª",
imperativamente necessária a instalação e/ou construção de uma rampa na
escadaria do hall de entrada, antecedente aos elevadores, tendo em vista dotar
o edifício de maior mobilidade, acessibilidade e funcionalidade e, assegurando
o cumprimento da legislação vigente. Fundamentam, essa modificação,
encontrar absoluto e pleno acolhimento legal no Decreto-Lei nº 163/06, de 8
de Agosto.

A Srª Cristina Serra, proprietária/*condómina* da fracção designada pela Letra
"*M*" (2º E), fez questão de lavrar em Acta o seu profundo descontentamento
pela iniciativa da "*MasterCondominium* – Administração de Condomínios, Ldª":

"Esta sugestão, *constitui mais uma forma desta Administração extorquir dinheiro
aos condóminos, com obras desnecessárias!... Sistemática e permanentemente, apresentam
sugestões e cobram serviços. Devem ter algum acordo com alguma construtora!... Isto
constitui uma inovação, como tal, não pode ser aprovada com este quórum!...*"

Refira-se, na aludida Assembleia de Condóminos, todas as deliberações
foram aprovadas por maioria dos proprietários/*condóminos* presentes.

Em Março do ano transacto, a Srª Cristina Serra, ao regressar de férias em Andorra, com uma fractura numa perna, deparou-se – no hall de entrada do edifício/*condomínio* – com uma rampa ao lado da escadaria de acesso aos elevadores.

Afinal de contas, a tal rampa tinha sido mesmo instalada e, naquele momento, revelou-se assaz providencial face às suas profundas condições de mobilidade.

Questão:

A) Poderá a Assembleia de Condóminos deliberar com um *quórum* deliberativo inferior à maioria representativa do capital investido?

B) As modificações sugeridas pela Administração, nas *"partes comuns"* podem constituir uma inovação?

C) Será necessário um *quórum* deliberativo de 2/3 do valor total do prédio?

Resolução:

1. *A priori*, estamos em crer terem sido preenchidos todos os requisitos legais, quanto à convocação da Assembleia de Condóminos.

2. Num segundo plano, também, não poderemos deixar de aludir à aprovação das deliberações por um *quórum* inferior à maioria representativa do capital investido.

Com efeito, *"se não comparecer o número de condóminos suficiente para se obter vencimento e na convocatória não tiver sido desde logo fixada outra data, considera-se convocada nova reunião para uma data semana depois, na mesma hora e local, podendo neste caso a assembleia deliberar por maioria de votos dos condóminos presentes, desde que estes representem, pelo menos, um quarto do valor total do prédio"* (cfr. nº 4 do artigo 1432º do Código Civil).

3. Em terceiro lugar, somos compelidos numa abordagem ao conceito legal: *"inovação"*.

Constituirá, toda e qualquer alteração e/ou modificação (introduzidas – título constitutivo – tanto na *substância*, bem como na sua própria *forma*), desde que, reverta em benefício de certo(s) e determinado(s) proprietário(s)/*condómino(s)*.

Ora, na verdade, «*a instalação e/ou construção de uma rampa na escadaria do hall de entrada*», nunca poderá ser entendida como inovação, visto não beneficiar nenhum proprietário/*condómino* em particular.

4. Trata-se, isso sim, de uma instalação e/ou construção por imposição de cariz meramente legal.

5. O Decreto-Lei nº 163/2006, de 8 de Agosto, que revogou o Decreto-Lei nº 123/97, de 22 de Maio, veio alargar o âmbito de aplicação das normas técnicas de acessibilidades aos edifícios habitacionais [«*as normas técnicas sobre acessibilidade aplicam-se ainda aos edifícios habitacionais*» (cfr. nº 3 do artigo 2º)].

CASO PRÁTICO

Este diploma tem como principal propósito uma progressiva eliminação de *"barreiras"*, quer de cariz *urbanístico*; quer – eventualmente – *arquitectónicas*.

O diploma visa assegurar a acessibilidade e/ou mobilidade sem quaisquer restrições. Tanto nos *espaços públicos*; quer ainda, em quaisquer *espaços privados* (i.e: acessos às habitações e, circulação, nos respectivos interiores).

Apresenta o diploma um período transitório para adaptação.

Assim, as instalações, edifícios, estabelecimentos, cujo início de construção sejam anteriores a 22 de Agosto de 1997, devem ser adaptados dentro do prazo de 10 anos, contados a partir da data de início de vigência do diploma. Porém, quando posteriores à referida data (22 de Agosto de 1997), devem ser adaptados dentro de um prazo de cinco anos.

Esquematicamente, poderemos sintetizar do seguinte modo:

22 de Agosto de 1997	
pré	*pós*
10 (dez anos)	5 (cinco) anos

Este período transitório, deve ser «*contado a partir da data de início de vigência do presente decreto-lei*».

Ora, nestes termos, o presente diploma *"transforma-se"* – eventualmente – num autêntico e verdadeiro *"perdão"* àqueles que – durante a vigência do anterior diploma – não acarretaram o respectivo período de transição. Assim, esses *"transgressores"* dispõem – agora mais 10 (dez) anos para procederem à adaptação das construções anteriores a 22 de Agosto de 1997.

Excepcionalmente, este diploma não se aplica quando as obras necessárias à sua execução sejam desproporcionadamente difíceis; a aplicação de meios económico-financeiros desproporcionados ou não disponíveis e, ainda, quando afectem sensivelmente o património cultural ou histórico.

Este diploma, entrou em *"vigor seis meses após a sua publicação"* (cfr. artigo 26º). *In concreto*: 8 de Fevereiro de 2007.

6. Face ao exposto, reafirmamos e comungamos a presente instalação e/ou construção duma rampa, no referido edifício/*condomínio*, não constituir uma obra de *"inovação"*; como alguns proprietários/*condóminos* tentaram fazer crer.

7. Revela-se, indubitavelmente, uma pura e simples obra – necessária – para adaptação do próprio edifício/*condomínio*, por força imperativa do Decreto-Lei nº 163/2006, de 8 de Agosto. Não carecendo, dessa forma, qualquer tipo de *quórum* deliberativo (maioria de votos representativos do capital investido e/ou maioria representativa de dois terços do valor total do prédio).

À luz das considerações anteriores, em nossa opinião – diga-se desde já e, até qualquer prova em contrário –, basearmo-nos, essencialmente, em dois grandes *princípios*.

103

CONDOMÍNIO – CASOS RESOLVIDOS, LEGISLAÇÃO E JURISPRUDÊNCIA

Em primeiro lugar pelo princípio constitucional da proporcionalidade, conforme resulta do disposto no nº 2 do artigo 18º Constituição da República Portuguesa. Afinal, *"a lei só pode restringir os direitos, liberdades e garantias nos casos expressamente previstos na Constituição, devendo as restrições limitar-se ao necessário para salvaguardar outros direitos ou interesses constitucionalmente protegidos".*

E, em segundo lugar, pela Resolução do Conselho de Ministros nº 9/2007, de 17-1, que aprovou o plano nacional de promoção da acessibilidade onde, na Acção 2.2.c), se previa a *"Revisão do regime jurídico da propriedade horizontal – rever e fazer aprovar as alterações necessárias ao regime jurídico da propriedade horizontal dotando-o da flexibilidade necessária a dar cobertura legal e expressa a todas as situações em que os direitos – de compropriedade – dos condóminos sobre as partes comuns do prédio tenham de ser limitados pelo direito de um condómino em aceder em condições de segurança à sua fracção e às partes comuns do prédio".*

8. A todos estes factores, atente-se mesmo ao respectivo quadro sancionatório: *"as contra-ordenações são puníveis com coima de € 250 a € 3 740,98, quando se trate de pessoas colectivas, e de € 500 a 44 891,81, quando o infractor for uma pessoa colectiva"* (cfr. artigo 18º do Decreto Lei nº 163/2006, de 8 de Agosto).

9. Neste quadro, é de louvar a iniciativa daquela firma de Administração de Condomínios, ao pretender adaptar o edifício/*condomínio* dc quaisquer condições de acessibilidade; obviando – dessa forma – à aplicação de qualquer quadro sancionatório.

Doutrina e Jurisprudência

"4. Nestes termos e nestas condições, o principal propósito do diploma em análise, centraliza-se numa progressiva eliminação de "barreiras", quer de cariz urbanístico; quer – eventualmente – arquitectónicas.

5. No fundo, o diploma visa assegurar a acessibilidade e/ou mobilidade sem quaisquer restrições. Tanto nos espaços públicos; quer, ainda, em quaisquer espaços privados (i.e.: acesso às habitações e, circulação, nos respectivos interiores)."[38]

"Porém, a grande novidade do diploma em análise, deve-se ao alargamento do seu âmbito de aplicação aos designados «edifícios habitacionais», conforme resulta do disposto no nº 3."[39]

---

[38] In Manual da Acessibilidade e Mobilidade – Anotado e Comentado, Francisco Cabral Metello, Rei dos Livros, Janeiro 2010 (anotação ao artigo 1º. pág. 33).
[39] In Manual da Acessibilidade e Mobilidade – Anotado e Comentado, Francisco Cabral Metello, Rei dos Livros, Janeiro 2010 (anotação ao artigo 2º. pág. 37).

15º Caso Prático
Reparações indispensáveis e urgentes

Em Março do ano transacto, na sequência de chuvas intensas e ventos fortes que se fizeram sentir, ocorreu o *"levantamento"* – parcial – do telhado do edifício constituído sob o regime da propriedade horizontal, sito no nº 108 da Av. 5 de Outubro, freguesia de Nossa Senhora de Fátima, descrito na 2ª Conservatória do Registo Predial de Lisboa, inscrito na matriz predial urbana sob o artigo 123, denominado por *"Premium Avenidas Novas"*.

Perante este lamentável incidente, os proprietários/*condóminos* do 5º andar direito e frente – Sr. Paulo Adriano Simões e Óscar Duarte, respectivamente – encetaram diversas diligências no sentido, contactar o *Administrador do Condomínio* (Sr. Joaquim Oliveira Duarte, também, residente no 1º andar esquerdo do aludido edifício).

No entanto, quaisquer diligências revelaram-se absolutamente infrutíferas. Isto porquanto, encontrar-se o *Administrador* ausente, a gozar um período de férias.

Assim sendo e, tendo em especial consideração a extrema urgência na reparação do telhado, decidiram os proprietários/*condóminos* das fracções afectadas proceder – imediatamente – à realização de todas e quaisquer obras naquela *parte comum* do edifício.

Em Maio do mesmo ano, os referidos proprietários/*condóminos* – Sr. Paulo Adriano Simões e Óscar Duarte – apresentaram ao *Administrador do Condomínio* (Sr. Joaquim Oliveira Duarte), diversas facturas – já devidamente liquidadas – relativas às importâncias dispendidas com a reparação do telhado desse edifício.

Dessa forma, pretendem aqueles proprietários/*condóminos* serem ressarcidos das importâncias previamente disponibilizadas com a referida reparação.

Todavia, o *Administrador do Condomínio* (Sr. Joaquim Oliveira Duarte), recusa-se proceder ao ressarcimento de quaisquer importâncias, por considerar não terem sido convenientemente aprovadas em *Assembleia de Condóminos*.

Questão:

Quid Juris?

Resolução:

1. Na realidade, compete à *Assembleia de Condóminos* e, a um **Administrador**, a administração das designadas **"partes comuns"** de qualquer edifício, conforme resulta do disposto no nº 1 do artigo 1430º do Código Civil.

2. Atente-se, igualmente, à conjugação do artigo 1435º-A do Código Civil, com o disposto no artigo 7º do Decreto-Lei nº 268/94, de 25 de Outubro, ao preverem e estabelecerem a *"figura"* do *"administrador provisório"*.

3. Acontece que, no caso em análise, não é efectuada qualquer referência quanto ao *Regulamento do Condomínio*; nem sequer, quanto à identificação do **administrador provisório**.

4. Isto tudo, sem nunca perdermos de vista o próprio *dever* de **informação**, constante no artigo 3º do Decreto-Lei nº 268/94, de 25 de Outubro.

5. Assim, na ausência de qualquer referência – *Regulamento do Condomínio* ou, **administrador provisório** – pressupomos, apenas existir um *administrador* naquele *condomínio*.

6. Naturalmente, a falta de intervenção do *administrador* do *condomínio*, pode sempre resultar por *este* se encontrar ausente e incontactável, quer por motivo de férias e/ou trabalho, ou até mesmo – em última instância – por manifesta incapacidade acidental.

7. Neste caso, perante a ausência do *Administrador* daquele edifício, **decidiram** os proprietários/*condóminos*, proceder à reparação imediata do telhado. Atitude que se enquadra perfeitamente no *espírito* do artigo 1427º do Código Civil.

8. Uma vez, compulsadas todas estas normas legais, vale a pena solucionar com alguma profundidade, o carácter de urgência das obras e/ou reparações efectuadas no *condomínio* em análise.

Com efeito, a urgência de quaisquer obras **indispensáveis e urgentes**, afere-se pela respectiva eminência do dano a evitar (conforme resulta do disposto no artigo 1437º do Código Civil).

Afinal, são obras a executar de imediato, que não se coadunam com demoras, por colocarem em causa a segurança ou poderem gerar danos para as partes próprias ou, até mesmo, comuns (v.g. a reparação de uma fuga da conduta geral de gás ou, a substituição de telhas partidas pela tempestade).

CASO PRÁTICO

9. No fundo, ao referirmos *"reparações indispensáveis e urgentes"* estaremos na presença de um manifesto binómio (*direito/dever*).

Com efeito, qualquer proprietário/*condómino* tem a *"obrigação"* – *dever* – de proceder às reparações no edifício, sempre que estas se revelem cumulativamente indispensáveis e urgentes, no intuito assegurar e preservar as condições mínimas de habitabilidade.

10. Inclusive, o próprio Tribunal da Relação do Porto[40] já salientou que a recusa do *Administrador* na realização de obras indispensáveis e urgentes legitima a actuação do proprietário/*condómino*.

11. No caso em análise, verificamos a recusa do *Administrador* em reembolsar os proprietários/*condóminos* (Sr. Paulo Adriano Simões e Óscar Duarte) pelas importâncias dispendidas com as referidas obras no telhado do edifício; fundamentando, essa sua atitude, na falta de realização de uma Assembleia de Condóminos.

Obviamente, afastamo-nos, por completo, dessa tomada de posição. Na verdade, o artigo 1427º do Código Civil, deve ser interpretado como uma excepção à própria *vontade* da *Assembleia de Condóminos*.

12. A subsistir tal recusa por parte do *Administrador*, cabe sempre recurso para a *Assembleia de Condóminos*, ao abrigo do artigo 1438º do Código Civil.

13. Na eventualidade, em confirmar-se tal recusa – *Administrador* e, até mesmo, a própria *Assembleia de Condóminos* –, restaria apenas *àqueles* proprietários/*condóminos* (Sr. Paulo Adriano Simões e Óscar Duarte), o recurso ao Tribunal com base no *instituto* do *enriquecimento sem causa* (artigo 473º do Código Civil).

14. Eventualmente, na falta de meios económicos do próprio *condomínio*, poderá ser necessária a implementação de uma quotização extraordinária.

Relembre-se, a *Assembleia de Condóminos* dever reunir-se – pelo menos uma vez – para *"discussão e aprovação das contas respeitantes ao último ano e aprovação do orçamento das despesas a efectuar durante o ano"* (nº 1 do artigo 1431º do Código Civil).

15. Na sequência do exposto, aqueles proprietários/*condóminos* (Sr. Paulo Adriano Simões e Óscar Duarte) devem ser reembolsados pelas despesas efectuadas, segundo os critérios constantes no artigo 1424º do Código Civil.

---

[40] Ac. da RP de 25-10-05, Proc. 0524747 *"no espírito da lei e presumindo-se que o legislador consagrou as soluções mais acertadas (nº 3 do art. 9º C.Civil), tem de se considerar que na falta do administrador se inclui a sua voluntária inacção para realização das obras urgentes e imprescindíveis. Na expressão legal falta do administrador cabe perfeitamente a sua voluntária falta de actuação no desempenho das respectivas funções".*

Doutrina e Jurisprudência

"*Quando, porém não haja administrador, ou este se encontre impedido, e se mostre necessário proceder, com urgência, a reparação indispensáveis (rompimento da canalização do gás ou da água, ameaça de desmoronamento dum muro, etc.), qualquer dos condóminos pode tomar, por si, a iniciativa das obras, cujas despesas serão repartidas segundo os critérios estabelecidos no artigo 1424º. A urgência da reparação é o diapasão pelo qual se mede a legitimidade da intervenção do condómino não administrador (cfr. Visco, ob. cit., n 216) sendo em função do grau dessa urgência que inclusivamente se determinará a existência de impedimento do administrador.*"[41]

"*Só se o administrador está impedido de actuar em tempo é que qualquer condómino se lhe substituir e lavar a efeito as reparações indispensáveis e urgentes.*"

No caso da reparação ser necessária, mas não urgente, o condómino só pode obter a sua realização através do administrador ou da assembleia. Se o não conseguir e as realizar arrisca-se a não ser reembolsado das despesas que fizer, tendo que as pedir com fundamento no enriquecimento sem causa (Artigo 473º do Código Civil) ou na gestão de negócios (Artigo 464º e 468º do Código Civil)."[42]

"*Obras indispensáveis são as que necessitam de ser efectuadas, para uma boa conservação e fruição das coisas comuns: a reparação de uma torneira, que fornece água para lavagem do hall da entrada e das escadas que pinga continuamente, e de uma pequena avaria da fechadura da porta de entrada, que torna difícil fechá-la, ou a substituição de um vidro rachado na mesma porta.*

São obras urgentes as que devem ser executadas com toda a brevidade, por porem em causa a segurança e a tranquilidade dos condóminos ou por serem potenciadoras de danos imediatos no edifício: reparação da torneira que fornece água para a lavagem do hall da entrada e das escadas, que avariou totalmente não sendo possível fechá-la, estando a água a correr ininterruptamente, e da fechadura da porta de entrada que se danificou, não sendo possível fechá-la nem de dia nem de noite, tornando viável a entrada de intrusos no prédio; colocação de um vidro na mesma porta que se partiu totalmente, permitindo que, pelo local anteriormente vedava, qualquer pessoa possa introduzir-se no edifício; conserto do telhado que o temporal danificou, estando a chuva a entrar no edifício, etc.

O grau e natureza da urgência tem de ser conjugado com a natureza e tempo de impedimento do administrador para se poder aquilatar da legitimidade da iniciativa de intervenção do condómino na área da competência deste.

---

[41] In Código Civil, Anotado, Volume III, Pires de Lima e Antunes Varela, Coimbra Editora, 1987, pág. 437 (anotação ao artigo 1427º).

[42] In Direitos e Deveres dos Condóminos, João Queiroga Chaves, Quid Juris, 4ª edição, pág. 37 (anotação ao artigo 1427º).

Se a cumulativa urgência e a indispensabilidade da obra não forem de molde a legitimar a intervenção do condómino a este mais não restará do que a possibilidade de contactar o administrador para que efectue ou, no caso de se recusar, procurar obter satisfação para a sua pretensão através da assembleia de condóminos.

(...)

Se as reparações forem efectuadas fora do condicionalismo descrito, isto é, serem indispensáveis e urgentes, ou sendo indispensáveis não forem urgentes, o condómino que as efectuou pode não ser reembolsado do que despendeu ou, quando muito, poderá obter satisfação judicial através do instituto do enriquecimento sem causa – artigo 473º.

(...)

O conceito de reparações indispensáveis e urgentes, apontavam os Conselheiros Drs. Rodrigues Pardal e Dias da Fonseca, deve ser tomado num quadro de prudência e elasticidade de forma a abranger as situações possíveis, de acordo com o critério do bónus pater famílias, inclusive as obras impostas pelas câmaras municipais. O dano a evitar com a reparação indispensável e urgente deve ser iminente e concreto e não eventual e futuro."[43]

"I – Para que um qualquer condómino possa realizar obras nas partes comuns em prédio sob o regime de propriedade horizontal, é necessário que aquelas sejam urgentes.

II – Não revestem a qualidade de urgentes as obras para vedar fendas nas paredes por onde ocorrem infiltrações de águas pluviais, se o condómino há cerca de 3 anos vem pondo a questão ao administrador do condomínio." (Ac. RP, de 3.12.1998: JTR 000023306. ITIJ.Net).

"I – A responsabilidade dos condóminos pelas despesas de conservação e fruição é uma responsabilidade ex lege e subsiste mesmo nos casos em que tais despesas tenham sido originadas por facto imputável a terceiro.

II – Num caso de eliminação urgente de defeitos, mesmo no caso de existência de contrato de empreitada, perante a mora do empreiteiro, nada impede que o dono da obra elimine por si os defeitos e exija depois, daquele, indemnização pelas despesas feitas.

III – Constatando-se que se depara uma situação de realização de obras necessárias e urgentes em parte comum do prédio, nada impede que o condómino que realize essas obras demande os demais condóminos para ser ressarcido das despesas que efectuou, cabendo ao administrador do condomínio, no exercício das suas atribuições, demandar eventualmente o construtor para que assuma as responsabilidades decorrentes dos defeitos de construção." (Ac. RP. de 3.2.2000: JTRP000026940.ITIJ.Net).

---

[43] In Propriedade Horizontal – Condóminos e Condomínios, Jorge Alberto Aragão Seia, Almedina, 2ª Edição, Março 2002, págs. 149 a 151.

"I – A omissão do dever de conservação das partes comuns, a cargo do condomínio, desde que dela resultem danos nas fracções autónomas, implica o dever de indemnizar, nos termos do art. 483º do CC.

II – O art. 1427º do CC não impõe qualquer dever ao condómino, apenas lhe atribui a faculdade de intervir, na ausência da administração." (Ac. STJ, de 29.1.2002, Ver. Nº 3401/01-6ª; Sumários, Jan/2002).

16º Caso Prático
Exoneração do Administrador

Apresentamos de imediato, cronologicamente, as principais incidências e algumas vicissitudes do edifício designado por *"Jardins do Marquês de Marialva"*, sito no nº 11 do Campo Pequeno, em Lisboa, freguesia de Nossa Senhora de Fátima, concelho de Lisboa, descrito na 2ª Conservatória do Registo Predial de Lisboa, inscrito na matriz predial urbana sob o artigo nº 123.

– Em 11 de Janeiro de 2009, realizou-se a Assembleia de Condóminos do aludido edifício, com a seguinte *"Ordem de Trabalhos"*:

1. Apresentação, discussão e votação das contas relativas ao período de 1 de Janeiro de 2008 a 31 de Dezembro de 2008:

2. Eleição da Administração para o período de 1 de Janeiro de 2009 a 31 de Dezembro de 2009:

3. Apresentação, discussão e votação do Orçamento de receitas e despesas para o exercício de 1 de Janeiro de 2009 a 31 de Dezembro de 2009;

4. Outros Assuntos de interesse geral.

Uma vez concluída a referida Assembleia de Condóminos, foi lavrada e, devidamente, assinada pelos *condóminos* presentes, a respectiva e competente Acta, nos seguintes termos:

"ACTA nº 11 (Onze)

Aos onze dias do mês de Janeiro de dois e nove, reuniu, na sala do condomínio, pelas 20.00 horas, em primeira convocatória, a Assembleia de Condóminos do edifício sito no nº 11 do Campo Pequeno, em Lisboa, com vista à apreciação e deliberação sobre os assuntos constantes da "Ordem de Trabalhos", cuja folha se anexa e se dá aqui como integralmente reproduzida.

A Assembleia foi regularmente convocada por carta registada.

Estiveram presentes e devidamente representados os condóminos que assinaram a folha de presenças que se anexa e faz parte integrante da presente Acta.

Exerceu, então, as funções de Presidente desta mesa da Assembleia de Condóminos a Sr.ª Margarida Gustavo Boavida (condómina da fracção designada pela Letra "D" – 1º Frente).

Relativamente ao 1º Ponto da "Ordem de Trabalhos", as contas foram apresentadas pela Presidente da Assembleia de Condóminos.

Após alguns esclarecimentos, as contas do exercício foram devidamente aprovadas pela unanimidade de todos os presentes.

No 2º Ponto da "Ordem de Trabalhos", foi eleito por unanimidade a Sr.ª Maria João Rodrigues, condómina da fracção designada pela letra "F" – 2º Esq.

No 3º Ponto, foi aprovado o orçamento de 1 051,52 (mil e cinquenta e um euros e cinquenta e dois cêntimos) a título do Fundo Comum de Reserva, e o de despesas no montante de 10 515,25 (dez mil quinhentos e quinze euros e vinte e cinco cêntimos).

Nada mais havendo para tratar, deram-se por concluídos e encerrados os trabalhos da Assembleia de Condóminos, às 23.00 horas, lavrando-se a presente Acta que, após lida e devidamente Aprovada vai ser assinada pelo Presidente da Assembleia de Condóminos, e por todos os condóminos presentes.

A Presidente da Assembleia.

Os Condóminos:

R/c Dtº. ....

R/c Esq. ....

1º Dtº ....

1º Esq ....

1º Frente ....

2º Dtº. ....

..."

– Em Outubro de 2009, a Administradora (Sr.ª Maria João Rodrigues) informou os *condóminos* do NIB do *condomínio* (0033 1234 5647 9999 1234 5) para futura liquidação das respectivas quotizações.

– Em Dezembro de 2009, devido às chuvas intensas que se fizeram sentir, foram realizadas obras de reparação no telhado do edifício no montante de € 2 555,55 (Dois mil quinhentos e cinquenta e cinco euros e cinquenta e cinco cêntimos).

– Em Fevereiro de 2010, a Administração deste *condomínio* (Sr.ª Maria João Rodrigues) procedeu à reparação duma fuga de gás nas *"partes comuns"* do edifício, que afectavam a regular utilização desse serviço por parte dos condóminos dos 2ºs e 3ºs andares.

CASO PRÁTICO

– Em Maio de 2010, foram reparados os intercomunicadores do edifício no montante de € 625,75 (Seiscentos e vinte e cinco euros e setenta e cinco cêntimos).

– Em Agosto de 2010, a Administradora, rescindiu com a empresa *"LimpoPó – Manutenção e Limpezas de Edifícios, Lda."*, o contrato de prestação dos serviços de limpeza das *"partes comuns"*.

– Em Setembro de 2010, a Administração do *condomínio "Jardins do Marquês de Marialva"* celebrou um novo contrato de prestação de serviços com a firma *"CasasLimpas – Limpezas de Condomínios, Escritórios, e Manutenção de Edifícios, Lda."*

– Em Outubro de 2010, registou-se uma suspensão do fornecimento de energia eléctrica nas *"partes comuns"* do referido edifício motivada pela existência de facturas em dívida.

Curiosamente, o fornecimento foi logo retomado, alguns dias depois, após o pagamento do valor em débito acrescido das despesas correspondentes ao corte e ao restabelecimento do fornecimento.

– Em Novembro 2010, a Administradora, solicitou aos *condóminos*, por carta registada, a liquidação duma quotização extraordinária no montante de € 45,00 (quarenta e cinco euros), tendo em vista colmatar algumas despesas absolutamente inesperadas e, jamais, antevistas no Orçamento previsional.

– Em Novembro de 2010, verificou-se uma avaria no monta-cargas do edifício. Avaria, até à presente data nunca reparada.

– Em Dezembro de 2010, a Administradora, solicitou – pessoalmente – a alguns *condóminos* a liquidação de diversas quotizações em atraso.

Face ao exposto, ao longo do ano em curso, e até à presente data, alguns *condóminos* manifestaram uma profunda preocupação e, até mesmo, alguma discórdia, pela defeituosa administração do condomínio.

Como é fácil depreender, um dos alvos preferidos nesta contestação, centra-se nos profundos incómodos causados – durante alguns dias do mês de Novembro de 2010 –, pela interrupção do fornecimento de energia eléctrica nas *"partes comuns"*. Igual, descontentamento, relativamente à substituição da empresa de limpezas das *"partes comuns"* do edifício.

Para culminar todo este desagrado, a exigência – abrupta – de quotizações extraordinárias e, a impossibilidade de utilização do monta-cargas, constituem exemplos da deficiente gestão e administração do condomínio.

Por outro lado, os *condóminos* também, fundamentam toda essa insatisfação na ausência de qualquer convocação para uma Assembleia de Condóminos, tendo como escopo a apresentação do relatório de contas do exercício. Do mesmo princípio, decorre o facto, do mandato da Administradora já ter sido há muito tempo ultrapassado, na opinião de alguns *condóminos*.

CONDOMÍNIO – CASOS RESOLVIDOS, LEGISLAÇÃO E JURISPRUDÊNCIA

Sublinhe-se, ainda a este propósito, alguns esforços encetados pelos condóminos – sempre de forma informal – tendo em vista assegurar a realização duma Assembleia de Condóminos.

Ponderaram, ainda, alguns *condóminos*, a possibilidade de constituírem uma Comissão de Acompanhamento e/ou uma Associação de Moradores, com o objectivo de demitirem a Sr.ª Maria João Rodrigues do cargo de Administradora.

A tudo isto, a Administradora alega – sistematicamente – falta de disponibilidade por motivos de doença, para proceder à convocação e realização duma Assembleia de Condóminos. Ademais, como afirmou – informalmente – *"as contas do condomínio estão todas em dia!.. Demissão?... Nem pensem, ainda me devem dinheiro!... Quando tiver tempo, marco a reunião!....".*

Questão:

Face aos elementos fornecidos, incumbe apurar quais as *formas* de reacção dos *condóminos*, perante a intransigência da Administradora na apresentação do relatório de receitas e despesas e, na regular convocação de uma Assembleia de Condóminos.

Resolução:

1. No caso em análise, constatamos alguma demora ou, até mesmo, uma eventual relutância da Administradora na convocação de uma Assembleia de Condóminos para apresentação do orçamento de receitas e despesas de cada ano. E, neste caso em particular, diríamos mesmo: de todo o seu exercício enquanto Administradora.

Conforme, já tivemos oportunidade de realçar no ponto 3. do 11º Caso prático [(Destino da casa da porteira)], a Assembleia (*ordinária*) deve reunir anualmente, tendo como objectivo primordial a apreciação e aprovação do orçamento de receitas e despesas do último exercício.

Curiosamente, a situação ora apresentada não é invulgar, revela-se absolutamente recorrente. Aliás, é precisamente pela sua enorme acutilância temática, trazida à colação.

Na verdade, muitas vezes o(s) *condómino(s)/administrador(es)*, por manifesta falta de preparação ou, eventualmente, por alguma incúria menosprezam alguns pormenores na gestão e administração do *condomínio*.

2. Por outro lado e, por força do disposto no nº 2 do artigo 1431º do Código Civil, assiste aos *condóminos* a faculdade de convocarem uma Assembleia de Condóminos: *"A assembleia também reunirá quando for convocada pelo administrador*

ou por condóminos que representem, pelo menos, vinte e cinco por cento do capital investido".

3. Obviamente a solução ideal, numa situação destas, seria a rápida convocação – pela Administradora – de uma Assembleia de Condóminos e, respectiva apresentação do relatório de receitas e despesas.

4. Todavia, a subsistir, algum impedimento, assiste sempre aos proprietá-rios/*condóminos* a possibilidade de recurso à prestação judicial de contas, por via do processo especial previsto e regulado no artigo 1014º do Código de Processo Civil.

Dito isto por outras palavras!... A Administradora pode muito bem ser judicialmente obrigada à apresentação do relatório de receitas e despesas. Colocando-se, assim, por definitivo um ponto final nesse atraso. E, numa última instância, até mesmo responsabilizada por quaisquer danos causados ao próprio condomínio.

5. Não se revela o lugar ideal para entrarmos em pormenores de polémica ou, especulações; mas sempre, de apontar eventuais soluções. Nesta *ratio*, consi-deramos por conveniente – antes de qualquer impulso judicial – endereçar uma carta registada com aviso de recepção à Administradora, solicitando a realização duma Assembleia de Condóminos para apresentação do relatório de receitas e despesas. Isto tudo, sob *conditio*: um prazo de 8 (oito) ou 15 (quinze) dias.

Obviamente, só quando de uma maneira geral, se encontrem esgotados todos e quaisquer meios de resolução *extra-judicial*; poderemos pugnar por quaisquer recursos aos respectivos e competentes mecanismos judiciais. *In concreto*: a aludida acção de prestação de contas.

6. Aludem os proprietários/*condóminos*, intenção em constituírem uma Comissão de Acompanhamento e/ou uma Associação de Moradores, para demitirem a Administradora do *condomínio*.

Pois bem! Não poderemos alinhar nessa linha de pensamento por não constar do regime da propriedade horizontal.

7. Por outro lado, afigura-se-nos impossível demitir a Administradora. Afinal, como refere o artigo nº 1 do artigo 1435º «*o administrador é eleito e exonerado pela assembleia*».

Ou seja: só a *Assembleia de Condóminos – órgão colegial –* possui competência para eleger e/ou exonerar o *Administrador*. Nunca um ou alguns condóminos!... E, essencialmente, à parte esse órgão colegial – Assembleia.

8. Afigura-se-nos – também – particularmente interessante despender algu-mas palavras no que tange à aplicação e utilização de "*quotizações extraordinárias*".

Regra geral, este tipo de quotização – "*extraordinária*" –, costuma sobrevir para fazer face a despesas imprevisíveis no orçamento e, quando se afigura alguma insuficiência de tesouraria.

Convém, sempre referir as características do orçamento previsional. Tem como objectivo colmatar as habituais *"despesas correntes"* (v.g.: luz, manutenção elevadores, limpeza, entre outras...). Ora, sempre que surjam despesas imprevisíveis e, não se revele expectável corresponder atempadamente às designadas *"despesas correntes"* – aquelas previstas; revela-se essencial o recurso a esse tipo de quotização.

9. A finalizar, duas breves referências. A primeira respeita à substituição da empresa de limpeza nas partes comuns do edifício. De facto, constitui funções do *Administrador* zelar pelo regular uso das coisas comuns e a prestação dos serviços de interesse comum (cfr. alínea *g*) do artigo 1436º do Código Civil).

Em segundo lugar, a utilização do monta-cargas. Ora, ocorrendo uma avaria, impõe-se a respectiva reparação. Só, mesmo por manifesta insuficiência económica, a reparação poderá ser adiada.

Doutrina e Jurisprudência

"Consiste numa prática consolidada que o administrador, ao enviar o aviso de convocação da assembleia ou nos dias imediatamente precedentes à reunião, transmita as contas aos condóminos e os envie a examinar a documentação. Assim, os condóminos podem exercer um controlo formal e de mérito sobre a actividade do administrador, controlo que é precludido depois da aprovação das contas.

A prestação de contas não pressupõe a observância de formalidades particulares, sendo apenas inteligível aos condóminos o modo de emprego dos fundos antecipados para a gestão do condomínio. As contas que o administrador deva prestar poderão ser apresentadas em forma de conta-corrente, com a especificação da proveniência das receitas e da aplicação das despesas, bem como o respectivo saldo."[44]

"Quem tem de prestar contas à assembleia, em virtude da função que lhe é cometida na alínea s) do artigo 1436º (cobrar as receitas e efectuar as despesas comuns) é o administrador, ao qual incumbe igualmente, por força do disposto na alínea b) do mesmo preceito «elaborar o orçamento das receitas e despesas relativas a cada uma»."[45]

"De todo o modo, o seu decurso não exonera o administrador do dever de submeter à assembleia dos condóminos o orçamento das receitas e despesas de cada ano, mas também não obsta a que os condóminos que representem, pelo menos, 25% do capital investido

---

[44] In A Assembleia de Condóminos e o Administrador na Propriedade Horizontal, Sandra Passinhas, Almedina, Julho 2000, págs. 319 e 320.

[45] In Código Civil Anotado, Pires de Lima, Antunes Varela, Coimbra Editora, 2ª Edição Revista e Actualizada, Volume III, pág. 444).

convoquem a assembleia (art. 1431º-2) – solução que revestirá pouco interesse se o administrador, entretanto, não elaborar o orçamento –, ou que qualquer deles a convoque para apreciar a conduta omissiva do administrador (art. 1438º).

Todavia, o atraso na submissão das contas à discussão e aprovação da assembleia permite aos condóminos – a todos os condóminos – exigir a sua prestação judicialmente, através do processo especial previsto e regulado nos arts. 1014º e ss. do CPC, porquanto o administrador do condomínio será sempre, consoante os casos, um administrador de bens alheios, ou simultaneamente próprios e alheios.

O mesmo sucede se, apresentadas as contas pelo administrador à assembleia de condóminos, esta recusar a respectiva aprovação, hipótese em que o administrador, para se exonerar da correspondente obrigação, poderá requerer a sua prestação judicial.

O que está vedado ao administrador é apenas a utilização do processo especial de prestação de contas sem previamente as submeter ao órgão com competência para as receber, ou seja, à assembleia dos condóminos."[46]

"Não obstante a lei usar o termo "condóminos" no plural, tal não significa que as assembleias extraordinárias só possam ser convocadas por uma pluralidade de condóminos – no mínimo dois – e que no seu conjunto representem um quarto, ou mais, do capital investido: o que releva é tão somente a representatividade do capital investido, independentemente do facto do número de condóminos necessário para o atingir."[47]

"Já vimos atrás que a convocação da assembleia não é uma prorrogativa exclusiva do administrador: cabe também aos condóminos que representem, pelo menos, vinte e cinco por cento do capital investido, ou a qualquer condómino que recorra de um acto do administrador.

...

O administrador deve elaborar um orçamento anual, adequado a fazer face às despesas condominiais. Ao propor o orçamento, o administrador deve considerar as despesas inevitáveis, os compromissos assumidos pelo condomínio, e as despesas previsíveis. Quanto às receitas condominiais, que abrangem as contribuições dos condóminos, o administrador deve ter em consideração a particularidade concreta do condomínio, não propondo o pagamento de quantias exageradas ou insuportáveis. Mas deve, no entanto, sugerir um montante que lhe permita fazer face às despesas correntes do condomínio, mesmo com a falta de pontualidade de algum condómino no cumprimento dos seus deveres."[48]

"1. Na acção de prestação de contas o réu pode, na contestação, não só impugnar a obrigação de prestar contas como suscitar quaisquer outras questões, processuais (v.g.,

---

[46] In Manual da Propriedade Horizontal, Abílio Neto, Ediforum, 3ª Edição, Outubro 2006, pág. 327.
[47] In Manual da Propriedade Horizontal, Abílio Neto, Ediforum, 3ª Edição, Outubro 2006, pág. 327.
[48] In A Assembleia de Condóminos e o Administrador na Propriedade Horizontal, Sandra Passinhas, Almedina, Julho 2000, pág. 306.

CONDOMÍNIO – CASOS RESOLVIDOS, LEGISLAÇÃO E JURISPRUDÊNCIA

legitimidade, competência) ou substantivas, que terão de ser decididas antes de se avançar para a prestação das contas (se a esta houver lugar).

2. O administrador do condomínio está obrigado a prestar contas à assembleia de condóminos; mas, no caso de administração plural do condomínio, integrada por um administrador profissional executivo e por condóminos sem funções executivas, cabendo a estes apenas controlar genericamente a actividade daquele, auxiliá-lo se tal lhes for solicitado, assinar os cheques do condomínio (por aquele, por si só, o não poder fazer), verificar o orçamento e contas do exercício antes da sua submissão à assembleia, a obrigação de prestar contas deve apenas recair sobre quem cobra as receitas e efectua as despesas comuns, que é aquilo que constitui não só o núcleo da actividade de administração do condomínio como também o próprio objecto da acção de prestação de contas, tal como o define o art. 1014º do CPC." (Acórdão do STJ, 28/04/2009, Proc.: nº 09B0018).

"I – Devendo as contas de um condomínio ser apresentadas pela administração à assembleia, não pode qualquer condómino, individualmente, requerer essa prestação.

II – No caso de qualquer condómino não ter aprovado a deliberação que aprovou as contas, pode esta ser impugnada judicialmente por aquele.

III – Se o administrador se recusar a prestar contas, o condómino pode exigi-as através do processo especial do art. 1014º do Cód. Proc. Civil." (Acórdão da Relação do Porto, de 19.01.2006, Colectânea de Jurisprudência, 2006, Tomo I, pág. 163).

17º Caso Prático
Assembleia extraordinária/Quotizações extraordinárias

A firma "*GloriosoCondominium – Administração de Condomínios*", com sede no nº 11 do Largo Cosme Damião, em Lisboa, na qualidade de administrador do Condomínio sito no nº 106 da Avenida Marquês de Tomar, freguesia de Nª Senhora de Fátima, em Lisboa, endereçou uma carta registada aos diversos proprietários/*condóminos* para uma Assembleia Extraordinária de Condóminos, com a seguinte "*Ordem de Trabalhos*":

1. Apresentação de contas;
2. Regularização e liquidação de quotizações em atraso;
3. Liquidação coerciva de quotizações em atraso.

Pelas 20.00 horas do dia 10 de Outubro (ano transacto) realizou-se, nas instalações da "*GloriosoCondominium* – Administração de Condomínios" a Assembleia de Condóminos do referido edifício/*condomínio*.

Presidiu à mesa da Assembleia de Condóminos, a Srª Vitória Brilhante, gerente da "*GloriosoCondominium – Administração de Condomínios*".

Registou-se um *quórum* deliberativo de 60%, conforme folha de presenças, devidamente conferida e assinada, e que fez parte integrante da referida Assembleia.

Iniciada a respectiva "*Ordem de Trabalhos*", o *Administrador* (Srª Vitória Brilhante, gerente da *GloriosoCondominium – Administração de Condomínios*") efectuou um breve ponto da situação quanto às receitas e despesas efectuadas até aquele momento.

Por outro lado, salientou encontrarem-se por liquidar quotizações de diversos proprietários/*condóminos*.

A *GloriosoCondominium – Administração de Condomínios*", informou – ainda – já ter efectuado diversas diligências para a efectiva liquidação dessas importâncias. Todavia, quaisquer diligências sempre se revelaram infrutíferas.

Inclusive, quaisquer cartas interpelatórias, endereçadas por Advogado, para cobrança extra-judicial dos montantes em dívida.

Consequentemente, não existir qualquer margem de manobra suficiente para efectuar futuros pagamentos.

A única solução, minimamente plausível, consistiria na imediata criação de uma quotização **extraordinária**. Dessa forma, seria possível assumir todos os encargos com a regular liquidação das despesas de conservação e fruição das *"partes comuns"*. Designadamente, serviço de limpeza, manutenção dos elevadores e, electricidade.

Simultaneamente, também, se afigurava viável a liquidação de quaisquer despesas com processos judiciais; tendo em vista o pagamento coercivo das diversas quotizações em atraso.

Alguns proprietários/*condóminos* (fracção "*E*", "*G*", "*H*") manifestaram o seu mais profundo desagrado por toda esta situação: "*São sempre os mesmos nas Assembleias. Quem deve quotas nunca aparece. Nunca dão a cara. São sempre os mesmos. E quem paga é sempre o mexilhão!...*".

Uma vez colocada a questão a votação, a assembleia deliberou, por unanimidade dos presentes, a criação de uma "*quotização extraordinária*".

Considerou a *Administradora*, por conveniente, consignar em Acta todos os montantes das diversas quotizações em atraso e, respectivos titulares de cada uma das respectivas fracções.

Questão:

Face aos elementos fornecidos, cumpre debruçarmo-nos no que tange à aplicação, implicações e consequências de uma "***quotização extraordinária***".

No mesmo sentido, importa analisar todas e quaisquer formalismos para efectiva liquidação das diversas quotizações em atraso.

Resolução:

1. Tal como já tivemos oportunidade de referir, incumbe ao *Administrador* convocar quaisquer assembleias de condóminos (Ordinário e/ou Extraordinária), conforme resulta da conjugação do disposto nos nºs 1 e 2 do artigo 1431º do Código Civil.

Ora, no caso em análise, atendendo à situação económico-financeira patenteada pelo *condomínio*, entendeu o *Administrador*, por conveniente, a realização de uma Assembleia Extraordinária de Condóminos.

CASO PRÁTICO

2. Estamos em crer, terem sido observados todos os requisitos legais, constantes no nº 1 do artigo 1432º do Código Civil. Ou seja: carta registada com a observância de *"dez dias de antecedência ou mediante aviso convocatório feito, com a mesma antecedência"*.

3. Por outro lado, nada obsta à realização de uma assembleia de condóminos nas instalações do *Administrador*. In caso: nas próprias instalações da firma *"GloriosoCondominium – Administração de Condomínios"*, sita no nº 11 do Largo Cosme Damião, em Lisboa.

4. Refere o texto: *"registou-se um quórum deliberativo de 60%"*. Nestes termos, tal *quórum* deliberativo, encontra-se em perfeita sintonia com o disposto nos nº 3 e 4 do artigo 1432º do Código Civil.

5. A tudo isto, acresce o nº 1 do artigo 1431º do Código Civil, ao referir – *in fine* – *"e aprovação do orçamento das despesas a efectuar durante o ano"*. Acontece, frequentemente, este orçamento – meramente – *"previsional"* não se revelar suficiente para efectiva liquidação das despesas com os encargos de conservação e fruição das *"partes comuns"*. Donde, a necessidade na criação de uma "quotização extraordinária".

6. Incumbe, às funções do **Administrador** – alínea *d*) do artigo 1436º do Código Civil – *"cobrar as receitas"*. Dito isto, por outras palavras: incumbe ao *Administrador* proceder à efectiva liquidação das quotizações dos condóminos.

7. Consequentemente, em última instância, assiste-*lhe* (*Administrador*) a oportunidade de recorrer à efectiva cobrança coerciva. Ou seja: o recurso aos diversos mecanismos judiciais (Julgados de Paz e/ou Acção executiva).

8. Para além do mais, conforme resulta do disposto no nº 1 do artigo 1º do Decreto-Lei nº 268/94, de 25 de Outubro, *"são obrigatoriamente lavradas actas das assembleias de condóminos, redigidas e assinadas por quem nelas tenha servido de presidente e subscritas por todos os condóminos que nelas tenham participado"*, em conjugação com o disposto no nº 1 do artigo 6º do mesmo diploma, sob a epígrafe *"Dívidas por encargos de condomínio"*, *"a acta da reunião da assembleia de condóminos que tiver deliberado o montante das contribuições devidas ao condomínio ou quaisquer despesas necessárias à conservação e fruição das partes comuns e ao pagamento de serviços de interesse comum, que não devam ser suportadas pelo condomínio, constituí título executivo contra o proprietário que deixar de pagar, no prazo estabelecido, a sua quota-parte"*.

9. Assim, compreende-se a preocupação do *Administrador* em considerar por conveniente, lavrar em Acta os montantes das diversas quotizações em atraso.

Afinal, as actas das Assembleias de Condóminos servem de *"título executivo"* para a instauração de qualquer processo judicial (cfr. nº do artigo 6º do Decreto-Lei nº 268/94, de 25 de Agosto). E, por força do disposto no nº 2 do artigo 6º do Decreto-Lei nº 268/94, de 25 de Outubro *"o administrador deve instaurar acção judicial destinada a cobrar as quantias..."*

Doutrina e Jurisprudência

"*A acta da Assembleia de Condóminos que aprovou o orçamento para o respectivo ano, definindo a comparticipação de cada condómino nas despesas comuns, constitui, nos termos do artigo 6º, nº 1 do DL 268/94, de 25 de Outubro, título executivo contra os condóminos que não tenham pago a sua quota-parte, não sendo necessária para o efeito, posterior acta de que conste o não pagamento após decorrido o prazo para o efeito.*" (Ac. RE, de 5.12.2002: Col. Jur. 2002, 5º-246).

18º Caso Prático
Penhora partes comuns: "casa da porteira"

O *Administrador* do condomínio, sito na Avenida da República nº 73/75, e Avenida Elias Garcia, nº 77, em, Lisboa, foi recentemente notificado dos autos de execução fiscal nº 1234567891234567, relativo à penhora de uma fracção autónoma daquele edifício. Mais propriamente: a *"casa da porteira"*.

Atendendo à extrema gravidade do caso, entendeu o *Administrador*, por conveniente, convocar uma Assembleia *Extraordinária* de Condóminos, tendo em vista dar conhecimento aos restantes condóminos.

Assim, aos 12 (doze) dias do mês de Junho do ano transacto, reuniu-se a Assembleia *Extraordinária* de Condóminos do referido edifício.

No início da reunião, o *Administrador* teve então oportunidade em demonstrar a extrema necessidade daquela Assembleia; bem como, todos os motivos que levaram àquela situação.

Após a exposição apresentada pelo *Administrador*, a generalidade dos proprietários/*condóminos* manifestaram algum profundo desagrado. (*Re*)lembrando, sempre, a *"casa da porteira"* constituir uma *parte comum* do *condomínio*.

Face à delicadeza do caso, considerou a generalidade dos proprietários/*condóminos*, presentes na referida Assembleia (*Extraordinária*), a premente necessidade em assegurar os serviços jurídicos de um Advogado, para dirimir os respectivos *direitos*.

Nesse sentido, o *Administrador*, encetou desde logo diversas diligências, tendo em vista obter os serviços jurídicos necessários para defesa dos *direitos* do *condomínio*.

NOTA: Reproduzimos de seguida algumas das principais peças processuais.

Tribunal Administrativo e Fiscal de Sintra
1º Unidade Orgânica
Processo nº 1123/09.6BESNT

Exmo. Senhor
Doutor Juiz de Direito

Administração do Condomínio do Prédio sito na Avenida da República, nº 73/75, e Av. Elias Garcia, nº 77, e, Lisboa, **Recorrente** nos autos em epígrafe notificada da admissão do **Recurso** interposto, vem, nos termos do art. 282º, nº 3, do C.P.P.T. apresentar *Alegações de Recurso*, o que faz nos seguintes termos e fundamentos legais:

ALEGAÇÕES DE RECURSO

Venerandos Desembargadores
Secção do Contencioso Tributário
do Supremo Tribunal Administrativo.

Exposição e Razão do Recurso:

A Recorrente, nos autos de execução fiscal nº 1234567891234567, deduziu embargos de terceiros de uma penhora sobre uma fracção (melhor identificada no ponto 2 da matéria de facto provada).

Essa fracção encontra-se inserida no título constitutivo do Condomínio do Prédio sito na Avenida da República, nº 73/75, e Avenida Elias Garcia, nº 77, em, Lisboa.

Destinando-se, e sendo assim especificada no referido título constitutivo, como *"casa da porteira"* desse mesmo Condomínio, conforme documento nº 2 junto aos autos de embargo de terceiros, e conforme consta do ponto 3 da matéria provada.

Apesar de não suscitar quaisquer dúvidas que a Recorrente é proprietária da referida fracção (seja como parte comum do referido Condomínio, seja em regime de compropriedade em proporção da permilagem que cada condómino possui), o Tribunal *a quo*, entendeu, erroneamente, que a referida fracção, é independente e individualizada, por constituir uma fracção autónoma e não uma parte comum, concluindo nesse sentido, que a referida fracção penhorada é propriedade do proprietário originário do prédio; isto é, da sociedade de Construções António António Pedrosa, Lda., executada nos autos de execução fiscal.

Ora, tal entendimento parece violar de forma grave o disposto nos arts. 1421º, nº 2, al. *c*), do Código Civil; bem como as disposições constantes no

CONDOMÍNIO – CASOS RESOLVIDOS, LEGISLAÇÃO E JURISPRUDÊNCIA

regime da Compropriedade, previstas e reguladas nos arts. 1403º e seguintes, do mesmo diploma, assim como os arts. 237º, nº 1, do C.P.P.T e art. 351º do Código de Processo Civil.

Das ilegalidades da decisão recorrida:

O ponto fulcral do presente Recurso prende-se na errada interpretação e aplicação, por parte do Tribunal recorrido, do disposto na al. *c)*, do nº 2, do art. 1421º e seguintes do Código Civil,; como ainda, do regime da compropriedade, previstas nos arts. 1403º e seguintes.

Refere a douta sentença recorrida que ora se transcreve:

"Do título constitutivo resulta claramente que se trata de uma unidade independente e individualizada e com fixação de valor e de percentagem em relação ao todo, pelo que do título resulta que aquele bem se constitui como uma fracção autónoma e não como parte comum. De resto, como refere o Ac. da Relação de Lisboa, de 30.05.80 citado naquela obra a fls 184, a presunção legal do então art. 8º do C.R.Predial (actual art. 7º), prevalece sobre a da alínea c), do nº 2, do art. 1421º do C.Civil. – também em sentido da prevalência do título constitutivo da propriedade horizontal em que se estabeleça a assunção da natureza de fracção autónoma da "casa da porteira" em detrimento da sua consideração como de parte comum do prédio cfr. Ac. do STJ, de 16.02.78, referido a fls 183 daquela obra."

E concluiu a sua fundamentação com o seguinte entendimento:

"Assim, conclui-se que tais actos de utilização daquele bem apenas significam uma simples detenção por parte dos condóminos que se aproveitam da tolerância do titular do direito, neste caso, do executado enquanto proprietário originário do prédio, nos termos do disposto na al. b), do art. 1253º do C.Civil, pelo que improcede totalmente a pretensão deduzida pelo embargante, decisão a que se procede na parte dispositiva da presente sentença."

Tal entendimento, não pode(rá) nem sequer deve(rá) proceder, pois, constitui, uma grave violação dos direitos da Embargante, como se especificará infra.

Com efeito.

Na escritura de constituição da propriedade horizontal, celebrada em 4 de Setembro de 2000, no primeiro Cartório Notarial de Sintra (matéria provada no ponto 2), foi indevidamente atribuído ao segundo piso (Casa do Porteiro) o valor de 550.000$00 (quinhentos e cinquenta mil escudos), correspondente a onze por mil do valor global do edifício.

Erroneamente, durante muitos anos, sempre constituiu *costume* da generalidade das firmas de construção, atribuir *"valor e designar por fracção autónoma"*, a

CASO PRÁTICO

denominada *"casa do porteiro"*; pretendendo, por essa via, obter o designado *"valor global do prédio"*.

Com efeito, *"Com a referência às partes do edifício correspondentes às várias fracções quis-se significar que também deve ser especificado o quinhão das partes comuns do edifício que, juntamente com a unidade independente, constitui a fracção autónoma propriamente dita, que será objecto do direito do condómino: é que o direito sobre cada fracção faz-se acompanhar de um direito de compropriedade das partes comuns do edifício, sendo incindível esse conjunto de direitos – 1420º"* (In Propriedade Horizontal – Condóminos e Condomínios, Jorge Alberto Aragão Seia, Almedina, 2ª Edição, Revista e Actualizada.)

Por outro lado, *"O valor de cada fracção deve ser determinado atendendo ao condicionalismo próprio de cada uma: a fracções exactamente iguais podem corresponder valores diferentes, caso se privilegie o fim a que se destina a fracção, a sua localização no prédio, se tem vistas para o mar, se as tem a rua principal ou para um logradouro, se tem mais ou menos sol, etc. O valor global do prédio tem de ter sempre em consideração as regras da proporcionalidade em relação ao valor relativo de cada fracção."* (In Propriedade Horizontal – Condóminos e Condomínios, Jorge Alberto Aragão Seia, Almedina, 2ª Edição, Revista e Actualizada.)

Para além disto tudo, como muito bem refere o Dr. Abílio Neto,

"7. Dependências destinadas ao uso e habitação do porteiro. A comummente designada da "casa de porteira" é qualificada na al. c) do nº 2 deste art. 1421º como parte presuntivamente comum, e daí, poderem ocorrer três situações distintas, contanto que haja conformidade entre, por um lado, o projecto aprovado pela entidade pública e, por outro, o título constitutivo da propriedade horizontal; não estar sequer prevista a existência de dependência destinada ao uso e habitação de porteiro, constar como parte comum destinada a habitação de porteiro, ou constituir uma fracção autónoma mas destinada ao uso de porteiro.

A primeira hipótese, atento o seu conteúdo negativo, não suscita qualquer problema, nem sequer em sede de instituição da propriedade horizontal, suposta a inexistência de regulamento camarário que imponha a obrigatoriedade da existência de habitação para o porteiro.

Na segunda hipótese, a casa da porteira íntegra as partes comuns do edifício, mas está afecta a uma factualidade específica – servir de habitação ao porteiro –, não podendo ser utilizada directamente por cada um dos condóminos, nem qualquer condómino isoladamente a pode afectar ao seu uso específico, e, daí, a inaplicabilidade pura e simples da regra do nº 1 do artigo 1406º, ou, visto noutra óptica, não a poderá empregar "para fim diferente daquele a que coisa se destina".

Assim, se os condóminos, munidos da respectiva autorização camarária – caso seja exigível –, dispensaram os serviços de porteiro residente, nada obstará a que a respectiva

assembleia, no uso dos poderes de administração que lhe confere o nº 1 do artigo 1430º, delibere, nos termos dos nº 3 ou 4 do art. 1432º, dar de arrendamento a terceiro a habitação em causa, mantendo a afectação genérica prevista no licenciamento camarário e no título constitutivo da propriedade horizontal, sem que a tanto se oponha o disposto no nº 2 do art. 1024º, nomeadamente quando se trate de arrendamento com prazo certo (arts. 1095º e ss. do Cód. Civil, na sua redacção actual) (neste sentido, RL, 25.10.90; RL, 2.11.93; RL, 30.3.2006: Proc. 1879/2005-6.dgsi.Net).

Por outro lado, podem também os condóminos, através da alteração do título constitutivo, com observância das regras estabelecidas no art. 1419º, e obtida a indispensável licença ou autorização camarária, erigir em nova fracção autónoma aquilo que era uma parte comum destinada a habitação de porteiro, fixando-lhe, de igual modo, um novo uso ou destino (RE, 20.10.92; STJ, 3.6.93).

Finalmente, o facto de a habitação de porteira já constituir uma fracção autónoma, mas de uso restrito ao indicado este último facto não lhe confere, só por si, a qualidade de parte comum do prédio (STJ, 17.4.97; RL, 4.6.98); todavia, os condóminos, sendo eles os titulares dessa fracção, não a poderão alienar sem antes procederem à modificação do titulo constitutivo da propriedade horizontal, no tocante ao uso ou fim, nos termos previstos para a hipótese anterior (art. 1º do DL nº 281/99, de 26-7, e arts. 4º e 62º do RJUE) ". (in "Manual da Propriedade Horizontal", Abílio Neto, Ediforum, 3ª Edição, Outubro 2006). (sublinhado e negrito nosso)

Também, sobre a titularidade do espaço destinado à *"casa da porteira"*, deve – ainda – acrescentar-se:

"I– A obrigatoriedade de casa da porteira destina-se, antes de mais, ao construtor do edifício e visa, além de aumentar a qualidade dos prédios o benefício dos condóminos.

II – Se estes decidirem dar outro destino a casa da porteira, nem isso é ofensivo da ordem pública ou dos bons costumes nem, por isso, tal casa deixa de ser parte comum.

III – O fogo destinado a habitação da porteira, sendo um a parte comum, pertence ao conjunto dos condóminos, que são comproprietários do mesmo." (in Propriedade Horizontal – Anotações aos artigos 1414º a 1438º-A do Código Civil", José António de França Pitão, Almedina, Abril 2007).

E, neste mesmo sentido:

"A função própria do nº 2 e, em particular da alínea c), é a de qualificar como comuns todas as partes que não estejam previstas no título constitutivo como próprias. Tudo aquilo que não for atribuído, no título constitutivo, exclusivamente a algum condómino, não pertence ao construtor, ao vendedor do prédio ou a qualquer terceiro, mas é parte comum do prédio, objecto de compropriedade entre os vários condóminos." (in "A Assembleia de

Condóminos e o Administrador da Propriedade Horizontal", Sandra Passinhas, Almedina, Junho 2000, pág. 42).

Além do mais,

"Um caso frequente de modificação do título constitutivo da propriedade horizontal é o resultante da casa da porteira, parte presuntivamente comum, vir a adquirir a natureza de fracção autónoma, desde que, como já sabermos, os condóminos assim o resolvam unanimemente e obtenham o documento camarário necessário, tudo em conformidade com os arts. 1419º do CC e art. 60º do CN." In A Função Notarial dos Advogados, Fernando Neto Ferreirinha, Zulmira Neto Lino da Silva, Almedina, 2ª Edição, Novembro 2010, pág. 284.

Afinal,

"I – Ao lado da propriedade exclusiva sobre a sua correspondente fracção, cada condómino tem ainda um direito de compropriedade sobre as partes comuns do edifício, sendo contitular, juntamente, com os restantes condóminos, desse direito.

II – Assim, cada condómino tem o direito de defender, sem restrição especial, qualquer ofensa àquelas partes/direitos comuns.

III – Tem, consequentemente, cada condómino legitimidade para defender as partes comuns do edifício agindo isoladamente." (S.T.J., de 23 de Fevereiro de 1995, in BMJ 444, pág. 563). in "Propriedade Horizontal – com jurisprudência actualizada – 3º Edição, Almedina, L.P. Moitinho de Almeida, Junho 2001.

Há que realçar, em relação à questão trazida a V. Exas., Venerandos Desembargadores, o facto do próprio Digníssimo Magistrado do Ministério Público ter-se pronunciado no seu douto parecer em sentido favorável à pretensão da Recorrente, como consta da sentença recorrida, que ora se transcreve:

"Os autos foram com vista ao Dº M. MP que emitiu douto parecer constante de fls 67 dos autos, em que entende serem procedentes os referidos embargos pelo facto de o embargante ser titular da fracção penhorada nos autos."

Qualquer penhora e, ulteriores termos legais, implicaria – sempre –, uma profunda alteração ao próprio título constitutivo.

E, como tal, à própria autonomia da vontade colectiva dos respectivos condóminos.

Inclusive,

Uma modificação à própria *"forma"* de **repartição dos encargos de conservação e fruição** das *partes comuns* do edifício em causa, conforme resulta da conjugação dos artigos 1417º, 1419º-A e 1424º, todos do Código Civil.

Logo, o entendimento do Tribunal *a quo*, que perfilha a opinião de *"que tais actos de utilização* (pela Recorrente) *daquele bem apenas significam uma simples detenção por parte dos condóminos que se aproveitam da tolerância do titular do direito, neste caso, do executado enquanto proprietário originário do prédio, nos termos do disposto na al. b), do art. 1253º do C.Civil,(...)"*, não se enquadra nem na letra, nem no espírito da lei, mais concretamente no disposto nos arts. 1421º, nº 2, al. *c)* e art. 1403º e seguintes do Código Civil.

Assim, a decisão a *quo* de julgar improcedente os Embargos deduzidos pela Recorrente é ilegal por violar de forma clara as disposições acima referidas, pois a fracção penhorada e objecto de embargo, é, parte comum do Condomínio e/ou (com)propriedade de todos os condóminos, na proporção das suas respectivas permilagens.

Ora, tendo a Recorrente a *posse* da fracção, através do exercício do direito de *propriedade* que exerce na sua plenitude (já que o *arrendatário* é apenas mero possuidor ou mero detentor – cfr. art. 1253º, als. *a)* e *c)*, do Código Civil), sendo ela (um) terceiro em relação aos autos de execução fiscal onde foi ordenada a penhora da referida fracção; e revelando-se essa penhora posterior à *posse* e *propriedade* plena da fracção pela Recorrente, nunca poderia a sentença recorrida decidir pela improcedência dos Embargos de Terceiros.

Mesmo que não se considerasse a Recorrente titular do direito de *propriedade*, o que não se admite, e só por mera cautela se alega; a sentença nunca poderia ser proferida nos moldes em que foi.

Senão vejamos!

Refere o nº 1 do art. 237º, do C.P.P.T, que se transcreve:

"Quando o arresto, a penhora ou qualquer outro acto judicialmente ordenado de apreensão ou entrega de bens ofender a posse ou qualquer outro direito incompatível com a realização ou o âmbito da diligência, de que seja titular um terceiro, pode este fazê-lo valer por meio de embargos de terceiro."

Igualmente, refere o disposto no art. 351º, do C.P.C., que ora se transcreve:

"Se a penhora, ou qualquer acto judicialmente ordenado de apreensão de bens, ofender a posse ou qualquer direito incompatível com a realização ou o âmbito da diligência, de que seja titular quem não é parte na causa, pode o lesado fazê-lo valer, deduzindo embargos de terceiro.

Por sua vez, o art. 1285º do Código Civil preceitua que *"o possuidor cuja posse for ofendida por penhora ou diligência ordenada judicialmente pode defender a sua posse mediante embargos de terceiros, nos termos definidos na lei de processo."*

Com efeito, *"Para que possam ser deduzidos embargos de terceiro exigem-se os seguintes fundamentos: 1) que o embargante seja terceiro em relação ao processo onde foi* _ordenado o acto ofensivo da sua posse; 2) que esse acto provenha de (ou seja ordenado por) autoridade judicial; 3) que esse acto ofenda ou ameace de lesão a posse do mesmo embargante sobre coisa móvel ou imóvel. ...» in_, Código de Processo Civil Anotado por Abílio Neto, 14ª edição, pag 422, anotação nº 18.

E sem conceber em relação à _propriedade_ invocada, a Recorrente preenche os três pressupostos necessários para que seja declarado a procedência dos Embargos de Terceiros, **aliás, na sua fundamentação, o Tribunal recorrido constata que _não suscita dúvidas_ quanto os pressupostos da qualidade de terceiro e a invocação da posse ou de qualquer direito incompatível com o acto ofensivo determinado.**

Ora, de acordo com a matéria de facto provado nºs 4 e 5, desde 2002, a Recorrente age como titular do direito de _propriedade_ (em data muito anterior à ordem de penhora sobre a fracção, que se deu em Novembro de 2006 – cfr. facto provado no ponto 1), ao deliberar em Assembleia de Condóminos o destino da referida fracção, como sua fosse e, efectivamente, é; tendo junto nos autos, inclusive, contrato de arrendamento, como _legítima dona e possuidora_ da referida fracção – cfr. doc. nº 3 junto da p.i. dos Embargos de Terceiros.

Ora, nos termos do art. 1251º do Código Civil, _"posse é o poder que se manifesta quando alguém actua por forma correspondente ao exercício do direito de propriedade ou de outro direito real."_

É inquestionável que a Recorrente tinha (e tem) a _posse_ da referida fracção, actuando de facto correspondente ao exercício do _direito_ por parte do possuidor (_o corpus_), e a intenção (_o animus_), praticando diversos actos materiais correspondentes ao exercício do _direito de propriedade_ com a _intenção_ de exercer sobre a mesma um verdadeiro direito real.

Assim, podemos considerar que tal _posse_ foi exercida pacificamente, conforme o art. 1261º, nº 1 do Código Civil, de boa-fé, nos termos do art. 1260º, nº 1 e publicamente ao abrigo do art. 1262º do mesmo diploma. Sendo esta mesma _posse_, muito anterior à existência daquela penhora.

Sendo que, ao abrigo do disposto no nº1 do art. 1268º do Código Civil, a _posse_ anterior ao registo da penhora prevalece sobre ela.

Deste modo, e face ao exposto, os Embargos de Terceiros deduzidos nunca poderiam ser considerados improcedentes, e muito menos, ser considerado os actos praticados pela Recorrente como de mera _detenção_.

Pois, e como refere a própria sentença recorrida, a invocação da _posse_ e a qualidade terceiros encontram-se preenchidos, não restando outra alternativa ao Tribunal _a quo_, do que declarar procedente os Embargos de Terceiros deduzidos pela Recorrente, mais não seja, e sem conceder nos _direitos_ acima invocados (parte comum e/ou compropriedade), pela _posse_ da referida fracção.

CONDOMÍNIO – CASOS RESOLVIDOS, LEGISLAÇÃO E JURISPRUDÊNCIA

Ao decidir da maneira que o fez, a sentença recorrida violou as disposições constante dos arts. 167º e 237º, ambos do C.P.P.T, e arts. 351º e ss. do C.P.C., arts. 1403º e seguintes do Código Civil, e ainda, o regime da propriedade horizontal, mais concretamente, o disposto no 1421º, nº 2, al. *c)*, do mesmo diploma, pelo que, deve ser revogada a sentença ora recorrida, por conhecer e julgar procedente as ilegalidades acima apontadas, nos termos referidos, e substituída por outra que admita os Embargos de Terceiros deduzidos.

Conclusões:

I A sentença recorrida cometeu grave erro de julgamento ao decidir improcedente os Embargos de Terceiros, com fundamento na mera detenção da fracção pela Recorrente, e consequente atribuição da fracção penhorada ao originário proprietário do prédio, isto é, ao executado fiscal, sociedade Construções António Domingues Pedrosa, Lda.

II. Sendo a fracção penhorada e objecto dos Embargos deduzidos, destinada a *"casa da porteira"*, como expressamente especificada no título constitutivo junto aos autos de Embargo, como ainda provado na matéria assente nº 3.

III. A Recorrente possui a efectiva titularidade da referida *propriedade*, seja em virtude dessa fracção constituir *parte comum* do Condomínio Recorrente, nos termos do art. 1421º, nº 1, al. c), do Código Civil.

IV. Seja em virtude da *compropriedade* dos condóminos em proporção às permilagens das respectivas fracções, nos termos gerais do regime da compropriedade, previsto nos arts. 1403º e seguintes, do mesmo diploma.

V. Logo, a decisão *a quo* é ilegal quando entende que a Recorrente não é proprietária da fracção penhorada.

VI. É ilegal também a decisão recorrida quando não decide pela procedência dos Embargos deduzidos, pois como refere a própria sentença, se encontra preenchido os pressupostos dos Embargos de Terceiros, a saber, a qualidade de terceiro e a invocada posse ou qualquer direito incompatível com a penhora ordenada – cfr. arts. 167º 3 237º, do C.P.P.T. e 351º, do C.P.C..

VII. Conforme consta da matéria de facto provada nºs 4 e 5, a Recorrente possui a posse da fracção penhora, pelo menos, desde o ano de 2002 (data anterior a penhora ordenada – Novembro de 2006), e é terceiro em referência aos autos de execução fiscal objecto de Embargos.

VIII. Nesse sentido, a sentença recorrida é ilegal por violação do disposto nos arts. 167º e 237º, ambos do C.P.P.T, e arts. 351º e ss. do C.P.C., arts. 1403º e seguintes do Código Civil, e ainda, o regime de propriedade horizontal, mais concretamente, o disposto no 1421º, nº 2, al. c), do mesmo diploma,

IX. Pelo que, deve a decisão *a quo* ser revogada e substituída por outra que julgue procedente os Embargos de Terceiros deduzidos, seja por força da titularidade de propriedade plena pela Recorrente e sua respectiva posse e ainda, a qualidade de terceiro.

X. Seja ainda, e sem conceder nos direitos acima invocados, pela posse comprovada e qualidade de terceiros, pressupostos de admissibilidade e procedência dos Embargos deduzidos.

Nestes termos, e nos demais de direito que serão doutamente supridos por V.Exas, Venerandos Desembargadores, deverá o presente Recurso ser admitido e julgado procedente, revogando-se a decisão *a quo* proferida, sendo que tal constitui manifesto imperativo da Lei e imposição de realização de cabal e necessária

JUSTIÇA!

O Advogado
Francisco Cabral Metello

Tribunal Central Administrativo Sul

RECURSO JURISDICINAL Nº 4289/10
Recorrente: Administração do Condomínio do Prédio sito na Avª da República,
Recorridos: Fazenda Pública e Soc. de Construções Lda.

Acordam no TCAS, Secção Contencioso Tributário, 2º Juízo

ADMINISTRAÇÃO DO CONDOMÍNIO DO PRÉDIO SITO NA AVª DA REPÚBLICA,
identificada nos autos, interpôs recurso jurisdicional da sentença do TAF de Sintra que julgou improcedentes os embargos de terceiro que deduziu contra a penhora da fracção CB do prédio sito na Avª da República, nº73 a 75 e Rua Alegre, nº 24, em Algés, tendo demandado a **FAZENDA PÚBLICA** e a **SOC. DE CONSTRUÇÕES   LDA.**.

Em sede de alegações de recurso formulou as seguintes conclusões:
"I. A sentença recorrida cometeu grave erro de julgamento ao decidir improcedentes os Embargos de Terceiros, com fundamento na mera detença da fracção pela Recorrente, e consequente atribuição da fracção penhorada ao originário proprietário do prédio, isto é, ao executado fiscal, sociedade Construções   , Lda.
II. Sendo a fracção penhorada e objecto dos Embargos deduzidos, destinada a casa do porteiro, como expressamente especificada no título constitutivo junto aos autos de Embargo, como ainda provado na matéria assente nº3,
III. a Recorrente possui a titularidade da referida propriedade, seja em virtude dessa fracção ser parte comum do Condomínio Recorrente, nos termos do art. 1421º, nº1, al. c), do Código Civil,
IV. seja em virtude da compropriedade dos condóminos em proporção às permilagens das suas fracções, nos termos do regime da compropriedade, previsto nos arts. 1403º e seguintes, do mesmo diploma.
V. Logo, a decisão *a quo* é ilegal quando entende que a Recorrente não é proprietária da fracção penhorada.
VI. É ilegal também a decisão recorrida quando não decide pela procedência dos Embargos deduzidos, pois como refere a própria sentença, se encontra preenchido os pressupostos dos Embargos de Terceiros, a saber, a qualidade de terceiro e a invocada posse ou qualquer direito incompatível com a penhora ordenada – cfr. arts. 167º e 237º, do C.P.P.T. e 351º, do C.P.C..
VII. Conforme consta da matéria de facto provada nºs 4 e 5, a Recorrente possui a posse da fracção penhorada, pelo menos, desde o ano 2002 (data anterior a penhora

ordenada – Novembro de 2006), e é terceiro em referência aos autos de execução fiscal objecto de Embargos.

VIII. Nesse sentido, a sentença recorrida é ilegal por violação do disposto nos arts. 167º e 237º, ambos do C.P.P.T., e arts. 351º e ss. do C.P.C., arts. 1403º e seguintes do Código Civil, e ainda, o regime de propriedade horizontal, mais concretamente, o disposto no 1421º, nº2, al. c), do mesmo diploma,

IX. Pelo que, deve a decisão *a quo* ser revogada e substituída por outra que julgue procedente os Embargos de Terceiros deduzidos, seja por força da titularidade de propriedade plena pela Recorrente e sua respectiva posse e ainda, a qualidade de terceiro

X. seja ainda, e sem conceder nos direitos acima invocados, pela posse comprovada e qualidade de terceiros, pressupostos de admissibilidade e procedência dos Embargos deduzidos."

Não foram apresentadas contra-alegações.

Neste TCAS, a Exma Magistrada do MºPº emitiu parecer no sentido de o recurso merecer provimento.

Foram colhidos os vistos legais.

OS FACTOS

A sentença recorrida deu como assente a seguinte factualidade:

"1- A Fazenda Pública instaurou execução fiscal contra a firma "Sociedade de Construções   Ldª" por dívidas de IRC do ano de 2001, com o nº   , para cobrança coerciva das quantias em dívida, no valor de € 1.388.748,42 (cfr rosto do Proc. Exe. De fls 1 e certidão de dívida de fls 2 do Proc. de Exe. Apenso).

2 – No processo de execução referido supra, foi penhorado, em 27.11.06, a fracção do prédio urbano descrito na 2ª C.R.P. de Oeiras, sendo a fracção inscrita na matriz predial sob o nº   - CB e registado naquela Conservatória sob a descrição nº   - CB, em 05.12.006 (cfr Auto de Penhora constante de fls 18 e 19, pedido de registo de fls 22 e 23 e Certidão da 2ª C.R.P. de Oeiras, de fls 42 a 44, 68, e de fls 73 a 97, do Proc Exe apenso aos autos).

3 – Dá-se aqui por reproduzido a escritura de constituição de propriedade horizontal em que se insere a fracção mencionada em 2, da qual resulta a designação da mesma como fracção autónoma e destinada a porteiro. – cfr fotocópia de escritura pública do 1º C.N. de Sintra, de fls 10 a 20 dos autos.

4 – Em 14.05.02 em assembleia de condóminos foi determinado a utilização da casa da porteira, tendo-se destinado a mesma a possível arrendamento e em benefício do condomínio – cfr cópia da acta nº2, de fls 8 e 9 dos autos.

5 — Em 1 de Março de 2005 foi celebrado um contrato de arrendamento relativo à fracção penhorada nos autos, celebrado pela Administração do Condomínio e o inquilino aí identificado e pelo prazo de 5 anos – cfr fls 21 a 23 dos autos."

Relativamente a factos não provados, a sentença recorrida refere o seguinte: "Dos factos constantes da oposição, todos objecto de análise concreta, não se provaram os que não constam da factualidade acima descrita."

O DIREITO

A questão a decidir nos presentes autos de recurso jurisdicional é a de saber se a fracção autónoma destinada a casa de porteiro é parte comum do imóvel que a embargante administra, enquanto Administração do Condomínio do Prédio sito na Av.ª da República,

Estabelece o art° 237°, n°1 do CPPT que "*Quando o arresto, a penhora ou qualquer outro acto judicialmente ordenado de apreensão ou entrega de bens ofender a posse ou qualquer outro direito incompatível com a realização ou o âmbito da diligência, de que seja titular um terceiro, pode este fazê-lo valer por meio de embargos de terceiro»*.

"Não se trata, actualmente, de um meio de defesa da posse, exclusivamente, podendo ser defendida através de embargos de terceiro a ofensa de qualquer outro direito cuja manutenção seja incompatível com a realização ou o âmbito da diligência."(neste sentido, Jorge Lopes de Sousa, in CPPT anotado e comentado, 2007, vol. II, pag. 124)

Daqui resulta que os embargos de terceiro são o meio de tutela jurídica processual adequado para fazer a defesa dos direitos de quem for ofendido - na sua posse ou em qualquer direito cuja manutenção seja incompatível com a realização ou o âmbito da diligência judicial - por um acto de arresto, penhora ou outro acto judicialmente ordenado de apreensão ou entrega de bens.

Os actos lesivos da posse ou do direito de que o terceiro seja titular são, inevitavelmente, o arresto, a penhora ou qualquer outro acto judicialmente ordenado de apreensão ou de entrega de bens, permitindo-se, desse modo, que os direitos atingidos ilegalmente por esses actos possam ser invocados pelo lesado no próprio processo em que a diligência ofensiva teve lugar, em vez de o obrigar à propositura de acções possessórias ou de reivindicação.

Pretende-se, assim, obstar, no caso de os embargos se revelarem fundados, à venda de bens de um terceiro e prevenir a necessidade de ulterior anulação da venda no caso de procedência da reivindicação.

CASO PRÁTICO

S. ⚜ K.

Tribunal Central Administrativo Sul

Deste modo, o que é objecto de reacção contenciosa através de embargos é a diligência judicial ofensiva da posse ou do direito do terceiro - no caso dos autos, a penhora do imóvel - uma vez que, face à ocorrência de tal penhora o bem penhorado passa a ficar apreendido e adstrito aos fins do processo executivo, uma vez que, a satisfação do direito do exequente é conseguida, no processo de execução, através da transmissão de direitos do executado, mediante a qual se irá proceder ao pagamento da dívida exequenda. Com efeito, a penhora é o acto jurídico fundamental do processo de execução para pagamento de quantia certa.

Pela penhora, o titular do direito sobre o bem penhorado é esvaziado dos poderes de gozo que o integram, os quais passam para o tribunal, que, em regra, os exercerá através de um depositário. Pelo que, quando a penhora incide, como no caso vertente, sobre um imóvel, a transferência dos poderes de gozo importa a transferência da posse, iniciando-se uma nova posse pelo tribunal: nomeado um depositário, este passa, em nome alheio (do tribunal), a ter posse do bem penhorado.

O CPPT não contém norma definidora do conceito de terceiro para efeitos do processo de execução fiscal, devendo procurar-se tal definição em normas do CPC, diploma subsidiário do CPPT, portanto, no artº 351º, nº1 do CPC.

Neste normativo, terceiros para efeitos de embargos são aqueles que não são partes na causa.

Ora, no caso dos autos, e de acordo com a matéria dada como provada, a ora recorrente, então embargante, Administração do Condomínio do Prédio sito na Avª da República,   , é, sem dúvida alguma, terceira para efeitos de embargos à execução fiscal em causa.

Também de acordo com os factos apurados nos autos, a fracção sobre a qual recaiu a penhora, fracção autónoma inscrita na matriz predial sob o nº – CB, sendo uma fracção autónoma, a mesma foi designada como *"casa do Porteiro"*, no próprio título constitutivo da propriedade horizontal (cfr. fls. 19 dos autos).

Em 14.05.02, em assembleia de condóminos foi determinado a utilização da casa do porteiro, tendo-se destinado a mesma a possível arrendamento e em benefício do condomínio. O que veio a ser concretizado com a celebração do contrato de arrendamento referido em 5. do probatório.

De acordo com o disposto no artº 1421º, nº2-c) do CC, presumem-se partes comuns do edifício *"as dependências destinadas ao uso e habitação do porteiro"*. Também, *"em geral, as coisas que não sejam afectadas ao uso*

137

exclusivo de um dos condóminos" se presumem comuns - art° 1421°, n°2-e) do CC.

O instrumento jurídico onde se devem definir as relações entre os condóminos e fixar a fruição de cada uma das fracções, sua composição e individualização, é o título constitutivo da propriedade horizontal – art° 1418° do CC.

Ora, o facto de no título constitutivo da propriedade horizontal a que se vem fazendo referência, se ter feito uma enumeração das fracções autónomas e das partes comuns do edifício, nestas não se incluindo a fracção referida como *"casa do Porteiro"*, não obsta a que se considere esta como parte comum. Com efeito, a lei só obriga, de facto, a especificar no título as partes do edifício correspondentes às várias fracções, por forma a que estas fiquem devidamente individualizadas – art° 1418°, n°1 do CC, sendo que, nos termos do disposto neste mesmo art° 1418°, n°2 –a), pode o fim a que se destina cada fracção, ou parte comum, ser mencionado no título constitutivo.

Assim sendo, atentos os factos apurados, da conjugação do disposto nos art°s 1418°, n°1 e n°2-a) e 1421°, n°2-c) do CC, a designação de *"casa do Porteiro"*, contida em tal título só pode entender-se como sendo uma fracção comum e destinada ao uso e habitação do porteiro.

A sentença recorrida, considerando que não se suscitando dúvidas quanto à qualidade de terceiro da embargante e à verificação da posse por parte desta da fracção em causa, tanto mais que está demonstrada a utilização em comum resultante da deliberação da assembleia de condóminos e da decisão de arrendar aquele espaço em benefício comum, todavia, considerou que *"só se devem considerar comuns as partes que se encontrem afectadas ao uso comum dos diversos condóminos, nos casos de falta de título em contrário. Ora, do título constitutivo resulta claramente que se trata de unidade independente e individualizada e com fixação de valor e de percentagem em relação ao todo, pelo que do título resulta que aquele bem se constituiu como uma fracção autónoma e não como parte comum."*(fls. ? dos autos)

E concluiu *"que tais actos de utilização daquele bem apenas significam uma simples detenção por parte dos condóminos que se aproveitaram da tolerância do titular do direito, neste caso, do executado enquanto proprietário originário do prédio, nos termos do disposto na alínea b) do art° 1253° do CCivil."*, tendo julgado os embargos improcedentes. (fls. 72 dos autos)

Tribunal Central Administrativo Sul

Considerando os dispositivos legais supra enunciados, designadamente os art°s 1418°, n°1 e n°2-a) e 1421°, n°2-c) do CC, este entendimento não pode manter-se.

Como refere a recorrente nas suas alegações de recurso *"(...) Erroneamente, durante muitos anos, sempre constituiu costume da generalidade das firmas de construção, atribuir "valor e designar por fracção autónoma", a denominada "casa do porteiro", pretendendo, por essa via, obter o designado "valor global do prédio". Com efeito, «Com referência às partes do edifício correspondentes às várias fracções quis-se significar que também deve ser especificado o quinhão das partes comuns do edifício que, juntamente com a unidade independente, constitui a fracção autónoma propriamente dita, que será objecto do direito do condómino: é que o direito sobre cada fracção faz-se acompanhar de um direito de compropriedade das partes comuns do edifício, sendo incindível esse conjunto de direitos – 1420°.» (In Propriedade Horizontal – Condóminos e Condominios, Jorge Alberto Aragão Seia, Almedina, 2ª Edição, Revista e Actualizada.) (...)"*

Como supra se referiu, a comumente designada de *"casa do porteiro"* é qualificada na al.c) do n°2 do art° 1421° do CC como parte presuntivamente comum, sendo a função própria deste n°2-c) a de qualificar como comuns todas as partes que não estejam previstas no título constitutivo como próprias. *"(...) Tudo aquilo que não for atribuído, no título constitutivo, exclusivamente a algum condómino, não pertence ao construtor, ao vendedor do prédio ou a qualquer terceiro, mas é parte comum do prédio, objecto de compropriedade entre os vários condóminos."* (cfr. fls. 89 das alegações de recurso com invocação doutrinária a que se adere)

Constituindo a fracção dos autos uma fracção autónoma mas destinada ao uso de porteiro, ela integra as partes comuns do edifício, mas está afecta a uma factualidade específica – servir de habitação ao porteiro -, não podendo ser utilizada directamente por cada um dos condóminos, nem qualquer condómino isoladamente a pode afectar ao seu uso específico, e, daí, a inaplicabilidade da regra do art° 1406°, n°1, do CC, ou seja, não a poderá empregar *"para fim diferente daquele a que a coisa se destina."*

Porém, se os condóminos dispensarem os serviços de porteiro, nada obsta a que a respectiva assembleia, no uso dos poderes de administração que lhe confere o art° 1430°, n°1 do CC, delibere, nos termos dos n°s 3 e 4 do art° 1432° do mesmo Código, dar de arrendamento a terceiro a habitação em causa, mantendo a afectação genérica prevista no título constitutivo da propriedade

Tribunal Central Administrativo Sul

horizontal, sem que a tanto se oponha o disposto no art° 1024°, n°2 do CC. (neste sentido, cfr. Abílio Neto, in Manual da Propriedade Horizontal, 3ª ed., 2006)

"(...) Finalmente, o facto de a habitação de porteira já constituir uma fracção autónoma, mas de uso restrito ao indicado, este último facto não lhe confere, só por si, a qualidade de parte comum do prédio (STJ, 17.4.97; RL 4.6.98); todavia, os condóminos, sendo eles os titulares dessa fracção, não a poderão alienar sem antes procederem à modificação do título constitutivo da propriedade horizontal, no tocante ao uso ou fim, nos termos previstos para a hipótese anterior (art.1º do DL nº 281/99, de 26-7, e arts 4° e 62° do RJUE)" (autor e ob. citada)

Impõe-se, pois, concluir que a fracção autónoma dos autos e penhorada em sede de execução fiscal, estando destinada ao uso e habitação do porteiro no respectivo título, é parte comum do prédio, pertencendo em regime de compropriedade ao conjunto dos condóminos – cfr. art° 1403° do CC – os quais têm legitimidade para defender, sem restrições especiais, qualquer ofensa às partes comuns do prédio e relativamente às quais detêm um direito comum.

Assim sendo, o entendimento vertido na sentença recorrida de *"que tais actos de utilização daquele bem apenas significam uma simples detenção por parte dos condóminos que se aproveitaram da tolerância do titular do direito, neste caso, do executado enquanto proprietário originário do prédio, nos termos do disposto na alínea b) do art° 1253° do CCivil."* não pode manter-se, pois viola, no caso concreto, os dispositivos legais consagrados nos art°s 1418°, n°1 e n°2-a), 1421°, n°2-c) e 1403° e ss do CC.

Sendo a fracção penhorada e objecto dos presentes embargos parte comum do Condomínio embargante, propriedade de todos os condóminos, na proporção das suas permilagens, tendo a embargante a posse da referida fracção, através do exercício do propriedade que exerce, sendo arrendatário da mesma mero detentor, nos termos do disposto no art° 1253°, a) e c) do CC, tendo tal Condomínio a qualidade de terceiro em relação aos autos de execução de fiscal onde foi penhorada tal fracção, e sendo a penhora posterior (Novembro de 2006) à posse e propriedade da fracção (desde 2002) pelo embargante ora recorrente, encontram-se reunidos os pressupostos legais para a procedência dos presentes embargos, pois que, nos termos do disposto no art° 1285° do CC *"o possuidor cuja posse for ofendida por penhora ou diligência ordenada judicialmente pode defender a sua posse mediante*

Tribunal Central Administrativo Sul

embargos de terceiro, nos termos definidos na lei de processo", não podendo manter-se a sentença recorrida.

Nos termos do disposto no artº 1251º do CC "*Posse é o poder que se manifesta quando alguém actua por forma correspondente ao exercício do direito de propriedade ou de outro direito real.*" Resulta dos factos apurados nos autos que a recorrente tinha, e tem, a posse da referida fracção, actuando de facto por forma correspondente ao exercício do direito de propriedade parte do possuidor – elemento material *corpus* – e a intenção de exercer sobre a mesma um verdadeiro direito real – elemento psicológico *animus* – correspondente aos actos praticados.

Acresce que a posse anterior ao registo da penhora, prevalecerá sempre sobre esta, nos termos do disposto no artº 1268º, nº1 do CC.

Pelo exposto, atentos os fundamentos invocados, mostram-se procedentes as conclusões das alegações de recurso, carecendo a sentença recorrida de ser revogada, por padecer de erro de julgamento de direito, na aplicação que das normas jurídicas
aí invocadas fez, mostrando-se procedentes os presentes embargos de terceiro.

Acordam, pois, os juízes do TCAS, Secção Contencioso Tributário, 2º Juízo, em:
a) – **conceder provimento ao recurso jurisdicional**, revogando a sentença recorrida e julgar procedentes, por provados, os presentes embargos de terceiro;
b) – sem custas, *digo, custas pela F.P. na 1ª instância apelada.*

LISBOA, 15.02.11

Questão:

Quid Juris?

Resolução:

1. Prevê o nº 2 do artigo 1431º do Código Civil – primeira parte – que, *"A assembleia também reunirá quando for convocada pelo administrador ou por condóminos que representem, ..."*. Por outro lado, o nº 1 do artigo 1431º do Código Civil refere: *"A assembleia reúne-se na (...) para discussão e aprovação das contas respeitantes ao último ano e aprovação do orçamento das despesas a efectuar durante o ano"*.

Ora, cremos, o nº 1 do artigo 1431º do Código Civil, ter como primordial objectivo a realização de uma Assembleia – **Ordinária** – para apresentação de contas.

Ao invés, a Assembleia consagrada no nº 2 do artigo 1431º do Código Civil, pode(rá) revestir um carácter meramente **extraordinário**. Isto tudo, desde que na respectiva *"Ordem de Trabalhos"*, não conste nenhum ponto relativo à *"apresentação de contas"*.

2. Como muito bem se infere da lei, cabe ao *Administrador "o dever de guardar e dar a conhecer aos condóminos todas as notificações dirigidas ao condomínio, designadamente as provenientes das autoridades administrativas"* (conforme resulta do nº 2 do artigo 2º do Decreto-Lei nº 268/94, de 25 de Outubro).

3. Isto, sem nunca perdermos de vista, uma das principais **funções** do cargo de *Administrador: "representar o conjunto de condóminos, perante as autoridades administrativas"* (alínea *i*) do artigo 1436º do Código Civil). A título meramente exemplificativo, poderemos resumir da seguinte forma: todos e quaisquer actos praticados junto das respectivas e competentes Repartições de Finanças, Câmaras Municipais, Segurança Social, entidades bancárias, entre outras entidades...

19º Caso Prático
Penas pecuniárias

No passado mês de Fevereiro, realizou-se pelas 20,30 horas, na sala do condomínio, a Assembleia Ordinária de Condóminos do edifício, constituído sob o regime da propriedade horizontal, sito no nº 77 da Av. de Conímbriga, em Coimbra.

Verificou-se, então, um *quórum* deliberativo – presentes e/ou representados – de 54 % dos votos representativos do capital investido; conforme consta da *"Lista de presenças"*, previamente assinada e, posteriormente, conferida pelo *Administrador* em exercício.

Ao longo da referida Assembleia, o *Administrador* (Sr. João Ferreira Campos), apresentou: relatório de receitas e despesas do último exercício; orçamento previsional para o novo exercício e, orçamento para a obras de conservação a realizar na cobertura do edifício.

E, neste capítulo, registou-se a aprovação das propostas apresentadas por maioria dos condóminos presentes.

Tanto o Sr. João Ferreira Campos (*Administrador*), quer a generalidade dos condóminos presentes, não deixaram de demonstrar alguma preocupação, e desagrado pelo avultado número de quotizações em atraso.

Assim, deliberaram – por unanimidade – os condóminos presentes e/ou representados, introduzir a futura aplicação de uma *"pena pecuniária"* no montante de € 50,00 (cinquenta euros) / mês, aos condóminos com atraso no pagamento das respectivas quotizações.

Em Março, o Sr. João Ferreira Campos, na qualidade de *Administrador*, e dando, conveniente prossecução às deliberações daquela Assembleia, endereçou a todos os condóminos ausentes, a respectiva e competente Acta.

Posteriormente, em Setembro, o Sr. João Ferreira Campos (*Administrador*), endereçou à Srª Ana Cristina Aguiar extracto de conta corrente da fracção designada pela letra "*F*", correspondente ao 2º Esq.

Entendeu a condómina daquela fracção, endereçar uma carta registada ao Sr. João Ferreira Campos (*Administrador*) nos seguintes termos:

"Exmo. Senhor,

Acuso a recepção do extracto de conta corrente, correspondente à presente fracção.

Mas muito mais grave do que isso tudo, foi ter V. Exª Administrador deste Condomínio, ter aplicado uma pena pecuniária no valor de € 50,00 (cinquenta euros) por cada mês em atraso. Donde resulta um valor muito maior em penalizações, do que a própria quotização mensal.

Há ainda que lembrar, não termos participado na última Assembleia de Condóminos e, consequentemente, não termos autorizado a futura aplicação de quaisquer penas pecuniárias.

Tal situação, parece mesmo parecer designadamente um manifesto abuso e violação dos princípios da igualdade de confiança. Representa mesmo uma grosseira violação da lei.

Assim, por discordar da aplicação dessas penalizações, junto anexamos – apenas – cheque no valor total de € 105,00 (cento e cinco euros) referente aos meses de Março a Setembro do presente ano, à razão mensal de € 15,00 (quinze euros).

Questão:

Quid juris?

Resolução:

1. Já tivemos, em momento anterior, ocasião para nos pronunciarmos relativamente à Convocação da "*Assembleia de Condóminos*" (*Ordinária* e/ou *Extraordinária*). Nestes termos, cremos terem sido regularmente observados todos os respectivos procedimentos legais

Ou seja: convocatória através de carta registada e/ou "*livro de protocolo*", com uma antecedência mínima de 10 (dez) dias.

2. Haverá, ainda, que (*re*)lembrar – regra geral – as deliberações serem sempre tomadas por "*maioria dos votos representativos do capital investido*", conforme resulta do disposto no nº 3 do artigo 1432º do Código Civil.

3. É evidente, no caso em análise, constatar-se uma representatividade de 54% do capital investido. Logo, por maioria de razão, a referida Assembleia, reúne pleno *quórum* deliberativo.

4. Naturalmente, por maioria de razão, a aprovação e aplicação de "*penas pecuniárias*" (bem diferente de juros de mora!...) aos condóminos remissos –

CASO PRÁTICO

apenas e só –, carece de um *quórum* deliberativo da maioria dos votos representativos do capital investido.

5. Todavia, importa – isso sim – referir a fixação de quaisquer *"penas pecuniárias"* dever constar expressamente em Acta e/ou Regulamento. Ora, no caso em análise, tudo nos leva a crer, terem sido convenientemente observados todos esses formalismos.

6. Obviamente, a aprovação e aplicação de *"penas pecuniárias"* tem como escopo a punição **extrajudicial** do(s) condómino(s) pela inobservância de quaisquer disposições legais, das deliberações da Assembleia de Condóminos e, eventualmente, das decisões do Administrador do Condomínio.

No fundo, esta *figura* (*"penas pecuniárias"*) tem apenas como funcionalidade coagir o(s) *devedor(es)* (i.e. condóminos remissos), de forma indirecta – através da ameaça de uma quantia pecuniária suplementar – a cumprir(em) a prestação a que estava(m) inicialmente adstrito(s).

7. A aprovação e aplicação de *"penas pecuniárias"* encontra pleno enquadramento na expressão *"contribuições devidas ao condomínio"*, constante na 1ª parte do nº 1 do artigo 6º do Decreto-Lei nº 268/94, de 25 de Outubro; bem como, no nº 1 do artigo 1434º do Código Civil.

8. Por outro lado, a aplicação de eventuais *"penas pecuniárias"* retrata e corresponde a um princípio geral de direito das obrigações, consubstanciado na *"cláusula penal"*, que as partes podem – muito bem – fixar nos respectivos negócios jurídicos (cfr. artigos 810º e 812º do Código Civil).

9. Todavia, a fixação de quaisquer *"penas pecuniárias"* ao(s) condómino(s), *"em cada ano nunca poderá exceder a quarta parte do rendimento colectável anual da fracção do infractor"* (cfr. nº 2 do artigo 1434º do Código Civil).

10. Porém, neste quadro, importa efectuar alguma reflexão em torno do *"rendimento colectável"*.

Assim, o *"rendimento colectável"* anual da fracção autónoma deve aferir-se em função da taxa de imposto municipal sobre imóveis (cfr. artigo 112º do CIMI, taxa fixada pelas respectivas assembleias municipais dentro de limites que podem variar entre 0,2 a 0,8%) ao valor patrimonial tributário da respectiva fracção autónoma (cfr. artigo 7º do CIMI).

Actualmente, na *"caderneta predial"* (emitida pelo respectivo serviço de finanças) apenas consta o *"valor patrimonial tributário"*. Ora, esse valor é bem diferente do *"rendimento colectável"*!

Refira-se, o *"valor patrimonial tributário"* consiste no valor atribuído ao prédio rústico ou urbano e que se encontra inscrito na matriz predial urbana. É averbado na *"caderneta predial"* pelo respectivo serviço de finanças e serve de base para calcular o IMI – Imposto Municipal sobre Imóveis (cfr. artigo 7º, 37º e ss. do CIMI – Código do Imposto Municipal sobre Imóveis).

CONDOMÍNIO – CASOS RESOLVIDOS, LEGISLAÇÃO E JURISPRUDÊNCIA

11. A terminar, não poderíamos deixar de aludir à eventual aplicação de *"juros de mora"*. Afinal, conforme já tivemos oportunidade de demonstrar, existe uma profunda diferença entre *"penas pecuniárias"* e *"juros de mora"*.

Assim, na eventualidade de recurso à via judicial, já podem ser exigidos – também – *"juros de mora"* à taxa legal.

No entanto, podem ser estipulados *juros de mora* a taxa superior. Todavia, tal estipulação deve constar de documento escrito (Acta e/ou Regulamento, onde exista mútuo acordo entre credor(es) e devedor(es) relapso(s)), não podendo ser fixados juros excessivos ou usuários (cfr. artigo 1146º do Código Civil); sob pena de serem apenas devidos os *juros de mora* na medida dos juros legais (cfr. nº 2 do artigo 559º do Código Civil).

Doutrina e Jurisprudência

"Embora seja da competência exclusiva da assembleia a fixação de penas pecuniárias ou seja, a tipificação das condutas e a determinação da medida da sanção –, nada obsta a que a assembleia delegue no administrador a sua aplicação concreta.

Se tal ocorrer, o condómino que discorde da decisão do administrador que lhe aplicou uma determinada sanção pecuniária pode recorrer para a assembleia (art. 1438º); se ao invés, tiver sido a própria assembleia a aplicar a sanção, ao condómino fica aberta a possibilidade de impugnar a respectiva deliberação (art. 1433º), suposto que tenha fundamento para o fazer.

A cominação de penalidades nomeadamente por mau uso das coisas comuns e por falta de liquidação pontual da quota-parte das despesas aprovadas, poderá constituir um factor dissuasor e, como tal, conduzir à pacificação das relações entre condóminos, sobretudo quando se tornem frequentes as situações de incumprimento por parte de algum ou alguns."[49]

"I – O título constitutivo da propriedade horizontal pode conter o regulamento do condomínio, disciplinando o uso, fruição e conservação, quer das partes comuns, quer das fracções autónomas e a previsão de compromisso arbitral para a resolução de litígios emergentes da relação de condomínio.

II – Constando a previsão de compromisso arbitral do título constitutivo da propriedade horizontal só por todos os condóminos pode ser alterado e por meio de escritura pública.

III – Tendo a previsão do compromisso arbitral sido tomada em Assembleia Geral pode ser alterada por decisão da mesma Assembleia tomada por maioria de votos" (Ac. STJ, de 3.12.1998: JSTJ00034996.ITIJ.Net).

---

[49] In Manual da Propriedade Horizontal, Abílio Neto, Ediforum, 3ª Edição, Outubro 2006, pág. 358.

Sentença de Julgado de Paz

Proc: 266/2007 JP
Demandante: A
Demandada: B

OBJECTO DO LITÍGIO

O Demandante intentou contra a Demandada a presente acção declarativa, enquadrada na al. c) do nº 1 do art. 9º da Lei nº 78/2001 de 13 de Julho, pedindo a condenação desta a pagar-lhe a quantia de 709,67, sendo: € 77,02, a título de prestações não pagas; € 632,65, a título de multas regulamentares; tudo isto acrescido de juros de mora vincendos, à taxa legal de 4% ao ano, desde a citação até efectivo e integral pagamento e ainda condenada no pagamento das prestações que se vençam na pendência da acção.

A Demandada regularmente citada, apresentou contestação, nos termos plasmados a fls. 51 a 55, em essência e em síntese, insuficiência de causa de pedir, é notória quer a insuficiência factual do requerimento inicial, quer a própria contradição da respectiva fundamentação.

Porquanto, no requerimento inicial é omitida a indicação dos seguintes elementos fundamentais, nomeadamente, da data até quando a requerida foi proprietária da referida fracção; dos valores vigentes devidos a título de contribuições do condomínio, no período em que a requerida foi proprietária e a concretização dos períodos (mensais ou trimestrais) que não foram pagos e são reclamados na presente acção.

Na petição inicial tanto se diz que a requerida é devedora da quantia de € 709,67, como de € 77,02, com referência a contribuições relativas ao período de Março de 2006 até à presente data, enquanto, em sede de pedido, é

CONDOMÍNIO – CASOS RESOLVIDOS, LEGISLAÇÃO E JURISPRUDÊNCIA

peticionada a condenação da requerida no pagamento da quantia de € 77,02 a título de "prestações" não pagas e de € 632,65 a título de multas regulamentares, quando em sede de causa de pedir se alegou que nos termos do art. 13.º do regulamento, tais multas só podem ascender a 10% das contribuições ou despesas, pelo que, sendo reclamado o valor de € 77,02, a título de contribuições, as multas reclamadas, nunca podem ser equivalentes a € 635,65, como pretende a requerente, o que determina a ineptidão da petição inicial e consequente nulidade do processo.

Foi, em sede de audiência de julgamento, requerido o aperfeiçoamento do requerimento inicial, nos termos do art. 43º nº5 da Lei 78/2001 de 13 de Julho, o que foi feito, conforme consta da respectiva acta, tendo sido exercitado o princípio do contraditório – nº 3 do art. 3º do C.P.C., nos termos também aí plasmados.

O Julgado de Paz é competente em razão da matéria, do objecto, do território e do valor.

As partes gozam de personalidade e capacidade judiciárias e são legítimas, porquanto a Demandante, embora na acta de 16/2/2006, não refira a duração do mandato a si conferido e o art. 20 alínea c) do regulamento do condomínio refira, como regra, que a duração do cargo de administrador é de 1 ano, renovável, excepto se a Assembleia de Condóminos, com o acordo do Administrador fixar outro prazo, o certo é que, muito embora a presente acção tenha dado entrada em 29.03.2007, ou seja, decorrido mais de um ano após a deliberação da respectiva nomeação, nos termos do art. 1435º nº 5 do C.Civil, o administrador mantém-se em funções até ser eleito ou nomeado o seu sucessor.

Da invocada nulidade do processo por ineptidão do requerimento inicial: Cumpre apreciar.

Nos termos do art. 193º do C.P.C., nº 2, diz-se inepta a petição inicial quando falte ou seja, ininteligível a indicação do pedido ou da causa de pedir.

O nº 5 do art. 43º da Lei 78/2001 de 13 de Julho, prevê que o Juiz de Paz convide a parte ao aperfeiçoamento da peça processual em caso de irregularidade formal ou material, no início da audiência de julgamento, o que foi feito.

Face ao requerido aperfeiçoamento, foram devidamente identificados os factos que consubstanciam a causa de pedir, não se verificando, em consequência, a nulidade invocada, por ineptidão do requerimento inicial.

FACTOS PROVADOS

A. A Demandada foi proprietária da fracção designada pelas letras "FFF", sita no Porto.

B. A Demandante é a administradora, por deliberação da assembleia de condóminos realizada em 16.02.2006, do prédio identificado em A. supra, afecto ao regime de propriedade horizontal e descrito na 2ª Conservatória no Registo Predial do Porto, sob o número x.

C. Encontra-se por pagar o remanescente (deduzido o crédito de obras no montante de € 344,38) das prestações de condomínio e do fundo de reserva, bem como, obras no terraço referentes ao período Março de 2006 até ao 3º trimestre de 2006, inclusive, referentes à fracção "FFF", no montante de € 77,02.

D. A assembleia de condóminos realizada em 10.04.2006 deliberou estabelecer a aplicação de penas pecuniárias e despesas com o processo, previstas no regulamento de condomínio, para os condóminos que se atrasam no pagamento das suas contribuições.

E. Foi enviada à Demandada a convocatória para a assembleia de condóminos a realizar em 10/04/2006, assim como a respectiva acta.

F. Foi enviada à Demandada a acta da Assembleia de Condóminos de 16/02/2006.

G. As despesas com o processo ascendem ao montante de € 332,75.

H. As penas pecuniárias ascendem a € 61,60.

FUNDAMENTAÇÃO FÁCTICA

Os factos assentes resultaram da conjugação dos documentos constantes dos autos e do depoimento testemunhal prestado em sede de audiência.

Teve-se em conta o depoimento da testemunha C, funcionária da Administradora de Condomínio, cujo depoimento se revelou isento e credível.

DIREITO

Os presentes autos fundam-se no incumprimento de uma obrigação dos condóminos, enquadrando-se na al. c) do nº 1 do art. 9º da Lei nº 78/2001, de 13 de Julho.

Nos termos do nº 1 do art. 1424º do Código Civil as despesas necessárias à conservação e fruição das partes comuns do edifício e ao pagamento de serviços de interesse comum são pagas pelos condóminos na proporção das suas fracções.

A Demandada foi proprietária da fracção autónoma designada pela letra "FFF" sita no Porto, afecta ao regime da propriedade horizontal e descrita na

Conservatória do Registo Predial do Porto, sob o nº x até .../.../... e, nessa medida, é responsável pelo pagamento das despesas, quer de fruição, quer de conservação, nos termos do citado artigo, até àquela data.

Ora, as prestações peticionadas na presente acção, reportam-se ao mês de Março de 2006, ao 2º trimestre de 2006, ao 3º trimestre de 2006, incluindo o respectivo fundo de reserva ((€ 276,22) e as obras de conservação no montante de € 145, 18, que foram aprovadas na assembleia de condóminos, realizada em 10.04.2006, tendo sido calculada a comparticipação da fracção da Demandada para as despesas comuns do prédio, a qual constitui uma obrigação "propter rem", isto é, uma obrigação que decorre do estatuto da propriedade horizontal, impendendo sobre o respectivo titular. Tais deliberações vinculam a Demandada.

Na mesma assembleia foi deliberado ser criado um crédito em todas as fracções, na sequência de não serem feitas as obras de acordo com o orçamento inicialmente aprovado, o que, no que concerne à Demandada, foi de € 344,38, de acordo com a conta corrente de fls. 30. Assim, a importância em dívida, das supras referidas prestações, deduzida deste crédito ascende a € 77.02.

Pretende o Demandante, que a Demandada seja condenada no pagamento € 632,65, a título de multas regulamentares.

Na assembleia de condóminos realizada em 10 de Abril de 2006, foi aprovado o Regulamento do Condomínio, onde no art. 13º e no que aqui importa considerar, foi estabelecida a penalização mensal de 10% pelo atraso no cumprimento do pagamento das quotas, calculada sobre o montante a liquidar, assim como as despesas, sempre que for intentada acção judicial, com um mínimo de € 275,00, serão suportadas pelo condómino que der causa à acção.

No instituto da propriedade horizontal, nos termos previstos no art. 1433º do C. Civil, é facultado ao condómino um meio próprio para reagir contra deliberações da assembleia. Com efeito, nos termos do nº 1 deste artigo, as deliberações contrárias à lei ou a regulamentos anteriormente aprovados, são anuláveis a requerimento de qualquer condómino que as não tenha aprovado, tendo em conta o prescrito no art. 1434º do citado Código, uma vez que, podendo a assembleia fixar penas pecuniárias para a inobservância das deliberações da assembleia ou das decisões do administrador, tem no entanto a limitação prevista no nº 2 deste artigo: o montante das penas aplicáveis em cada ano nunca excederá a quarta parte do rendimento colectável anual da fracção do infractor.

Não sendo utilizado esse mecanismo de reacção, quando se verificarem os respectivos pressupostos, as deliberações são vinculativas para os condóminos e têm pois, de ser cumpridas.

CASO PRÁTICO

Das penas peticionadas, € 299,90, são a título de atraso no pagamento das alegadas quotizações devidas ao condomínio (conta corrente a fls. 81) e € 332,75, são, a título de despesas com o processo, previstas também no supra citado art. 13º (doc. a fls. 82).

A aplicação de multas pelo atraso no pagamento das quotizações de condomínio, foi deliberada na assembleia realizada em 10.04.2006, que aprovou o regulamento de condomínio, pelo que só a partir dessa data serão vinculativas para os condóminos. Acresce que, nessa mesma assembleia foi deliberado um crédito relativo a obras, conforme já supra referido, no montante de € 344,38, relativamente à Demandada, pelo que, não podem ser peticionadas as penas pelo alegado atraso no pagamento das quotizações, até ao limite deste crédito, pois até então, não se constituiu a Demandada em mora.

Apenas sobre o montante remanescente de € 77.02, relativo à prestação do 3º trimestre de 2006, que deveria ser paga até ao dia 8 do 1º mês do trimestre a que respeita – art. 12º nº 1 do regulamento – Acta de 10.04.2006, da qual foi a Demandada notificada, ou seja, só a partir de 9 de Julho de 2006, se constituiu a Demandada em mora.

Assim sendo, a esta quantia de € 77,02 acresce a respectiva multa de 10% ao mês, o que perfaz a quantia de € 61,60, perfazendo o total de € 138,62.

No que concerne às despesas peticionadas no valor de € 332,75, prevê o regulamento, no seu artigo 13º nº 6, que sejam as mesmas suportadas pelo condómino que a elas der causa, sempre que for intentada acção em tribunal, numa quantia mínima de € 275,00. Ora, quantia mínima, quer dizer, que poderá ser superior, consoante o é, nos presentes autos, em que, à quantia de € 275,00 a título de honorários, acresce o respectivo IVA.

Face ao aperfeiçoamento efectuado, em sede de audiência de julgamento, apenas referindo as prestações até ao 3º trimestre de 2006, fica, obviamente, prejudicado o pedido de que seja a Demandada condenada no pagamento das prestações que se vençam na pendência da acção.

Requereu também o Demandante Condomínio que a Demandada fosse condenada ao pagamento de juros de mora vincendos a partir da citação. Existindo cláusula penal prevista no regulamento do condomínio, a qual se destina precisamente a ressarcir os prejuízos decorrentes da mora, apenas a partir da citação, conforme, aliás peticionado, serão devidos juros de mora, à taxa legal de 4% sobre a quantia em dívida, até efectivo e integral pagamento – art. 805º nº 1, do C.Civil, (Portaria nº 291/2003, de 08.04).

DISPOSITIVO

Pelo exposto e nos termos referidos supra, julgo a presente acção parcialmente procedente e, em consequência, condeno a Demandada B a pagar ao Demandante a quantia de € 471,37 (quatrocentos e setenta e um mil e trinta e sete cêntimos, bem como juros de mora, à taxa legal de 4%, contados desde a data da citação até integral pagamento, absolvendo-a do demais peticionado.

Custas na proporção do decaimento que se fixam em 34% para o Demandante e 66 % para a Demandada – artigos 8º e 9º da Portaria nº 1456/2001, de 28 de Dezembro.

Registe e notifique.

Porto, 21 de Dezembro de 2007.

A Juíza de Paz
(*Cristina Mora Moraes*)

20º Caso Prático
Sala do condomínio/Regulamento

O condomínio *"fechado"* designado por *"Pátio da Xafarika"*, situa-se no nº 11 da Azinhaga dos Alfinetes, freguesia de Marvila, em Lisboa e, compõe-se de 22 moradias geminadas compostas de R/c, 1º andar e garagem; jardim, um parque infantil, uma piscina, dois balneários, um compartimento destinado a arrumos e duas zonas técnicas, integrando dois depósitos de água e zona de bombas e ventilação, court de ténis, 22 arrecadações e, um pequeno edifício destinado a *"sala do condomínio"*.

A *"sala do condomínio"*, com 50 m², encontra-se equipada com diverso material de diversão. Designadamente: televisão, mesa de bilhar, ténis de mesa e matraquilhos.

O Regulamento do Condomínio, prevê a utilização daquele espaço comum durante os dias úteis, no período compreendido entre as 17 horas e as 22 horas e, das 15 horas às 23 horas nos feriados e fins de semanas. Também prevê, a utilização daquele espaço comum para realização das festas de aniversário dos condóminos.

Todavia, em Setembro do ano transacto, verificou-se a realização duma festa de aniversário, sem a presença de qualquer dos proprietários/condóminos. Festa de aniversário, que excedeu – largamente – o período de utilização daquele espaço comum.

Mais tarde, apurou o Administrador do condomínio, ter sido facultada por um dos condóminos e sem prévia autorização da Assembleia de Condóminos, a utilização daquele espaço a terceiros – completamente – alheios aquele condomínio.

Tal situação provocou – desde logo – algum mal-estar entre os restantes condóminos; pugnando alguns, até mesmo, pela necessidade de alteração do próprio Regulamento do Condomínio.

Questão:

Quid Juris?

Resolução:

1. Como é compreensível, o caso em análise implica – desde logo – uma abordagem à temática do Regulamento do Condomínio.

Assim, por força do disposto na alínea *b*) do nº 2 do artigo 1418º do Código Civil, o título constitutivo da propriedade horizontal **pode ainda conter** o *Regulamento do Condomínio*, disciplinando o uso, fruição e conservação, quer das partes comuns, quer das fracções autónomas.

2. Consequentemente, por força do artigo 1419º do Código Civil, a escritura pública de constituição da propriedade horizontal (entenda-se: título constitutivo da propriedade horizontal) só pode ser alterada por outra escritura pública e, desde que, exista **acordo de todos os condóminos**. Ou seja: deliberação por unanimidade da Assembleia de Condóminos.

Nesse caso, compete ao Administrador outorgar a respectiva escritura pública, desde que o acordo conste de Acta assinada por **todos** os condóminos.

3. Num segundo plano, teremos de analisar os casos de edifícios cujo Regulamento não faça parte do título constitutivo (escritura de constituição da propriedade horizontal).

4. Nestes casos, desde que, existam mais de quatro condóminos deve ser elaborado um Regulamento do condomínio disciplinando o uso, a fruição e a conservação das partes comuns, conforme resulta do nº 1 do artigo 1429º-A do Código Civil.

5. Naturalmente, a realização do *Regulamento do Condomínio* compete – sempre – à Assembleia de Condóminos ou, ao *Administrador*, se *aquela* (Assembleia de Condóminos) o não houver elaborado, conforme estipulado no nº 2 do artigo 1429º-A do Código Civil.

6. Nesta ordem de razão, o *Regulamento do Condomínio* deve ser aprovado em conformidade com as maiorias deliberativas (isto é: *quórum* deliberativo) exigíveis legalmente à *Assembleia de Condóminos*. Isto tudo, na mais perfeita sintonia com as diversas matérias que vise regulamentar.

Obviamente, até pode(rá) mesmo conter matérias que não exijam qualquer deliberação por unanimidade.

7. Assim sendo, a pretensão de alguns proprietários/*condóminos* do *"Pátio da Xafarika"*, colhe pleno enquadramento legal.

Efectivamente, o Regulamento do Condomínio pode ser alterado, desde que respeite as respectivas maiorias deliberativas.

21º Caso Prático
Impugnação de deliberações

Em Fevereiro do ano transacto, os proprietários/*condóminos* da fracção *"D"* do edifício sito no nº 11 da Calçada Marquês de Abrantes, freguesia de Santos-o-Velho, em Lisboa, endereçaram uma carta registada ao *Administrador* do referido *condomínio*.

A título meramente exemplificativo, apresentamos de imediato, excerto da aludida carta:

"Assunto: Impugnação de deliberações da Reunião Extraordinária da Assembleia de Condóminos (Acta nº 10). Recusa de Cópia de Documentos e consulta de documentação.

No dia 3 de Janeiro do ano transacto, tomámos conhecimento da convocatória para a realização duma reunião extraordinária da assembleia de condóminos, a realizar dia 12 desse mês, verificando a sua afixação nas partes comuns do prédio e o simples depósito no nosso receptáculo postal.

Porém, salvo melhor opinião, a convocatória não respeita todas as indispensáveis formalidades legais, nomeadamente as exigências do artigo 1432º nº 1 do Código Civil.

A antecedência da convocatória tem por fim proporcionar a todos os condóminos o tempo necessário para se prepararem, em termos pessoais e técnicos, para o exercício dos seus direitos.

O certo é que, conforme determina o artigo 1432º nº 1 do Código Civil a convocatória para a assembleia dos condóminos, deve ser feita a todos dos condóminos – residentes ou não residentes no prédio – com a antecedência mínima de 10 dias, e contando-se essa antecedência de acordo com o disposto nos artigos 279º e 296º do Código Civil, no caso em apreço, não foi observada na referida convocatória, como também não foram regularmente notificados todos os condóminos não residentes.

E, não tendo sido convocados por meio de carta regista, enviada com dez (10) dias de antecedência, nem por qualquer outro meio legalmente previsto, nem sequer sido junto à convocatória qualquer exemplar de "orçamento rectificativo relativo às obras realizadas no edifício", ficámos e ficaram os restantes condóminos, impossibilitados de estar presentes nessa reunião, e completamente privados de podermos tomar posição favorável sobre o assunto a tratar (tanto mais que, já na reunião de 4 de Dezembro do outro ano, já votáramos expressamente contra a realização de quaisquer obras de conservação do telhado do prédio).

Nós, também alertámos para o facto de as deliberações eventualmente tomadas sobre as matérias que não constem expressamente da Ordem de Trabalhos ou da ordem do dia, expressamente indicadas em convocatória serem igualmente inválidas e anuláveis.

Essas irregularidades de convocação da reunião da assembleia de condóminos, determinam a anulabilidade das deliberações nela tomadas, podendo ainda as deliberações serem impugnadas. Tornando assim inúteis a despesa, o tempo e todo o trabalho dispendido.

Mas muito mais grave do que isso tudo, foi ter V. Ex.ª Administrador do Condomínio, ter insistido na manutenção da referida convocatória e realização da Assembleia de Condóminos, foi ter antecipado a data da realização da mesma.

Com efeito, pela mais elementar observação da Acta n.º 10, verifica-se que a referida Assembleia de Condóminos, irregularmente notificada para o dia 12 de Janeiro, a final realizou-se no dia 11 de Janeiro.

E, além do mais, com a presença de somente 6 (seis) condóminos, representando apenas 502,00 %0 do valor total do prédio, incluindo V. Ex.ª Condómino e Administrador.

Condóminos que discutiram e aprovaram, ao "décimo primeiro dia de Janeiro, pelas 21.00 horas" um "orçamento rectificativo relativo às obras realizadas no edifício", "que representou um encargo em relação ao primeiro orçamento mais elevado", sem contudo dizer ou explicar o montante do referido valor, conforme resulta da Acta anterior.

Até parece terem esquecido que dinheiro/património do Condomínio é de todos os condóminos aí residentes, dinheiro/património que igualmente também pertence aos condóminos não regularmente convocados para essa reunião, nem informados dos gastos decididos por decisão de apenas 6 condóminos, incluindo V. Ex.ª, Condómino e, também, Administrador deste Condomínio.

Tal situação, parece mesmo parecer designadamente um manifesto abuso e violação dos princípios da igualdade de confiança. Representa mesmo uma grosseira violação da lei.

E, nem se diga, nem jamais ter sido invocado que se tratasse de uma reparação indispensável nos termos do artigo 1427.º do Código Civil.

Além do mais, a corroborar o que anteriormente foi referido, vem o facto de as "obras de conservação", terem sido aprovadas na última Assembleia com o nosso voto contra e a abstenção doutro condómino.

Seria, descabido V. Ex.ª vir agora por hipótese utilizar esse tipo de argumento.

Na altura votámos contra a realização dessas obras de conservação nas partes comuns, não por as considerarmos desnecessárias, mas porém, por o orçamento da empresa

Sempre&Bem, aprovado na altura por simples maioria conter erros lesivos para este Condomínio no que respeita à aplicação da Taxa do IVA. E, por na nossa opinião existir um outro orçamento muito mais vantajoso a todos os títulos, para os interesses do condomínio.

Assim, fomos recentemente confrontados verbalmente por V. Exª com um facto já consumado. Aumento do custo orçamentado sem qualquer prévia reunião da Assembleia de Condóminos.

Assim, nestes termos decidimos invocando a nossa qualidade de condóminos, a fim de nos possibilitar muito melhor preparar a impugnação das deliberações da referida reunião da assembleia de condóminos realizada no dia 11 de Janeiro, solicitar a V. Exª, Administrador do Condomínio que nos facultasse cópia dos orçamentos para realização das obras de conservação; bem como, informação da data e hora para consulta, na Sala do Condomínio, de toda a documentação do Condomínio relativa ao exercício corrente, designadamente para nos proporcionar o tempo necessário para nos prepararmos, em termos pessoais e técnicos, para o pleno exercício dos n/ direitos impugnatórios e na próxima futura reunião.

Tal pedido, tem sido sistematicamente negado por V. Exª sem qualquer tipo de justificação ou qualquer fundamento legal.

E bem sabe, a Administração desse condomínio (Administrador e Assembleia de Condóminos) que sempre fomos elementos colaborantes e temos pugnado pela correcta gestão e administração do condomínio. No entanto, não podemos continuar a pactuar com pretensos e autênticos atropelos da legalidade exigível, nem com decisões ou deliberações arbitrárias, obscuras, tendenciosas, pouco e manifestamente transparentes, tendencialmente favoráveis à parte em detrimento ou prejuízo do todo.

Assim, para a realização de qualquer hipotético acréscimo nas obras de conservação, é fundamental, impunha-se e impõe-se, no mais estrito cumprimento da lei, dos procedimentos e trâmites legais, a que a lei obriga para que se possam movimentar dinheiros do condomínio, de todos os condóminos, estando assim legalmente vedado à Administração do condomínio exorbitar as suas próprias funções, deliberar ou decidir contra quaisquer normas legais.

Nestes termos, solicitamos a V. Exª Administrador do Condomínio a convocação de uma assembleia extraordinária a ter lugar no prazo de 20 dias, para renovação das deliberações da Assembleia de condóminos inválidas ou ineficazes.

Caso V. Exª, na qualidade de Administrador do Condomínio, assim não entenda, não promovendo os trâmites indispensáveis à realização da referida reunião da assembleia extraordinária para revogação das deliberações da assembleia dos condóminos inválidas e ineficazes, nomeadamente as consignadas na Acta, iremos propor contra o condomínio e o administrador que aprovaram a deliberação, o competente e respectivo procedimento judicial, nomeadamente, a acção judicial de anulação de deliberação de assembleia de condóminos, por violação da lei, bem como o correspondente e respectivo pedido indemnizatório.”

Questão:

Quid juris?

Resolução:

1. Nunca será por demais despiciendo, (re)lembrar o disposto no nº 1 do artigo 1432º do Código Civil.

2. Neste mesmo enquadramento legal, devem ser observadas todas e quaisquer regras constantes no artigo 279º do Código Civil.

Assim, em termos práticos, para efeitos de contagem desse prazo de 10 (dez) dias, consideramos não dever ser contabilizado nem o dia da recepção; nem sequer, o próprio dia em que a assembleia se realiza.

3. Importa ainda salientar, as deliberações da assembleia de condóminos contrárias à lei ou a qualquer regulamento anteriormente aprovados, podem ser anuláveis a requerimento de qualquer dos condóminos que as não tenha aprovado (nº 1 do artigo 1433º do Código Civil).

4. Nestes termos os condóminos dispõem do prazo de 10 dias (presentes e/ou contados a partir da respectiva comunicação para os ausentes) para exigirem ao administrador a convocação de uma assembleia extraordinário no prazo de 20 dias, para efectiva e regular renovação das deliberações inválidas ou ineficazes.

5. Nada inviabiliza a sujeição de qualquer deliberação a um centro de arbitragem; desde que, o efectue num prazo de 30 dias.

6. O direito a propor qualquer acção de anulação caduca: a) no prazo de 20 dias sobre a deliberação da assembleia extraordinária; b) 60 dias sobre a data da deliberação.

7. Em face do exposto, também pode ser requerida a suspensão das deliberações nos termos da lei de processo.

Doutrina e Jurisprudência

"Em síntese, entendemos que entre a data da recepção da convocação, seja por correio registado, seja mediante entregue em mão, e a data da realização da assembleia geral devem mediar, pelo menos, 10 dias completos de calendário, em cuja contagem não se inclui nem o dia da recepção, nem aquele em que a assembleia se realiza; assim, se a convocatória foi recepcionada em 5, a assembleia não pode ter lugar antes de 16".[50]

---

[50] In Manual da Propriedade Horizontal, Abílio Neto, Ediforum, 3ª Edição, Outubro 2006, pág. 333.

CASO PRÁTICO

"O exercício do direito de impugnação de deliberações da assembleia de condóminos pressupõe e obriga a percorrer um longo caminho judicial, necessariamente moroso. Dessa morosidade resulta o risco de as deliberações se irem desde logo executando, criando direitos e obrigações que o ulterior decretamento da anulabilidade não apaga em toda a sua extensão, daí podendo resultar prejuízos para os condóminos discordantes.

Para obviar a esse inconveniente, o nº 5 deste art. 1433º permite que seja requerida a suspensão das deliberações nos termos da lei de processo (arts. 396º e 398º do CPC). Assim, o condómino que não tenha aprovado, expressa ou tacitamente, as deliberações pode lançar mão do mencionado procedimento cautelar, para o que terá de o requerer nos dez dias imediatos à realização da assembleia em que as deliberações foram tomadas, ou, se não tiver sido regularmente convocado para a assembleia, terá de agir nos dez dias seguintes àquele em que teve conhecimento das deliberações.

O requerente deve instruir a petição com cópia da acta ou solicitar a sua junção, sob cominação de ineficácia da contestação."[51]

"I – A anulabilidade de deliberação da assembleia de condóminos, por falta de convocatória de um dos condóminos, pode ser sanada por confirmação (declaração da pessoa a quem compete o direito de pedir a anulação) e não por renovação (repetição da deliberação) em que não interveio aquele condómino.

II – O disposto no art. 62 do Cód. Soc. Comerciais (renovação de deliberação social) não é aplicável no domínio do direito civil." (Ac. RP, de 26.4.2001: JTRP000028286.ITIJ.Net).

"Não tendo o condómino impugnado tempestivamente a deliberação da assembleia de condóminos que fixou o montante das prestações suplementares e as quotas do condomínio, não pode, mais tarde, pôr em causa essa deliberação como forma de se subtrair ao pagamento das obrigações que da mesma resultam." (Ac. RL., de 115.1995: JTRL00023174.ITIJ.Net).

"I – Havendo condóminos ausentes da assembleia, as deliberações tomadas têm de lhes ser comunicadas nos termos do art. 1432º, nº 6, do Cód. Civil.

II – O direito de propor a acção de anulação, não tendo havido assembleia extraordinária, caduca no prazo de 20 dias contados da deliberação, quanto aos condóminos presentes, e contados da data em que a deliberação lhes foi comunicada, quanto aos ausentes." (Ac. STJ, de 211.2003: CJ/STJ, 2003, 1º-36).

---

[51] In Manual da Propriedade Horizontal, Abílio Neto, Ediforum, 3ª Edição, Outubro 2006, págs. 349 e 350.

22º Caso Prático
Danos na garagem / arrendatário

Alguns *condóminos* do edifício sito no nº 18 da Rua D. Filipa de Vilhena, freguesia de São João de Deus, em Lisboa, apresentaram em Agosto do ano transacto, nas instalações da *"MasterCondominium – Administração de Condóminos, SA"*, uma reclamação pelos diversos incidentes registados na garagem do referido *condomínio*.

Na realidade, ao longo dos últimos meses, a generalidade dos proprietários/ /*condóminos* têm registado profundas danificações na pintura das respectivas viaturas. Desconhecendo, em concreto, a própria origem de todos esses danos.

Na sequência da reclamação apresentada, a *"MasterCondominium – Administração de Condóminos, SA"*, procedeu de imediato, a uma rigorosa inspecção à garagem do aludido *condomínio*. Porém, nunca foram detectadas quaisquer anomalias que pudessem justificar tais danos nos veículos automóveis dos proprietários/*condóminos*.

Com efeito, tanto o tecto da referida garagem, quer até mesmo as próprias paredes, encontram-se em perfeitas condições.

Todavia, em Setembro do mesmo ano, os funcionários da *"Master Condominium – Administração de Condóminos, SA"*, aquando da realização de uma limpeza à garagem desse *condomínio*, presenciaram uma situação absolutamente invulgar.

A verdade é que, um dos *residentes (arrendatário)* naquele *condomínio* encontrava-se em tronco nu, ajoelhado mesmo no centro da garagem com um livro e três velas acesas; espalhando água e sal pelo seu corpo. De seguida, esse mesmo *residente (arrendatário)* levantou-se e atirou água e algumas quantidades de sal em todas as direcções da garagem.

Porém, face à presença dos funcionários da *"MasterCondominium – Administração de Condóminos, SA"*, o referido *residente (arrendatário)* rapidamente recolheu todos os seus objectos e abandonou apressadamente aquele local.

Ao ser interpelado, pelos funcionários da *"MasterCondominium – Administração de Condóminos*, SA" apenas referiu encontrar-se a cumprir um pequeno ritual.

Questão:

Quid juris?

Resolução:

1. Logo à partida, em termos gerais – *subjectivamente* – o *condomínio* (obviamente, entendido como entidade equiparada a pessoa colectiva), deverá ser responsável por quaisquer danos ocorridos na pintura dos veículos.

2. Por outro lado, atendendo ao comportamento presenciado pelos funcionários da firma de Administração de Condomínios, poderemos estar na presença de um manifesto crime de dano.

3. Assim sendo, na eventualidade de avançarmos para esse quadro jurídico-legal, revelar-se-ia imperativa a futura demonstração de um profundo *nexo de causalidade*, entre o ritual presenciado pelos funcionários da firma de Administração do Condomínio e, os danos registados nos diversos veículos.

4. Consequentemente, a comprovarem-se judicialmente tais factos, deverá esse *residente* (neste caso concreto: *arrendatário*), ressarcir todos os *condóminos* lesados, pelos eventuais danos causados nos respectivos veículos.

5. Num segundo plano, não poderemos deixar de efectuar uma breve referência no que tange às designadas relações *condominiais*. Nomeadamente: *arrendatário* e proprietário/*condómino* ou, até mesmo: *arrendatário* e *condomínio*.

6. À cabeça, observe-se – desde logo –, todo um *dever de informação*, dos proprietários/*condóminos* não residentes, relativamente ao seu efectivo e legal domicílio, conforme consta do disposto no nº 9 do artigo 1432º do Código Civil.

7. Por outro lado, *"é aconselhável que senhorio e arrendatário incluam no documento escrito que formaliza o contrato de arrendamento uma cláusula sobre encargos e despesas ou que, pelo menos, o acordo sobre essa matéria seja reduzido a escrito em documento autónomo, para maior segurança e responsabilização das partes"*.[52]

---

[52] In Arrendamento Urbano – Novo Regime Anotado e Legislação Complementar, Laurinda Gemas, Albertina Pedroso, João Caldeira Jorge, Quid Juris, 3ª Edição, pág. 356 (anotação ao artigo 1078º do Código Civil).

CASO PRÁTICO

8. Consequentemente, assiste ao *senhorio* e/ou – eventualmente – ao *arrendatário* um *dever de informação*, perante o *Administrador do Condomínio*, quanto à liquidação das despesas correntes necessárias à fruição das partes comuns do edifício e ao pagamento de serviços de interesse comum.

23º Caso Prático
Administração: divisão ou união?

Em Fevereiro do ano transacto, a construtora *"Construir-a-Direito"*, deu por concluída a construção do edifício *"Torres Gémeas das Avenidas Novas"*, sito no nºs 11 a 13 da Av. da República, em Lisboa.

Conforme consta da escritura de constituição da propriedade horizontal:

"A representada é dona e legítima possuidora do seguinte prédio:

Urbano, composto de edifício de duas torres de sete pisos, constituídas por, parque de estacionamento comum, primeiro, segundo, terceiro, quarto, quinto, sexto e sétimo andares, comportando trinta e duas fracções, destinadas a comércio e serviços e habitação, com área coberta de ...

(...) que, reunindo o referido prédio os requisitos legais para nele ser instituído o regime da propriedade horizontal, pela presente escritura, o institui com trinta e duas fracções, independentes, distintas e isoladas entre si e aptas para esse fim e que se encontram identificadas num documento complementar, elaborado nos termos do número 2 do artigo 64º do Código do Notariado, que arquivo e fica a fazer parte integrante desta escritura, e que ele outorgante tem perfeito conhecimento, pelo que dispensa a sua leitura."

Em Abril do mesmo ano, a *"Housekeeper"* – Administração de Condomínios, Ldª, apresentou à *"Construir-a-Direito"* uma proposta para futura administração do referido edifício. Todavia, tal proposta nunca obteve qualquer acolhimento; nem por parte da construtora, nem sequer por parte da generalidade dos condóminos.

Já, em Setembro passado, os condóminos da Torre 2 – nº 13 – deliberaram em Assembleia, celebrar um contrato de prestação de serviços com a firma *"Butler's Condominum"*, para administração exclusiva daquele bloco.

Questão:

Quid juris?

Resolução:

1. Eis uma questão cada vez mais pertinente, mas a que muito poucos têm dado a devida atenção, e uma resposta cabal.

A questão que ora se coloca, prende-se – essencialmente – com a administração do edifício em causa.

2. Para analisarmos, correctamente, a questão que aqui se coloca é inevitável fazer-se um breve enquadramento do *instituto* da propriedade horizontal.

3. Como já sabemos, só podem ser objecto do regime da *"propriedade horizontal as fracções autónomas que, além de constituírem unidades independentes, sejam distintas e isoladas entre si, com saída própria para uma parte comum do prédio ou para a via pública."* (cfr. artigo 1415º do Código Civil".

4. Posto isto! Uma vez efectuado este ligeiro enquadramento, parece-nos absolutamente oportuno, debruçarmo-nos no *espírito* do próprio artigo 1438º-A do Código Civil.

Com efeito, o aludido artigo foi aditado ao regime da propriedade horizontal por via do Decreto-Lei nº 267/94, de 25 de Outubro.

Na realidade, este novo artigo veio alargar todo o âmbito de incidência deste *instituto*, de forma a submeter ao respectivo regime conjuntos de edifícios, desde que, se demonstre devidamente salvaguardada a respectiva interdependência das respectivas fracções autónomas e, a dependência funcional das *partes comuns*.

5. Uma vez consultado o título constitutivo da propriedade horizontal, verificamos encontrarmo-nos na presença de um edifício composto por uma garagem comum a dois blocos.

6. Logo, por maioria de razão, o mais natural e aconselhável, seria mesmo, a existência duma única administração para esses dois blocos e garagem.

7. Todavia, frequentemente, alguns condóminos preconizam uma administração distinta. Como argumento primeiro, invocam a existência de contadores (água, luz, entre outros) distintos. Depois, invocam naturalmente o facto dos próprios edifícios também serem distintos.

8. Por outro lado – também – algumas firmas de administração de condomínios são as primeiras a adoptar esta medida. Afinal, qualquer firma visa o lucro e, consequentemente, atingir um maior número de quotas de mercado.

9. Ora, de tudo quanto precede, a escolha duma firma para administração duma dessas *"torres"*, enquadra-se – perfeitamente – nesta autonomia da vontade dos condóminos. Nada na legislação, impede esta deliberação dos condóminos da torre 2.

Doutrina e Jurisprudência

"*Só pode haver um condomínio relativamente a todos os blocos – integrantes de um só prédio – cuja separação não resulta com nitidez do título de constituição da propriedade horizontal.*" (Acórdão da Relação do Porto, de 24.02.2005, Colectânea de Jurisprudência, 2005, Tomo I, pág. 196).

24º Caso Prático
Obras nas partes comuns

O edifício sito na Av. Elias Garcia, nºs 69, 71, 73 e 75, em Lisboa, apresenta, desde alguns anos a esta parte, profundas deficiências nas escadas, cobertura e fachada.

Saliente-se, o edifício em questão datar de Agosto de 1959, e nos últimos trinta anos, nunca ter sido alvo de qualquer tipo de obras de conservação.

A este propósito, o *Administrador* deste *condomínio*, sempre encetou diversas diligências junto dos proprietários/*condóminos* no sentido evitar a progressiva degradação do edifício.

Infelizmente, sem sucesso algum!... Umas vezes por absoluta falta de "*quórum*" nas respectivas Assembleias de condóminos; noutras, por manifesta insuficiência económica, quer do *condomínio*, quer mesmo dos proprietários/ /*condóminos*.

Ademais, ainda na última assembleia de condóminos, realizada dia 1 de Maio do ano transacto, o *Administrador* apresentou três orçamentos para colmatar as deficiências existentes no *condomínio*.

Contudo, mais uma vez, nenhum dos orçamentos foi aprovado.

Em Novembro do ano transacto, na sequência de chuvas intensas e ventos fortes que se fizeram sentir, ocorreu o desabamento de uma parte do telhado e das escadas de serviço. Simultaneamente, a queda de parte de uma varanda na via pública. Na sequência deste acidente, compareceram diversas entidades: bombeiros, polícia municipal e protecção civil.

Atendendo às más condições do edifício, a generalidade dos proprietários/ /condóminos abandonaram o edifício.

Em Dezembro do ano transacto, o *Administrador* convocou os condóminos para uma Assembleia Extraordinária de Condóminos. Ponto único da "*Ordem de Trabalhos*": realização de obras de conservação.

Porém, revelou-se impossível a realização da referida Assembleia de Condóminos por manifesta falta de *"quórum"*.
No decorrer do presente ano, foi afixada na porta do edifício um Edital.

CÂMARA MUNICIPAL DE LISBOA

DIRECÇÃO MUNICIPAL DE CONSERVAÇÃO E REABILITAÇÃO URBANA
Unidade Projecto do Parque Mayer/Grupo de Trabalho do Eixo Central e Av. Almirante Reis

EDITAL/81/x/DMCRU
Conservação – despejo – intimação – notificação – sem audiência prévia

1. Por solicitação do Serviço de Protecção Civil, em 22 de Dezembro de xxxx, foi realizada uma vistoria ao edifício sito na Av. Elias Garcia, n°s 69, 71, 73 e 75, a qual foi ratificada por despacho do Exmo. Senhor Vereador de xx/xx/xxxx, tendo-se constatado, de acordo com o auto de vistoria (Parecer 123/xx):

– a necessidade de executar obras de conservação, para correcção das deficiências descritas;
– a necessidade de despejar de imediato o espaço comercial n° 71.

2. Na sequência da referida vistoria, foi determinado intimar os proprietários do imóvel para:

– executarem as obras necessárias à correcção das deficiências descritas nos pontos n°s 4.2 a 5 do auto de vistoria, com o prazo de 2 dias úteis para o seu início e com o prazo de 60 dias úteis para a sua conclusão;
– despejarem de imediato os fogos referidos no ponto 1. da presente notificação, devendo o despejo manter-se até que sejam executadas as obras necessárias a eliminar as condições de insegurança descritas no auto de vistoria;

3. A decisão constante no presente Edital foi proferida por despacho do Senhor Vereador xxxx, de xx/xx/xxxx, exarado na informação n° 123/xx/DMCRU, com base nos seguintes fundamentos:

– no artigo 64° n° 5 al. *c*) da Lei n° 169/99 de 18/09, que comete à câmara competência para ordenar, precedendo vistoria, a beneficiação de construções que ameacem ruína ou constituam perigo para a segurança das pessoas;

– no artigo 89º nº 2 do Decreto-Lei nº 555/99, de 16/12, que comete à câmara competência para determinar a execução de obras de conservação necessárias à correcção de más condições de segurança ou salubridade;

– nos artigos 68º nº 2 al. *n*) da Lei 169/99, de 18/09 e 92º do Decreto-Lei nº 555/99, de 16/12, que cometem ao presidente da câmara competência para ordenar o despejo dos prédios ou parte dos prédios, cuja reparação ou beneficiação tenha sido determinada;

– na delegação e subdelegação de competências, efectuadas por Sua Exª o Presidente da Câmara, concretizadas no Despacho 456/P/xxxx publicado no Boletim Municipal nº 789, de 00/00/xxxx;

4. Atendendo à urgência na actuação dos procedimentos, com vista à salvaguarda de valores e interesses de ordem pública, com a salubridade e a segurança das pessoas:

– não houve lugar à audiência prévia dos interessados, de acordo com o artigo 103º nº 1 al. *a*) do Código do Procedimento Administrativo, aprovado pelo Decreto-Lei nº 442/91 de 15/11

– foi preterida a notificação prévia de vistoria e todos os procedimentos previstos no artigo 90º do Decreto-Lei nº 555/99, de 16/12, de acordo com o nº 7 do mesmo artigo.

5. Deverão, ainda, os proprietários executar as restantes obras necessárias para manter o edifício em bom estado de conservação, de modo a dar cumprimento ao dever estatuído no artigo 89º nº 1 do Decreto-Lei nº 555/99, de 16/12. Em conformidade com o disposto neste artigo, a edificação atrás identificada deveria ter sido objecto de obras de conservação pelo menos em cada período de oito anos, resultando o seu incumprimento directamente da lei (Saliente-se que o diploma anteriormente em vigor – Regulamento Geral das Edificações Urbanas – Decreto-Lei nº 38 832, de 7/8/51, já estabelecia no seu artigo 9º a mesma obrigatoriedade).

6. Para a execução das obras os proprietários do imóvel terão de:

– apresentar termo de responsabilidade do técnico responsável pelas obras;

– apresentar declaração da empresa que executará as obras, anexando fotocópia do certificado de classificação ou do título de registo emitido pelo INCI.IP;

– comunicar ao Grupo de Trabalho do Eixo Central e Avenida Almirante de Reis;

– executar as obras sem alterar o projecto aprovado;

– proceder à remoção e transporte a vazadouro de todo o entulho, de modo a deixar o local limpo;
– no caso de ser necessário ocupar a via pública, levantar a respectiva licença nos serviços de atendimento;
– manter no local da obra o livro de obra e o plano de segurança e saúde;

7. Caso os proprietários do imóvel:

– não cumpram no prazo estabelecido, o determinado no presente Edital, será instaurado processo de contra-ordenação, nos termos do artigo 98º nº 1 al. *s*) do Decreto-Lei nº 555/99, de 16/12;
– não dêem execução no prazo estipulado às necessárias obras, a câmara poderá tomar posse administrativa do imóvel para executar as obras coercivamente;
– não dêem cumprimento, no prazo estipulado, ao despejo ora notificado, a poderá a Câmara Municipal vir a executá-lo coercivamente;
– foi enviado ofício de notificação, aos ocupantes do fogo já referido no ponto 1., para procederem ao despejo imediato.

8. Informa-se, ainda, que:

– Enquanto por motivos alheios ao Município, não forem iniciadas as obras de conservação que venham a ser eventualmente determinadas, a taxa de imposto Municipal sobre Imóveis (IMI) será majorada em 30% ao abrigo do disposto no nº 8 do artigo 112º do Código de Imposto Municipal sobre Imóveis e na Deliberação nº 95/AM/2009, publicada no 2º Suplemento ao Boletim Municipal nº 823, de 2009/11/26;
– O valor da taxa de Imposto Municipal sobre Imóveis Reabilitados e em Reabilitação que não estejam localizados na área de aplicação do Regime Extraordinário de Apoio à Reabilitação (REARU) será minorada em 20%, tendo em conta o disposto no nº 6 do artigo 112º do Código do Imposto Municipal sobre Imóveis e na Deliberação nº 95/AM/2009
– Os prédios urbanos objecto de reabilitação urbana são passíveis de isenção de Imposto Municipal sobre Imóveis (IMI) pelo período de 2 anos nos termos do disposto no artigo 45º do Estatuto dos Benefícios Fiscais;
As empreitadas de reabilitação urbana, tal como definido em diploma específico, realizadas em imóveis localizados em áreas de reabilitação urbana (áreas criticas de recuperação e reconversão urbana, zonas de intervenção das sociedade de reabilitação urbana e outras) delimitadas nos termos legais, ficam sujeitas a taxa reduzida de IVA, nos termos do artigo 76º da Lei nº 64-A/2008,

CASO PRÁTICO

de 31/12, que aprovou o Orçamento de Estado para 2009 e procedeu à alteração à lista I anexa ao Código do IVA.

Lisboa, 31, de Janeiro de 201x.

Questão:

a) Tendo em consideração, os factos ora relatados, pronuncie-se quanto aos *deveres* do *Administrador*.
b) Analise as consequências da falta de obras de conservação no edifício.

Resolução:

1. O artigo 1436º do Código Civil, apresenta uma enumeração meramente exemplificativa das funções do *Administrador*.

2. De todo o modo, constatamos alguma preocupação por parte do Administrador relativamente à progressiva degradação do edifício, alertando sistemática e frequentemente os proprietários/*condóminos*.

3. Por sua vez, para aplicação dos artigos 9º, 10º, 12º e 165º do Regulamento Geral das Edificações Urbanas, revela-se suficiente a *"notificação do administrador do condomínio"*, conforme resulta do disposto no artigo 11º do Decreto-Lei nº 268/94, de 25 de Outubro.

4. Aliás, já o artigo 9ºdo *"RGEU"* (Regulamento Geral das Edificações e Urbanizações), na sua primitiva redacção, previa o *"dever de conservação"* das edificações *"pelo menos uma vez em cada período de oito anos, com o fim de remediar as deficiências provenientes do seu uso normal e as manter em boas condições de utilização..."* Entendimento, que ainda hoje subsiste no ordenamento jurídico, como resulta do disposto no nº 1 do artigo 89º do*"RJUE"* – **Regime Jurídico da Urbanização e da Edificação** (Decreto Lei nº 555/99, de 16 de Dezembro), ao referir: *"as edificações devem ser objecto de obras de conservação pelo menos uma vez em cada período de oito anos, devendo o proprietário independentemente desse prazo, realizar todas as obras necessárias à manutenção da sua segurança, salubridade e arranjo estético"*.

5. Além do exposto, o próprio artigo 89º-A do *"RJUE"* – **Regime Jurídico da Urbanização e da Edificação**, vem mesmo estabelecer uma manifesta *"proibição de deterioração"*. Mas, numa dupla vertente. Ou seja: quer por via de *"falta de segurança ou salubridade"* do edifício; quer mesmo, por – eventualmente – *"prejudicar o seu arranjo estético"*.

6. A todos estes factores, acresce o nº 2 do artigo 89º do *"RJUE"* – **Regime Jurídico da Urbanização e da Edificação** ao salientar a câmara municipal competente poder *"determinar a execução de obras de conservação necessárias à correcção de más condições de segurança ou de salubridade ou à melhoria do arranjo estético"*.

CONDOMÍNIO – CASOS RESOLVIDOS, LEGISLAÇÃO E JURISPRUDÊNCIA

7. Uma vez estipulado um prazo para realização de obras, a não conclusão, implicará uma contra ordenação com coima graduada entre os € 500 até ao máximo de € 100 000, no caso de pessoa singular, e de € 1 500 até € 250 000, no caso de pessoa colectiva (nº 4 do artigo 98,º do "*RJUE*)".

8. Nalgumas circunstâncias, a câmara pode, ainda, "*ordenar a demolição total ou parcial das construções que ameacem ruína ou ofereçam perigo para a saúde pública e para a segurança das pessoas*" (nº 3 do artigo 89º do "*RJUE*").

9. E, até mesmo em última instância, a "*câmara municipal pode ordenar o despejo sumário dos prédios ou parte de prédios nos quais haja de realizar-se as obras referidas nos nºs 2 e3 do artigo 89º sempre que tal se mostre necessário à execução das mesmas*", conforme resulta do disposto no nº 1 do artigo 92º do "*RJUE*".

Doutrina e Jurisprudência

"*3. Nesta nova versão, acresce ainda, às câmaras municipais, muito para além das habituais obras – necessárias à correcção de más condições de segurança ou de salubridade –, a faculdade em intervirem para efeitos de melhoria do arranjo estético.*"[53]

"*O campo de aplicação do actual nº 1 do artigo 89º é, assim, idêntico ao estatuído no artigo 9º do RGEU, já que igualmente estabelece que as edificações devem ser objecto obras de conservação, pelo menos uma vez em cada período de 8 anos. Mas diferentemente do que acontecia com a versão inicial deste artigo, as alterações introduzidas pela Lei 60/2007 vieram consagrar uma obrigação genérica de efectuar obras necessárias à segurança e salubridade, independentemente do prazo de 8 anos. Acresce ainda que o dever de conservação do nº 1 do artigo 89º, abrange também aspectos estéticos dos edifícios e não apenas as questões de segurança e salubridade.*"[54]

"*São obras de conservação extraordinárias, previstas no nº 3 do artigo 11º e reguladas no artigo 13º do RAU as destinadas à recuperação de construção degradada, entes, em tempo útil, não exigidas, e necessariamente de custo avultado, desproporcionado ao rendimento obtido.*" Acórdão do Supremo Tribunal de Justiça, Processo nº 4B3903, Relator: Oliveira Bastos.

"*As obras de conservação ordinária – entre outras, as aludidas no artigo 89º do DL 555/99, de 16/12, que aprovou, o Regime Jurídico da Urbanização e da Edificação – que o art. 12º RAU põe a cargo do senhorio, destinam-se, consoante a alínea c) do nº 2 do artigo 11º RAU, a obviar as deficiências resultantes do uso normal do imóvel e a mantê-lo no bom*

---

[53] In RJUE – Regime Jurídico da Urbanização e da Edificação, Francisco Cabral Metello, Almedina, Outubro 2008, pág. 167.

[54] In Regime Jurídico da Urbanização e da Edificação, João Pereira Reis, Margarida Loureiro, Rui Pereira Lima, 3ª Edição Revista e Actualizada, Almedina, Outubro 2008, pág. 258 (anotação ao artigo 89º).

estado presumido, ao tempo da entrega, pelo nº 2 do artigo 1043º C. Civil." Acórdão do Supremo Tribunal de Justiça, Processo nº 4B3903, Relator: Oliveira Bastos.

"*I – O que releva é o uso que cada condómino pode fazer das partes comuns, medido em princípio pelo valor relativo da sua fracção e não o uso que efectivamente se faça delas; a responsabilidade das despesas de conservação subsistirá mesmo em relação àqueles condóminos que, podendo fazê-lo, não utilizem (por si ou por intermédio de outrem) as respectivas fracções e se não sirvam, por conseguinte, das partes comuns do prédio.*

II – Se uma "sala do condomínio" e uma "arrecadação geral" do edifício – partes comuns – se localizam no 11º piso do prédio, apenas aí sendo possível aceder através das escadas e dos ascensores do imóvel – também partes comuns – há que concluir, segundo um critério aferidor de carácter objectivo – o único legalmente definidor da situação – ser manifesta a susceptibilidade (abstracta) de as diversas fracções poderem ser servidas pelas referidas partes e equipamentos comuns.

III – Não se pode considerar isento de responsabilidade pelos encargos relativos às partes comuns, qualquer condómino cuja fracção esteja objectivamente em condições de ser servida por essas partes ou equipamentos comuns.

IV – Apenas poderão ficar isentos de contribuir para as despesas de manutenção e conservação dos elevadores os condóminos cujas fracções não são (nem podem ser) servidas por eles como os rés-do-chão, a menos que possuam algum arrumo no último piso ou na cave (neste incluída uma garagem ou um lugar no aparcamento) no caso desta também ser servida por elevador, ou se houver no último piso um terraço, sala de reuniões ou de convívio que possa ser usada por todos os condóminos.

V – É possível instituir, por acordo majoritário da assembleia de condóminos, um critério equitativo/proporcional de repartição de despesas distinto do da proporcionalidade (permilagem) do valor das respectivas fracções, quiçá em função da regularidade ou da intensidade da utilização das partes ou equipamentos comuns." (Acórdão do Supremo Tribunal de Justiça, de 24.02.2005, Colectânea de Jurisprudência, Acórdãos do Supremo Tribunal de Justiça, 2005, Tomo I, pág. 95).

25º Caso Prático
Falta de "quórum" / instalação videovigilância

À data e hora (1 de Maio, 20.00 horas) agendada, para a Assembleia de Condóminos do edifício sito no nº 15 da Rua do Penedo da Saudade, 3000-331 Coimbra, freguesia de Sé Nova, encontravam-se presentes o *Administrador* (Sr. Joaquim José Rolão) e 4 (quatro) proprietários/*condóminos*.

A assembleia tinha como único ponto da "*Ordem de Trabalhos*": "instalação equipamento videovigilância".

Uma vez conferida a "*Lista de Presenças*", constatou o *Administrador* (Sr. Joaquim José Rolão) não existir "*quórum*" deliberativo suficiente para prosseguir a "*Ordem de Trabalhos*" da aludida Assembleia de Condóminos.

Assim, o Sr. Joaquim José Rolão teve oportunidade em esclarecer os proprietários/*condóminos* presentes, quanto à necessidade de convocar/agendar uma nova Assembleia.

Isto porquanto, a instalação de equipamento de videovigilância implicar a autorização de todos os proprietários/*condóminos*.

Nestas circunstâncias, o Administrador lavrou a respectiva e competente Acta, que foi assinada pelos proprietários/*condóminos* presentes.

Questão:

Neste caso, importa analisar o funcionamento da Assembleia, e consequentes trâmites legais.

Resolução:

1. Conforme resulta do disposto no nº 3 do artigo 1432º do Código Civil, as deliberações são tomadas por "**maioria dos votos representativos do capital investido**".

2. Excepcionalmente, as deliberações até podem ser aprovadas por "**um quarto do valor total do prédio**" (nº 4 do artigo 1432º do Código Civil).

Quer isto dizer, por outras palavras: "*se não comparecer o número de condóminos suficiente para se obter vencimento e na convocatória não tiver sido desde logo fixada outra data, considera-se convocada nova reunião para uma semana depois, na mesma hora e local, podendo neste caso a assembleia deliberar por maioria de votos dos condóminos presentes ...*".

3. Porém, em sentido absolutamente contrário, algumas deliberações até carecem de um "*quórum*" deliberativo superior (v.g.: inovações, alteração do título constitutivo, etc...).

4. Muito embora, não se registar "*quórum*" deliberativo necessário; nada inviabiliza a regular e competente elaboração da respectiva Acta. Aliás, "*são obrigatoriamente lavradas actas das assembleias de condóminos, redigidas e assinadas por quem nelas tenha servido de presidente e subscritas por todos os condóminos que nelas tenham participado*" (nº 1 do artigo 1º do Decreto-Lei nº 268/94, de 25 de Outubro).

5. Na verdade, a "*CNPD*" – **Comissão Nacional de Protecção de Dados**, exige a autorização de ***todos*** os proprietários/*condóminos* para a instalação de equipamentos de vídeovigilância.

Contudo, a "*CNPD*" não especifica a *forma* de obtenção dessa autorização. Assim pode muito bem ser obtida em assembleia de Condóminos e/ou, por via de um documento assinado por todos os proprietários/condóminos.

LEGISLAÇÃO

CÓDIGO CIVIL

LIVRO III
DIREITO DAS COISAS

TÍTULO II
Do direito de propriedade

Capítulo VI
Propriedade horizontal

Secção I
Disposições gerais

Artigo 1414º – (Princípio Geral)

As fracções de que um edifício se compõe, em condições de constituírem unidades independentes, podem pertencer a proprietários diversos em regime de propriedade horizontal.

Artigo 1415º – (Objecto)

Só podem ser objecto de propriedade horizontal as fracções autónomas que, além de constituírem unidades independentes, sejam distintas e isoladas entre si, com saída própria para uma parte comum do prédio ou para a via pública.

Artigo 1416º – (Falta de requisitos legais)

1. A falta de requisitos legalmente exigidos importa a nulidade do título constitutivo da propriedade horizontal e a sujeição do prédio ao regime da

compropriedade, pela atribuição a cada consorte da quota que lhe tiver sido fixada nos termos do artigo 1418º ou, na falta de fixação, da quota correspondente ao valor relativo da sua fracção.

2. Têm legitimidade para arguir a nulidade do título os condóminos, e também o Ministério Público sobre participação da entidade pública a quem caiba a aprovação ou fiscalização das construções.

Secção II
Constituição

Artigo 1417º – (Princípio geral)

1. A propriedade horizontal pode ser constituída por negócio jurídico, usucapião, decisão administrativa ou decisão judicial, proferida em acção de divisão de coisa comum ou em processo de inventário.

2. A constituição da propriedade horizontal por decisão judicial pode ter lugar a requerimento de qualquer consorte, desde que no caso se verifique os requisitos exigidos pelo artigo 1415º.

O nº 1 tem a redacção dada pela Lei nº 6/6006, de 27 de Fevereiro (NRAU – Novo Regime do Arrendamento Urbano).

Artigo 1418º – (Individualização das fracções)

1. No título constitutivo serão especificadas as partes do edifício correspondentes às várias fracções, por forma que estas fiquem devidamente individualizadas, e será fixado o valor relativo de cada fracção, expresso em percentagem ou permilagem do valor total do prédio.

2. Além das especificidades constantes do número anterior, o título constitutivo pode ainda conter, designadamente:

a) Menção do fim a que se destina cada fracção ou parte comum;

b) Regulamento do condomínio, disciplinando o uso, fruição e conservação, quer das partes comuns, quer das fracções autónomas;

c) Previsão do compromisso arbitral para a resolução dos litígios emergentes da relação de condomínio.

3. A falta da especificação exigida pelo nº 1 e a não coincidência entre o fim referido na alínea *a)* do nº 2 e o que foi fixado no projecto aprovado pela entidade pública competente determinam a nulidade do título constitutivo.

Redacção do Decreto-Lei nº 267/94, de 25 de Outubro.

LEGISLAÇÃO

Artigo 1419º - (Modificação do título)

1. Sem prejuízo do disposto no nº 3 do artigo 1422º-A, e do disposto em lei especial, o título constitutivo da propriedade horizontal pode ser modificado por escritura pública, ou por documento particular autenticado, havendo acordo de todos os condóminos.

2. O administrador, em representação do condomínio, pode outorgar a escritura pública ou elaborar e subscrever o documento particular a que se refere o número anterior, desde que o acordo conste de acta assinada por todos os condóminos.

3. A inobservância do disposto no artigo 1415º importa a nulidade do acordo; esta nulidade pode ser declarada a requerimento das pessoas e entidades designadas no nº 2 do artigo 1416º.

Os nºs 1 e 2 têm a redacção do Decreto-Lei nº 116/2008, de 4 de Julho.

Secção III
Direitos e encargos dos condóminos

Artigo 1420º - (Direitos dos condóminos)

1. Cada condómino é proprietário exclusivo da fracção que lhe pertence e comproprietário das partes comuns do edifício.

2. O conjunto dos dois direitos é incindível; nenhum deles pode ser alienado separadamente, nem é lícito renunciar à parte comum como meio de o condómino se desonerar das despesas necessárias à sua conservação ou fruição

Artigo 1421º - (Partes comuns do edifício)

1. São comuns as seguintes partes do edifício:

a) O solo, bem como os alicerces, colunas, pilares, paredes mestras e todas as partes restantes que constituem a estrutura do prédio;

b) O telhado ou os terraços de cobertura, ainda que destinados ao uso de qualquer fracção;

c) As entradas, vestíbulos, escadas e corredores de uso ou passagem comum a dois ou mais condóminos;

d) As instalações gerais de água, electricidade, aquecimento, ar condicionado, gás, comunicações e semelhantes.

2. Presumem-se ainda comuns:

a) Os pátios e jardins anexos ao edifício;

b) Os ascensores;

CONDOMÍNIO – CASOS RESOLVIDOS, LEGISLAÇÃO E JURISPRUDÊNCIA

c) As dependências destinadas ao uso e habitação do porteiro;
d) As garagens e outros lugares de estacionamento;
e) Em geral, as coisas que não sejam afectadas ao uso exclusivo de um dos condóminos,

3. O título constitutivo pode afectar ao uso exclusivo de um condómino certas zonas das partes comuns.

As alíneas *b)* e *d)* do nº 1, e *d)* do nº 2 têm a redacção do Decreto-Lei nº 267/94, de 25 de Outubro.

Artigo 1422º – (Limitações ao exercício dos direitos)

1. Os condóminos, nas relações entre si, estão sujeitos, de um modo geral, quanto às fracções que exclusivamente lhes pertencem e quanto às partes comuns, às limitações impostas aos proprietários e aos comproprietários de coisas imóveis.

2. É especialmente vedado aos condóminos:

a) Prejudicar, quer com obras novas, quer por falta de reparação, a segurança, a linha arquitectónica ou o arranjo estético do edifício;
b) Destinar a sua fracção a usos ofensivos dos bons costumes;
c) Dar-lhe uso diverso do fim a que é destinada;
d) Praticar quaisquer actos ou actividades que tenham sido proibidos no título constitutivo ou, posteriormente, por deliberação da assembleia de condóminos aprovada sem oposição.

3. As obras que modifiquem a linha arquitectónica ou o arranjo estético do edifício podem ser realizadas se para tal se obtiver prévia autorização da assembleia de condóminos, aprovada por maioria representativa de dois terços do valor total do prédio.

4. Sempre que o título constitutivo não disponha sobre o fim de cada fracção autónoma, a alteração ao seu uso carece da autorização da assembleia de condóminos, aprovada por maioria representativa de dois terços do valor total do prédio.

A alínea *d)* do nº 2 e os nºs 3 e 4 têm a redacção do Decreto-Lei nº 267/94, de 25 de Outubro.

Artigo 1422º-A – (Junção e divisão de fracções autónomas)

1. Não carece de autorização dos restantes condóminos a junção, numa só, de duas ou mais fracções do mesmo edifício, desde que estas sejam contíguas.

2. Para efeitos do disposto no número anterior, a contiguidade das fracções é dispensada quando se trate de fracções correspondentes a arrecadações e garagens.

3. Não é permitida a divisão, de fracções em novas fracções autónomas, salvo autorização do título constitutivo ou da assembleia de condóminos, aprovada sem qualquer oposição.

4. Sem prejuízo do disposto em lei especial, nos casos previstos nos números anteriores, cabe aos condóminos que juntaram ou cindiram as fracções o poder de, por acto unilateral constante de escritura pública ou documento particular autenticado, introduzir a correspondente alteração no título constitutivo.

5. A escritura pública ou o documento particular a que se refere o número anterior devem ser comunicados ao administrador no prazo de 10 dias.

Aditado pelo Decreto-Lei nº 267/94, de 25 de Outubro.

Os nº 4 e 5 têm a redacção do Decreto-Lei nº 116/2008, de 4 de Julho.

Artigo 1423º – (Direitos de preferência e de divisão)

Os condóminos não gozam do direito de preferência na alienação de fracções nem do direito de pedir a divisão das partes comuns.

Artigo 1424º – (Encargos de conservação e fruição)

1. Salvo disposição em contrário, as despesas necessárias à conservação e fruição das partes comuns do edifício e ao pagamento de serviços de interesse comum são pagas pelos condóminos em proporção do valor das suas fracções.

2. Porém, as despesas relativas ao pagamento de serviços de interesse comum podem, mediante disposição do regulamento de condomínio, aprovada sem oposição por maioria representativa de dois terços do valor total do prédio, ficar a cargo dos condóminos em partes iguais ou em proporção à respectiva fruição, desde que devidamente especificadas e justificados os critérios que determinam a sua imputação.

3. As despesas relativas aos diversos lanços de escadas ou às partes comuns do prédio que sirvam exclusivamente algum dos condóminos ficam a cargo dos que delas se servem.

4. Nas despesas dos ascensores só participam os condóminos cujas fracções por ele possam ser servidas.

Os nºs 2 e 3 têm a redacção do Decreto-Lei nº 267/94, de 25 de Outubro, passando a nº 4 o anterior nº 3.

Artigo 1425º – (Inovações)

1. As obras que constituam inovações dependem da aprovação da maioria dos condóminos, devendo essa maioria representar dois terços do valor total do prédio.

2. Nas partes comuns do edifício não são permitidas inovações capazes de prejudicar a utilização, por parte de algum dos condóminos, tanto das coisas próprias como das comuns.

Artigo 1426º – (Encargos com as inovações)

1. As despesas com as inovações ficam a cargo dos condóminos, nos termos fixados pelo artigo 1424º.

2. Os condóminos que não tenham aprovado a inovação são obrigados a concorrer para as respectivas despesas, salvo se a recusa for judicialmente havida como fundada.

3. Considera-se sempre fundada a recusa, quando as obras tenham natureza voluptuária ou não sejam proporcionadas à importância do edifício.

4. O condómino cuja recusa seja havida como fundada pode a todo o tempo participar nas vantagens da inovação, mediante o pagamento da quota correspondente às despesas de execução e manutenção da obra.

O nº 2 tem a redacção do Decreto-Lei nº 267/94, de 25 de Outubro.

Artigo 1427º – (Reparações indispensáveis e urgentes)

As reparações indispensáveis e urgentes nas partes comuns do edifício podem ser levadas a efeito, na falta ou impedimento do administrador, por iniciativa de qualquer condómino.

Artigo 1428º – (Destruição do edifício)

1. No caso de destruição do edifício ou de uma parte que represente, pelo menos, três quartos do seu valor, qualquer dos condóminos tem o direito de exigir a venda do terreno e dos materiais, pela forma que a assembleia vier a designar.

2. Se a destruição atingir uma parte menor, pode a assembleia deliberar, pela maioria do número dos condóminos e do capital investido no edifício, a reconstrução deste.

3. Os condóminos que não queiram participar nas despesas da reconstrução podem ser obrigados a alienar os seus direitos a outros condóminos, segundo o valor entre eles acordado ou fixado judicialmente.

4. É permitido ao alienante escolher o condómino ou condóminos a quem a transmissão deve ser feita.

LEGISLAÇÃO

Artigo 1429º – (Seguro obrigatório)

1. É obrigatório o seguro contra o risco de incêndio do edifício, quer quanto às fracções autónomas, quer relativamente às partes comuns.

2. O seguro deve ser celebrado pelos condóminos; o administrador deve, no entanto, efectuá-lo quando os condóminos o não hajam feito dentro do prazo e pelo valor que, para o efeito, tenha sido fixado em assembleia; nesse caso, ficará com o direito de reaver deles o respectivo prémio.

Redacção do Decreto-Lei nº 267/94, de 25 de Outubro.

Artigo 1429º-A – (Regulamento do condomínio)

1. Havendo mais de quatro condóminos e caso não faça parte do título constitutivo, deve ser elaborado um regulamento do condomínio disciplinando o uso, a fruição e a conservação das partes comuns.

2. Sem prejuízo do disposto na al. *b*) do nº 2 do artigo 1418º, a feitura do regulamento compete à assembleia de condóminos ou ao administrador, se aquela o não houver celebrado.

Aditado pelo Decreto-Lei nº 267/94, de 25 de Outubro.

Secção IV
Administração das partes comuns do edifício

Artigo 1430º – (Órgãos administrativos)

1. A administração das partes comuns do edifício compete à assembleia dos condóminos e a um administrador.

2. Cada condómino tem na assembleia tantos votos quantas as unidades inteiras que couberem na percentagem ou permilagem a que o artigo 1418º se refere.

Artigo 1431º – (Assembleia dos condóminos)

1. A assembleia reúne-se na primeira quinzena de Janeiro, mediante convocação do administrador, para discussão e aprovação das contas respeitantes ao último ano e aprovação do orçamento das despesas a efectuar durante o ano.

2. A assembleia também reunirá quando for convocada pelo administrador ou por condóminos que representem, pelo menos, vinte e cinco por cento do capital investido.

3. Os condóminos podem fazer-se representar por procurador.

Artigo 1432º – (Convocação e funcionamento da assembleia)

1. A assembleia é convocada por meio de carta registada, enviada com 10 dias de antecedência, ou mediante aviso convocatório feito com a mesma antecedência, desde que haja recibo de recepção assinado pelos condóminos.

2. A convocatória deve indicar o dia, hora, local e ordem de trabalhos da reunião e informar sobre os assuntos cujas deliberações só podem ser aprovadas por unanimidade dos votos.

3. As deliberações são tomadas, salvo disposição especial, por maioria de votos representativos do capital investido.

4. Se não comparecer o número de condóminos suficiente para se obter vencimento e na convocatória não tiver sido desde logo fixada outra data, considera-se convocada nova reunião para uma data semana depois, na mesma hora e local, podendo neste caso a assembleia deliberar por maioria de votos dos condóminos presentes, desde que estes representem, pelo menos, um quarto do valor total do prédio.

5. As deliberações que careçam de ser aprovadas por unanimidade dos votos podem ser aprovadas por unanimidade dos condóminos presentes desde que estes representem, pelo menos, dois terços do capital investido, sob condição de aprovação da deliberação pelos condóminos ausentes, nos termos dos números seguintes.

6. As deliberações têm de ser comunicadas a todos os condóminos ausentes, por carta registada com aviso de recepção, no prazo de 30 dias.

7. Os condóminos têm 90 dias após a recepção da carta referida no número anterior para comunicar, por escrito, à assembleia de condóminos o seu assentimento ou a sua discordância.

8. O silêncio dos condóminos deve ser considerado como aprovação da deliberação comunicada nos termos do nº 6.

9. Os condóminos não residentes devem comunicar, por escrito, ao administrador o seu domicílio ou o do seu representante.

Os nºs 1, 2 e 4 a 9 foram introduzidos pelo Decreto-Lei nº 267/94, de 25 de Outubro.

Artigo 1433º – (Impugnação das deliberações)

1. As deliberações da assembleia contrárias à lei ou a regulamentos anteriormente aprovados são anuláveis a requerimento de qualquer condómino que as não tenha aprovado.

2. No prazo de 10 dias contado da deliberação, para os condóminos presentes, ou contado da sua comunicação, para os condóminos ausentes, pode ser exigida ao administrador a convocação de uma assembleia extraordinária, a

ter lugar no prazo de 20 dias, para renovação das deliberações inválidas ou ineficazes.

3. No prazo de 30 dias contado nos termos do número anterior, pode qualquer condómino sujeitar a deliberação a um centro de arbitragem.

4. O direito de propor a acção de anulação caduca no prazo de 20 dias contados sobre a deliberação da assembleia extraordinária ou, caso esta não tenha sido solicitada, no prazo de 60 dias sobre a data da deliberação.

5. Pode também ser requerida a suspensão das deliberações nos termos da lei de processo.

6. A representação judiciária dos condóminos contra quem são propostas as acções compete ao administrador ou à pessoa que a assembleia designar para esse efeito.

Artigo 1434º - (Compromisso arbitral)

1. A assembleia pode estabelecer a obrigatoriedade da celebração de compromissos arbitrais para a resolução de litígios entre condóminos, ou entre condóminos e o administrador, e fixar penas pecuniárias para a inobservância das disposições deste código, das deliberações da assembleia ou das decisões do administrador.

2. O montante das penas aplicáveis em cada ano nunca excederá a quarta parte do rendimento colectável anual da fracção do infractor.

Artigo 1435º - (Administrador)

1. O administrador é eleito e exonerado pela assembleia.

2. Se a assembleia não eleger administrador, será este nomeado pelo tribunal a requerimento de qualquer dos condóminos.

3. O administrador pode ser exonerado pelo tribunal, a requerimento de qualquer condómino, quando se mostre que praticou irregularidades ou agiu com negligência no exercício das suas funções.

4. O cargo de administrador é remunerável e tanto pode ser desempenhado por um dos condóminos como por terceiro; o período de funções é, salvo disposição em contrário, de um ano, renovável.

5. O administrador mantém-se em funções até que seja eleito ou nomeado o seu sucessor.

Os nº 4 e 5 têm a redacção do Decreto-Lei nº 267/94, de 25 de Outubro.

Artigo 1435º-A - (Administrador provisório)

1. Se a assembleia de condóminos não eleger administrador e esta não houver sido nomeado judicialmente, as correspondentes funções são obrigato-

riamente desempenhadas, a título provisório, pelo condómino cuja fracção ou fracções representem a maior percentagem do capital investido, salvo se outro condómino houver manifestado vontade de exercer o cargo e houver comunicado tal propósito aos demais condóminos.

2. Quando, nos termos do número anterior, houver mais de um condómino em igualdade de circunstâncias, as funções recaem sobre aquele a que corresponda a primeira letra na ordem alfabética utilizada na descrição das fracções constante no registo predial.

3. Logo que seja eleito ou judicialmente nomeado um administrador, o condómino que nos termos do presente artigo se encontre provido na administração cessa funções, devendo entregar àquele todos os documentos respeitantes ao condomínio que estejam confiados à sua guarda.

Aditado pelo Decreto-Lei nº 267/94, de 25 de Outubro.

Artigo 1436º – (Funções do administrador)

São funções do administrador, além de outras que lhe sejam atribuídas pela assembleia:

a) Convocar a assembleia dos condóminos;

b) Elaborar o orçamento das receitas e despesas relativas a cada ano;

c) Verificar a existência do seguro contra o risco de incêndio, propondo à assembleia o montante do capital seguro;

d) Cobrar as receitas e efectuar as despesas comuns;

e) Exigir dos condóminos a sua quota-parte nas despesas aprovadas;

f) Realizar os actos conservatórios dos direitos relativos aos bens comuns;

g) Regular o uso das coisas comuns e a prestação dos serviços de interesse comum;

h) Executar as deliberações da assembleia;

i) Representar o conjunto dos condóminos perante as autoridades administrativas;

j) Prestar contas à assembleia;

l) Assegurar a execução do regulamento e das disposições legais e administrativas relativas ao condomínio;

m) Guardar e manter todos os documentos que digam respeito ao condomínio.

As alíneas *c)*, *j)*, *l)* e *m)* têm a redacção do Decreto-Lei nº 267/94, de 25 de Outubro.

Artigo 1437º – (Legitimidade do administrador)

1. O administrador tem legitimidade para agir em juízo, quer contra qualquer dos condóminos, quer contra terceiro, na execução das funções que lhe pertencem ou quando autorizado pela assembleia.

2. O administrador pode também ser demandado nas acções respeitantes às partes comuns do edifício.

3. Exceptuam-se as acções relativas a questões de propriedade ou posse dos bens comuns, salvo se a assembleia atribuir para o efeito poderes especiais ao administrador.

Artigo 1438º – (Recurso dos actos do administrador)

Dos actos do administrador cabe recurso para a assembleia a qual pode neste caso ser convocada pelo condómino recorrente.

Artigo 1438º-A – (Propriedade horizontal de conjuntos de edifícios)

O regime previsto neste capítulo pode ser aplicado, com as necessárias adaptações, a conjuntos de edifícios contíguos funcionalmente ligados entre si pela existência de partes comuns afectadas ao uso de todas ou algumas unidades ou fracções que os compõem.

Aditado pelo Decreto-Lei nº 267/94, de 25 de Outubro.

Relações entre condóminos e terceiros
Decreto-Lei 268/94, de 25 de Outubro

A necessidade de desenvolver alguns aspectos do regime da propriedade horizontal, aliada à opção de preservar a integração da disciplina daquele instituto no Código Civil, explica a aprovação do presente diploma.

Na verdade, as regras que aqui consagradas estatuem ou sobre matérias estranhas à natureza de um diploma como o Código Civil ou com carácter regulamentar, e têm o objectivo de procurar soluções que tornem mais eficaz o regime da propriedade horizontal, facilitando simultaneamente o decorrer das relações entre condóminos e terceiros.

Assim:

Nos termos da alínea *a*) do nº 1 do artigo 201º da Constituição, o Governo decreta o seguinte:

Artigo 1º – (Deliberações da assembleia de condóminos)

1. São obrigatoriamente lavradas actas das assembleias de condóminos, redigidas e assinadas por quem nelas tenha servido de presidente e subscritas por todos os condóminos que nelas tenham participado.

2. As deliberações devidamente consignadas em acta são vinculativas tanto para os condóminos como para terceiros titulares de direitos relativos às fracções.

3. Incumbe ao administrador, ainda que provisório, guardar as actas e facultar a respectiva consulta, quer dos condóminos, quer aos terceiros a que se refere o número anterior.

Artigo 2º – (Documentos e notificações relativos ao condomínio)

1. Deverão ficar depositadas, à guarda do administrador, as cópias autenticadas dos documentos utilizados para instruir o processo de constituição da

propriedade horizontal, designadamente do projecto aprovado pela entidade competente.

2. Os administradores tem o dever de guardar e dar a conhecer aos condóminos todas as notificações dirigidas ao condomínio, designadamente as provenientes das autoridades administrativas.

Artigo 3º – (Informação)

Na entrada do prédio ou conjunto de prédios ou em local de passagem comum dos condóminos deverá ser afixada a identificação do administrador em exercício ou de quem, a título provisório, desempenhe as funções deste.

Artigo 4º – (Fundo comum de reserva)

1. É obrigatória a constituição, em cada condomínio, de um fundo comum de reserva para custear as despesas de conservação do edifício ou conjunto de edifícios.

2. Cada condómino contribui para esse fundo com uma quantia correspondente a, pelo menos, 10% da sua quota parte nas restantes despesas do condomínio.

3. O fundo comum de reserva deve ser depositado cm instituição bancária, competindo à assembleia de condóminos a respectiva administração.

Artigo 5º – (Actualização do seguro)

1. É obrigatória a actualização anual do seguro contra o risco de incêndio.

2. Compete à assembleia de condóminos deliberar o montante de cada actualização.

3. Se a assembleia não aprovar o montante da actualização, deve o administrador actualizar o seguro de acordo com o índice publicado trimestralmente pelo Instituto de Seguros de Portugal.

Artigo 6º – (Dívidas por encargos de condomínio)

1. A acta da reunião da assembleia de condóminos que tiver deliberado o montante das contribuições devidas ao condomínio ou quaisquer despesas necessárias à conservação e fruição das partes comuns e ao pagamento de serviços de interesse comum, que não devam ser suportadas pelo condomínio, constituí título executivo contra o proprietário que deixar de pagar, no prazo estabelecido, a sua quota-parte.

2. O administrador deve instaurar acção judicial destinada a cobrar as quantias referidas no número anterior.

Artigo 7º – (Falta ou impedimento do administrador)

O regulamento deve prever e regular o exercício das funções de administração na falta ou impedimento do administrador ou de quem a título provisório desempenhe as funções deste.

Artigo 8º – (Publicidade das regras de segurança)

O administrador deve assegurar a publicitação das regras respeitantes à segurança do edifício ou conjunto de edifícios, designadamente à dos equipamentos de uso comum.

Artigo 9º - (Dever de informação a terceiros)

O administrador, ou quem a título provisório desempenhe as funções deste, deve facultar cópia do regulamento aos terceiros titulares de direitos relativos às fracções.

Artigo 10º – (Obrigação de constituição da propriedade horizontal e de obtenção da licença de utilização)

Celebrado do contrato promessa de compra e venda de fracção autónoma a constituir, salvo estipulação expressa em contrário, fica o promitente vendedor obrigado a exercer as diligências necessárias à constituição da propriedade horizontal e à obtenção da correspondente licença de utilização.

Artigo 11º – (Obras)

Para efeitos da aplicação dos artigos 9º, 10º, 12º e 165º do Regulamento Geral das Edificações Urbanas, aprovado pelo Decreto Lei 38 382, de 7 de Agosto de 1951, é suficiente a notificação do administrador do condomínio.

Artigo 12º – (Direito transitório)

Nos prédios já sujeitos ao regime de propriedade horizontal à data da entrada em vigor do presente diploma deve, no prazo de 90 dias, ser dado cumprimento ao disposto no artigo 3º.

Conta poupança condomínio
Decreto-Lei 269/94 de 25 de Outubro

Para estimular os condóminos na mobilização dos recursos necessários à conservação ou reparação extraordinária de imóveis em regime de propriedade horizontal, importa criar mecanismos financeiros que possam prevenir a degradação do tecido urbano, através da constituição de um fundo de reserva para fazer face a obras nas partes comuns dos prédios.

As recentes alterações ao regime da propriedade horizontal introduzidas pelos Decretos-Leis nº 267/94 e 268/94, ambos de 25 de Outubro, estabelecem a obrigatoriedade da constituição desse fundo de reserva, que poderá revestir a forma de uma «conta poupança-condomínio», caso haja deliberação nesse sentido da assembleia de condóminos, a qual pode anteceder a obrigatoriedade da constituição do fundo.

Aproveitando os princípios enformadores da conta poupança-habitação, que foi fundamentalmente criada para estimular o aforro para aquisição de casa própria, cria-se um mecanismo para permitir o aforro dos condóminos proprietários, a afectar à conservação e beneficiação dos edifícios em regime de propriedade horizontal, num momento em que os primeiros imóveis sujeitos a esse regime, relativamente recente no ordenamento jurídico, carecem de obras mais vultosas do que as normalmente realizadas pela administração dos prédios.

Assim:

No caso da autorização legislativa concedida pelo nº 3 do artigo 35º da Lei nº 75/93, de 20 de Dezembro, e nos termos das alíneas *a*) e *b*) do nº 1 do artigo 201º da Constituição, o Governo decreta o seguinte:

Artigo 1º

1. Os administradores de prédios em regime de propriedade horizontal, mediante prévia deliberação da assembleia de condóminos, podem abrir contas de depósito a prazo denominadas "contas poupança-condomínio".

2. As contas poupança condomínio destinam-se exclusivamente à constituição de um fundo de reserva para a realização, nas partes comuns dos prédios, de obras de conservação ordinária, de conservação extraordinária e de bene-ficiação.

3. Para efeitos do disposto no número anterior as obras de beneficiação são apenas as determinadas pelas autoridades administrativas.

Artigo 2º

1. A conta poupança condomínio pode ser mobilizada pelo administrador ou pelos condóminos autorizados em assembleia para o efeito, após o decurso do primeiro prazo contratual.

2. A mobilização do saldo das contas deverá ser realizada por meio de cheque ou ordem de pagamento, emitidos a favor do construtor ou do credor do preço de venda dos materiais ou serviços para a realização das obras nas partes comuns do prédio nos termos do presente diploma.

3. Após deliberação da assembleia de condóminos, a todo o tempo é permitido aos titulares de uma conta poupança condomínio comunicar à instituição depositária a alteração dos objectivos que se propôs com a abertura da conta, desde que sejam repostos os benefícios fiscais que lhes tenham sido aplicados.

Artigo 3º

1. Para efeitos do imposto sobre o rendimento das pessoas particulares (IRS), as entregas feitas anualmente por cada condómino para depósito em conta poupança condomínio podem ser dedutíveis ao seu rendimento na mesma percentagem ou permilagem que lhe corresponde do valor do prédio até 1% do valor matricial deste, com o limite de 25.000$00.

2. A dedução a que se refere o número anterior é cumulável com a conta poupança condomínio.

3. Se o saldo da conta poupança condomínio vier a ser utilizado para outros fins que não os referidos no nº 2 do artigo 1º, aplica-se o estatuído no artigo 38º do Estatuto dos Benefícios Fiscais.

4. No caso de o saldo da conta poupança condomínio ser utilizado para outros fins, ou antes de decorrido o prazo estabelecido, a soma dos montantes anuais deduzidos será acrescida ao rendimento do ano em que ocorrer a mobilização, para o que as instituições depositárias ficam obrigadas a comunicar à administração fiscal a ocorrência de tais factos.

Artigo 4º

1. Qualquer instituição de crédito habilitada a receber depósitos pode constituir contas poupança condomínio pelo prazo contratual mínimo de um ano, renovável por iguais períodos de tempo, efectuando-se as entregas ao longo de cada prazo anual, nos termos que forem acordados com as instituições de crédito.

2. As instituições de crédito habilitadas a receber depósitos podem, dentro dos limites e regras a fixar por portaria conjunta dos Ministros das Finanças e Obras Públicas, Transportes e Comunicações, estipular montantes mínimos ou máximos para abertura de contas poupança condomínio e para as entregas subsequentes, bem como a periodicidade destas últimas e a sua rigidez ou flexibilidade.

Artigo 5º

1. Os juros são liquidados relativamente a cada conta de depósito:

a) No fim de cada prazo anual, por acumulação ao capital depositado;

b) No momento da mobilização do depósito, sendo então contados à taxa proporcional e devidos até essa data, sem qualquer penalização;

2. Os juros produzidos pelas entregas ao longo de cada prazo anual são calculados à taxa proporcional.

Artigo 6º

1. Se o saldo da conta poupança condomínio for aplicada em qualquer finalidade da prevista no nº2 do artigo 1º, ou dele forem levantados fundos antes de decorrido o primeiro prazo contratual, aplicam-se as regras vigentes na instituição depositária para depósitos a prazo superior a um ano, sendo anulado o montante dos juros vencidos e creditados que corresponda à diferença de taxas, bem como o valor correspondente aos benefícios fiscais que lhes tenham sido aplicados.

2. Sem prejuízo do disposto no número anterior, desde que o remanescente, sem incluir os juros creditados, exceda os montantes mínimos fixados pela instituição depositária, o titular pode continuar com a conta poupança condomínio, mantendo-se a certeza do empréstimo.

3. Podem igualmente ser mantidos todos os benefícios aplicáveis no caso de o saldo de uma conta poupança condomínio ser integralmente transferido para outra conta da mesma natureza em instituição de crédito distinta.

Artigo 7º

1. Aos titulares de contas poupança condomínio constituídas há mais de três anos e que pretendam mobilizar o saldo é garantido o direito de concessão de um empréstimo.

2. O montante dos empréstimos a conceder nos termos do número anterior:

a) Será determinado em função de regras estabelecidas no contrato de abertura da conta poupança condomínio, tendo em conta o ritmo, o valor e a regularidade das entregas do titular da conta;

b) Não pode ser superior à diferença entre o valor das obras projectadas, segundo avaliação das instituições de crédito, e o saldo das contas poupança condomínio à data da concessão dos empréstimos.

Artigo 8º

1. As instituições de crédito devem fixar e tornar públicas as condições da conta poupança condomínio, designadamente os seguintes elementos:

a) Montantes mínimos ou máximos e periodicidade, rígidos ou flexíveis, prefixados ou não;

b) Montante dos empréstimos em função do saldo da conta poupança condomínio;

c) Taxa efectiva de remuneração bruta anual da conta poupança condomínio, calculada como taxa equivalente e tendo em consideração a periodicidade das entregas, cujos pressupostos a instituição de crédito deve explicitar.

Artigo 9º

1. Salvo se houver lugar à aplicação do disposto no Código Penal quanto ao crime de abuso de confiança, a utilização abusiva da conta poupança-condomínio é punível com coima de € 99,76 a € 1246,99 sendo-lhe aplicável o disposto no Decreto-Lei 433/82 de 27 de Outubro.

2. Compete à repartição de finanças da área do prédio elaborar o processo de contra ordenação e aplicar a coima.

Porteiros
Portaria 2/75 de 1975, de 2 de Maio[55]

BASE I
(Âmbito)

1. A presente portaria aplica-se a todos os proprietários e usufrutuários que, no território do continente, possuam prédios urbanos em regime de propriedade horizontal e que, em cumprimento das competentes disposições regulamentares, tenham ao seu serviço trabalhadores que exerçam a profissão de porteiro definida na base seguinte, bem como a esses trabalhadores.

2. Ficam igualmente sujeitas ao disposto nesta portaria os proprietários e usufrutuários que, embora não abrangidos pela disposições regulamentares referidas no número anterior, tenham ao seu serviço trabalhadores daquela profissão

BASE II
(Profissões)

Os trabalhadores abrangidos pela presente portaria serão obrigatoriamente classificados na profissão de porteiro, competindo-lhes o desempenho das seguintes tarefas:

Permanecer habitualmente no vestíbulo da entrada principal durante o período normal de trabalho e vigiar as entradas e saídas; não se ausentar sem autorização prévia do proprietário, administrador ou procurador, salvo urgên-

---

55 Bol. Min. Trab., nº18, de 15 de Maio, alterada pela Portaria de 20.6.75 (Bol. Min. Trab., nº 24, de 29 de Junho) e rectificado no Bol. Min. Trab., nº 14, de 30.7.1976.
O texto agora publicado corresponde ao das duas Portarias, devidamente unificadas.

cia inadiável, que deverá justificar; providenciar para que o imóvel se mantenha no devido estado de ordem e asseio; receber entregar correspondência e encomendas, na ausência dos destinatários e por incumbência destes; prestar informações sobre o prédio; se necessário, indagar das pessoas desconhecidas o andar a que se dirigem e as pessoa que procuram; receber as reclamações dos inquilinos e chamar a atenção daqueles que perturbem a ordem ou abusem dos seus direitos; transmitir ao proprietário, administrador ou procurador os incidentes anormais que se revelem com interesse, devendo em caso de urgência (v.g. fuga de gás, ou de água, curo circuito, etc.), contactar directamente as entidades competentes; assegurar a limpeza das partes comuns do prédio, a qual deve ser efectuada regularmente, segundo as suas conveniências, sob reserva de os trabalhos correspondentes deverem ficar determinados da parte da manhã e de, caso fortuito posteriormente verificado, esses locais deverem ser mantidos em estado de limpeza satisfatório; quando necessário substituir lâmpadas ou fusíveis nas partes comuns; assegurar o despejo e a limpeza da conduta ou do recipiente geral do lixo; regular a iluminação dos locais comuns a abrir, fechar ou desligar a porta principal e a de serviço das horas que vierem a ser regulamentadas ou, na falta de regulamento, de acordo com as instruções do proprietário, administrador ou procurador. Pode ser encarregado pelo proprietário, administrador ou procurador de proceder à liquidação das despesas comuns do prédio (v.g. arranjo de elevadores, água, electricidade, etc.).

Quando se encontrar ausente da sua habitação, mas dentro do imóvel, deve providenciar por deixar indicado no local onde se encontra.

Durante o período normal de trabalho não pode dedicar-se, com carácter permanente a quaisquer actividades lucrativas, salvo quando expressamente autorizado pela entidade patronal.

Habita, em regra, no imóvel e pode usar vestuário especial adequado às tarefas que desempenha ou uma placa metália de identificação a fornecer pelas entidades competentes.

BASE III
(Admissão)

1. Só podem ser admitidos trabalhadores que satisfaçam as condições constantes da legislação que regulamenta ou vier a regulamentar o exercício da actividade de porteiro.

2. Quando as entidades patronais pretendam admitir ao seu serviço qualquer trabalhador, devem consultar o registo de desempregados do Sindicato, sem prejuízo da liberdade de admissão de outros elementos, que deverá ser justificada perante aquele organismo.

LEGISLAÇÃO

3. Para efeito do disposto no número anterior, o Sindicato obriga-se a manter em ordem e devidamente actualizado o registo dos desempregados, devendo, para isso, as entidades patronais informar aquele organismo, num prazo de trinta dias, das alterações que se verifiquem em relação a cada profissional.

BASE IV
(Período experimental)

A admissão dos trabalhadores que habitem no imóvel não está condicionada ao decurso do período experimental, considerando-se sempre feita a títutlo definitivo.

BASE V
(Horário de trabalho

1. O período normal de trabalho para os profissionais abrangidos por esta portaria terá a duração máxima de quarenta e cinco horas semanais, repartidas obrigatoriamente entre as 8 e as 20 horas de segunda feira a sexta feira, com intervalo mínimo de uma hora para almoço, entre as 8 e as 13 horas de sábado.

2. O período normal de trabalho previsto no número anterior deverá ser entendido sem prejuízo do tempo necessário para o despejo do recipiente ou da conduta geral do lixo, o qual será assegurado às horas habituais e nos dias feriados ou de descanso semanal sem que a prestação desses serviços dê lugar a qualquer remuneração (normal ou especial).

3. O cumprimento do horário de trabalho não isenta os profissionais da vigilância e assistência geral do imóvel a que estão obrigados por força de disposições regulamentares, sempre que nele se encontrem.

4. O horário de trabalho em regime de tempo parcial, na falta de acordo entre as parte, deverá ser fixado pela entidade patronal no período compreendido entre as 8 horas, e consecutivamente.

5. O horário de trabalho de todos os profissionais deverá ser fixado no vestíbulo de entrada em local bem visível.

BASE VI
(Trabalhadores a tempo parcial)

1. Sem prejuízo da vigilância e assistência geral do imóvel, a que estão obrigados sempre que nele se encontrem, poderão os porteiros, através de contrato individual de trabalho celebrado por escrito com o proprietário, administrador ou procurador, acordar na prestação de tarefas a tempo parcial.

2. A prestação de trabalho a tempo parcial poderá verificar-se em relação aos imóveis com menos de quinze ocupações e em relação àqueles que, embora possuindo ocupações em número superior a quinze, tenham um rendimento mensal ilíquido inferior a 25.000$00.

3. O período normal de trabalho, quando a tempo parcial, não pode ser inferior a 6 horas semanais nos prédios com rendimento ilíquido mensal igual ou inferior a 7.500$00; a duas horas diárias ou a doze horas semanais nos prédios com menos de dez ocupações e ainda naqueles que, embora possuindo ocupações em número superior a dez, tenham um rendimento mensal ilíquido igual ou inferior a 17.000$00, e a quatro horas diárias ou vinte e quatro horas semanais nos prédios com menos de quinze ocupações e ainda naqueles que, embora possuindo ocupações em número superior a quinze, tenham um rendimento ilíquido mensal igual ou inferior a 25.000$00.

4. Para os efeitos referidos nos números anteriores, o número de ocupações deve ser computado excluindo as lojas. Os montantes de rendimento ilíquido mensal devem ser computados incluindo as lojas, salvo nos casos de propriedade horizontal

5. Nos casos de prédios de habitação social não se aplicarão os limites de rendimento ilíquido mensal referidos nesta cláusula.

6. Nos caos em que o regime de regime de tempo parcial tiver sido condicionado não pelo número de ocupações mas sim pelo factor de rendimento, a contraprestação em serviço deverá ser ajustada no contrato individual em termos razoáveis, tendo como base o serviço que poderia ser prestado em igual tempo por um profissional com capacidade e diligência média, designadamente através de uma distribuição dos serviços pelos vários dias da semana.

7. Quando a remuneração mensal total for inferior ao valor atribuído ao alojamento do porteiro, não poderá haver por parte deste qualquer compensação.

BASE VII
(Deveres dos trabalhadores)

São deveres dos porteiros:

a) Tratar com urbanidade os ocupantes dos prédios, atendendo nas suas solicitações;

b) Utilizar a habitação e as serventias comuns de forma a não causar prejuízo ou estragos e não incomodar os outros moradores;

c) Vigiar os vestíbulos, escadas e serventias comuns aos moradores, de modo a impedir que risquem as paredes ou os deteriorem por qualquer forma;

d) Cumprir e fazer cumprir, na parte que lhes respeita, todas as prescrições sobre a utilização dos ascensores;

e) Cumprir as determinações do proprietário, administrador ou procurador que não contrariem as disposições regulamentares nem as fixadas na presente portaria.

BASE VIII
(Garantia dos trabalhadores)

1. Ao proprietário compete:

a) Fornecer o vestiário previsto na Base II;

b) Facultar água e luz, se prejuízo das remunerações constantes do anexo II, quando não existam contadores independentes, para a água e luz até aos limites de 5m3 e de 20 kW, igualmente sem prejuízo daquelas remunerações;

c) Fornecer, contra recibo, os artigos de limpeza que se apresentem necessários ao desempenho das funções atribuídas na Base II;

d) Custear todas as despesas efectuadas pelos porteiros, quando em serviço do prédio (liquidação das contas de arranjo dos elevadores, água, luz, etc.).

2. Os porteiros não são obrigados a receber e a entregar rendas, excepto quando nisso acordarem com o proprietário, administrador ou procurador, sob a responsabilidade destes e mediante remuneração suplementar.

BASE IX
(Férias)

1. Todos os trabalhadores abrangidos por esta portaria terão direito em cada ano civil, e sem prejuízo do integral pagamento das suas remunerações, a um período de férias de vinte e um dias.

2. Os trabalhadores com antiguidade inferior a um ano terão um período de férias de duração equivalente a dois dias úteis por cada mês de serviço, até ao limite de duas semanas.

3. O disposto nos números anteriores será aplicável às férias a gozar no ano de 1975.

BASE X
(Subsídios)

1. No início das suas férias, e para além da remuneração corresponde a esse período, os trabalhadores abrangidos perla presente portaria receberão das entidades patronais um subsídio igual a 50% da remuneração mensal total.

2. Cessando o contrato de trabalho, a entidade patronal pagará ao profissional o subsídio relativo ao período de férias vencido, bem como o subsídio

correspondente a um período de férias proporcional ao tempo de serviço prestado no próprio ano de cessação.

3. Os trabalhadores terão direito a receber pelo Natal um subsídio equivalente a 50% do seu vencimento mensal total, que deverá ser pago até ao dia 20 de Dezembro.

4. As remunerações mensais referidas nos números anteriores serão calculadas incluindo o valor atribuído à habitação.

BASE XI
(Remuneração do trabalho)

1. A remuneração dos trabalhadores abrangidos por esta portaria será satisfeita uma parte em dinheiro e outra em prestações não pecuniárias.

2. As prestações não pecuniárias são constituídas pelo alojamento, avaliado nos termos do anexo I.

3. As remunerações mínimas satisfeitas em dinheiro correspondem aos valores constantes do anexo II, depois de deduzidas as prestações não pecuniárias previstas no número anterior.

BASE XII
(Rescisão com justa causa)

1. Ocorrendo justa causa, qualquer das partes pode rescindir o contrato de trabalho, comunicando, por forma inequívoca, essa vontade à outra parte.

2. Devido à especial natureza do trabalho em causa, os factos que legalmente constituem justa causa de despedimento reportam-se às relações entre porteiros e proprietários (administradores ou procuradores) ou inquilinos.

3. Em caso de despedimento com justa causa de um trabalhador que habite no imóvel, a entidade patronal fica obrigada a um aviso prévio nunca inferior a noventa dias, salvo quando a justa causa se referir a ofensas morais ou corporais, devidamente testemunhadas, na pessoa do proprietário (administrador ou procurador) ou inquilinos e seus familiares.

4. Quando os factos que legalmente constituem justa causa de despedimento do porteiro se verificarem em relação a qualquer familiar que com ele coabite, poderá o proprietário socorrer-se das entidades administrativas competentes, a fim de que venham a ser aplicadas ao porteiro sanções previstas nos respectivos regulamentos.

BASE XIII
(Rescisão sem justa causa por iniciativa da entidade patronal)

1. São proibidos os despedimentos sem justa causa.

2. O ónus de prova da justa causa compete ao proprietário.

3. Se a justa causa não ficar provada pelas entidades competentes, o proprietário fica obrigado a readmitir o porteiro ou, se este o preferir, a pagar-lhe as indemnizações previstas na lei.

BASE XIV
(Rescisão sem justa causa por iniciativa do trabalhador)

1. O trabalhador que denunciar o contrato de trabalho sem justa causa deverá avisar o proprietário, administrador ou procurador do imóvel com trinta dias de antecedência, ou não fazendo, indemnizá-lo com a importância correspondente ao período de aviso prévio, sem prejuízo de outro regime e mais favorável que para o trabalhadors resultar da lei geral.

BASE XV
(Garantia de trabalho)

Em caso de mudança da administração do condomínio ou de transferência da propriedade ou posse do imóvel subsiste o contrato de trabalho.

BASE XVI
(Comissão paritária)

1. Para apreciação de qualquer diferendo relativo à aplicação da presente portaria poderá ser criada uma comissão paritária constituída por representantes, em número igual, dos proprietários e porteiros abrangidos.

2. Da comissão paritária poderá fazer parte um representante do Ministério Público.

3. O disposto nos números anteriores entende-se sem prejuízo da legislação que vier a ser aplicável às comissões paritárias.

BASE XVII
(Disposições gerais e transitórias)

1. Da aplicação da presente portaria não poderá resultar qualquer prejuízo para o trabalhador, nomeadamente diminuição de quaisquer regalias de carácter permanente.

2. Os porteiros que à data da entrada em vigor desta portaria desempenhem funções em regime de tempo completo, verificado quer através de fiscalização especial, quer através de uma permanência habitual no vestíbulo, só poderão passar a tempo parcial quando tal mudança for solicitada por eles e por escrito (pelo porteiro).

3. Os contratos a tempo parcial previstos na Base IV deverão ser reduzidos a escrito no prazo de quarenta e cinco dias da data da entrada em vigor da portaria, sob pena de se considerarem a tempo completo.

4. Em tudo o que não estiver expressamente previsto na portaria aplicar-se--á a legislação em vigor, nomeadamente o Decreto Lei 49 408 de 24 de Novembro de 1696, com as necessárias adaptações.

5. Esta portaria entra em vigor nos termos legais, produzindo a Base VI efeitos desde 1 de Maio, e será obrigatoriamente revista no prazo de um ano.

6. O disposto na presente portaria, relativamente aos condicionamentos da prestação de trabalho a tempo inteiro ou a tempo parcial, poderá ser alterado por acordo escrito entre as partes.

7. Para os prédios de propriedade horizontal destinados a uso próprio, a expressão "rendimento mensal" significa o duodécimo do valor locativo. Todavia, sempre que haja fracções arrendadas, atender-se-á ao valor efectivo das rendas.

8. Nos prédios omissos na matriz será considerado o factor rendimento, mas apenas o número de ocupações, devendo as situações de justiça que eventualmente se verificarem ser decididas pela comissão paritária até à inscrição definitiva do prédio na matriz.

9. Enquanto não houver administrador eleito nos prédios destinados a propriedade horizontal, o construtor representa o administrador para todos os efeitos desta portaria, gozando, porém, do direito de regresso relativamente à quota parte dos comproprietários por quem haja pago.

10. O prazo previsto no nº 3 da Base XVII é prorrogado por um período de quarenta e cindo dias, a contar da data de publicação da presente portaria.

Portaria nº 1172/2010, de 10 de Novembro

A determinação da renda condicionada, regulada pelo Decreto-Lei nº 329--A/2000, de 22 de Dezembro, em vigor por força do disposto no artigo 61º da Lei nº 6/2006, de 27 de Fevereiro, assenta, no valor do fogo, ao qual é aplicada uma determinada taxa de rendimento.

Um dos factores de determinação do valor do fogo é, nos termos do nº 2 do artigo 1º do Decreto -Lei nº 329 -A/2000, o preço de construção da habitação, por metro quadrado (Pc), o qual, nos termos do artigo 4º do mesmo diploma, é fixado anualmente, para as diferentes zonas do País, por portaria da Ministra do Ambiente e do Ordenamento do Território.

Esta competência encontra-se, actualmente, delegada na Secretária de Estado do Ordenamento do Território e das Cidades, nos termos da alínea *i*) do nº 2.2 do despacho nº 932/2010, publicado na 2ª série do *Diário da República* em 14 de Janeiro de 2010.

Assim:

Manda o Governo, pela Secretária de Estado do Ordenamento do Território e das Cidades, nos termos do disposto no nº 1 do artigo 4º do Decreto-Lei nº 329-A/2000, de 22 de Dezembro, em vigor por força do disposto no artigo 61º da Lei nº 6/2006, de 27 de Fevereiro, o seguinte:

Artigo 1º – Preços de construção da habitação, por metro quadrado de área útil

Os preços de construção da habitação, por metro quadrado de área útil, para vigorarem durante o ano de 2011 são:

a) Para a zona I – € 743,70;
b) Para a zona II – € 650,10;
c) Para a zona III – € 588,98.

Artigo 2º – Preços de construção da habitação, por metro quadrado de área útil

As zonas a que se refere o artigo anterior são as zonas do País constantes do quadro anexo à presente portaria, que desta faz parte integrante.

A Secretária de Estado do Ordenamento do Território e das Cidades, *Fernanda Maria Rosa do Carmo Julião*, em 5 de Novembro de 2010.

QUADRO ANEXO

Zonas do País Concelhos

Zona I – Sedes de distrito e Almada, Amadora, Barreiro, Cascais, Gondomar, Loures, Maia, Matosinhos, Moita, Montijo, Odivelas, Oeiras, Póvoa do Varzim, Seixal, Sintra, Valongo, Vila do

Conde, Vila Franca de Xira e Vila Nova de Gaia.

Zona II – Abrantes, Albufeira, Alenquer, Caldas da Rainha,

Chaves, Covilhã, Elvas, Entroncamento, Espinho, Estremoz, Figueira da Foz, Guimarães, Ílhavo, Lagos, Loulé, Olhão, Palmela, Peniche, Peso da Régua, Portimão, Santiago do Cacém, São João da Madeira, Sesimbra,

Silves, Sines, Tomar, Torres Novas, Torres Vedras,

Vila Real de Santo António e Vizela.

Zona III – Restantes concelhos do continente.

Actualização salarial – 2011
Porteiros prédios urbanos

Na sequência do Decreto-Lei nº 143/2010, de 31 de Dezembro, foi alterada a remuneração mínima mensal para € 485,00 (Quatrocentos e oitenta e cinco euros), com efeitos a partir de 1 de Janeiro de 2011.

Assim, as retribuições mensais totais e os valores da parte das retribuições mínimas em dinheiro (depois de deduzido o valor correspondente ao alojamento) dos Porteiros dos Prédios Urbanos, passam, por isso e para já, a ser os constantes no seguinte quadro:

Nº de Horas semanais de Trabalho	Retribuição Total (líquido)	Valor da retribuição €	
		c/ 1 Assoalhada	c/ 2 Assoalhadas
40	485,00 €	457,56 €	430,12 €
36	436,80 €	409,36 €	381,92 €
30	364,00 €	336,56 €	309,12 €
25	303,31 €	275,88 €	248,44 €
24	291,20 €	263,76 €	236,32 €
20	242,68 €	215,24 €	187,80 €
18	218,40 €	190,96 €	163,52 €
15	182,00 €	154,53 €	127,12 €
12	145,60 €	118,16 €	90,72 €
10	121,32 €	93,88 €	66,44 €
05	60,68 €	33,24 €	–

IMPRESSOS

LEGISLAÇÃO

iRN instituto dos registos e do notariado

Pedido de Inscrição/Identificação de Pessoa Colectiva ou Entidade Equiparada
Modelo 2 - Registo Nacional Pessoas Colectivas

1 - Tipo de Pedido: * (Seleccione o ☐ correspondente)

1.1 ☐ Constituição   1.2 ☐ Alteração   1.3 ☐ Dissolução   1.4 ☐ Cessação de Actividade

1.5 ☐ Extinção/Cancelamento   1.6 ☐ Outro: _____

1.7 ☐ Identificação de entidade estrangeira para efeitos de prática de acto isolado em Portugal

1.8 ☐ Identificação de entidade estrangeira para efeitos de exercício de actividade em Portugal, por período inferior a 1 ano

2 - Tipo de Entidade a inscrever: * (Seleccione o ☐ correspondente)

☐ Associação ☐ Fundação ☐ Condomínio ☐ Organismo da Administração Pública ☐ Pessoa Colectiva

☐ Agrupamento de Escolas ☐ AUGI   ☐ Partido/Movimento Político   ☐ Comissão de Festas

☐ Embaixada/Consulado   ☐ Sociedade Irregular   ☐ Outro: _____

3 - Número de Identificação (NIPC)

A preencher caso a entidade seja titular de NIPC   ☐☐☐☐☐☐☐☐☐

4 - Firma, Denominação ou Nome: *

_____

_____

5 - Sede/Estabelecimento Principal: *

Morada: _____

Código Postal ☐☐☐☐ - ☐☐☐ _____

Distrito/Região Autónoma: _____ Concelho_____

Freguesia: _____ Localidade (lugar ou local): _____

País de Origem (se no campo 1 assinalou a opção 1.7 ou 1.8) _____

6 - Descrição da Actividade Principal *

Descrição _____

_____

_____ CAE principal: ☐☐☐☐☐

7 - Descrição da(s) Actividade(s) Secundária(s): (pode indicar até 3 actividades secundárias)

Descrição _____

_____ CAE secundária: ☐☐☐☐☐

Descrição _____

_____ CAE secundária: ☐☐☐☐☐

Descrição _____

_____ CAE secundária: ☐☐☐☐☐

8 - Descrição do Acto Isolado ou Actividade a exercer em Portugal por um período inferior a 1 ano:
(a preencher obrigatoriamente se no campo 1 assinalou a opção 1.7 ou 1.8)

_____

_____

_____

9 - Identificação do Representante para efeitos tributários: (a preencher obrigatoriamente se no campo 1 assinalou a opção 1.4, 1.5, 1.7 ou 1.8)

Nome: _____

NIF/NIPC: ☐☐☐☐☐☐☐☐☐

Morada: _____

Código Postal ☐.☐☐☐ - ☐☐☐ _____

Página 1 de 2   - Modelo 2 do RNPC

CONDOMÍNIO – CASOS RESOLVIDOS, LEGISLAÇÃO E JURISPRUDÊNCIA

10 - Documentos Entregues: *

☐ Cópia da publicação datada de ___/___/_____

☐ Cópia da escritura pública lavrada em ___/___/_____, no Cartório Notarial _____ Livro___, fls ___

☐ Estatutos/Acta de ___/___/_____

☐ Certidão emitida em ___/___/_____, pela Conservatória do Registo Predial de _____

☐ Certidão emitida em ___/___/_____, pela Câmara Municipal de _____

☐ Código de acesso à certidão permanente: _____

☐ Prova de existência jurídica no país de origem emitida em ___/___/_____

☐ Procuração datada de ___/___/_____

☐ Outro: _____

11 - Identificação do Subscritor *

Nome: _____

N.º de identificação ☐☐☐☐☐☐☐☐☐☐

☐ BI/CC ☐ Passaporte ☐ Carta de Condução ☐ Autorização de Residência ☐ Cédula Profissional

NIF/NIPC: ☐☐☐☐☐☐☐☐☐

Morada: _____

Código Postal ☐☐☐☐ - ☐☐☐ _____

Telefone ☐☐☐☐☐☐☐☐☐ Telemóvel ☐☐☐☐☐☐☐☐☐ Fax ☐☐☐☐☐☐☐☐☐

Email _____

NIB ☐☐☐☐☐☐☐☐☐☐☐☐☐☐☐☐☐☐☐☐☐ caso haja lugar a uma eventual restituição

Qualidade em que actua: ☐ Advogado ☐ Solicitador ☐ Notário ☐ Procurador ☐ Representante

☐ Outro _____

N.º de identificação ☐☐☐☐☐☐☐☐☐☐ (Se o subscritor do pedido for Advogado/Solicitador, indicar o número da Cédula Profissional)

Data ☐☐ - ☐☐ - ☐☐☐☐

12 - Assinatura (Igual à constante do documento de identificação, cuja exibição pode ser exigida. No caso de sociedade irregular, assinatura de todos os sócios com menção do respectivo n.º de identificação)

Instruções de preenchimento

Preencher o requerimento em letras maiúsculas, sem emendas, rasuras ou entrelinhas.

Os campos assinalados com " * " são de preenchimento obrigatório

Assinalar com X o rectângulo que antecede a designação aplicável.

Campo 5 - Sede/Estabelecimento Principal

Caso se trate de empresário indique a morada do estabelecimento principal

Campo 6. e 7. - Descrição de Actividade Principal e Secundárias

Indique, de acordo com o objecto social / actividade (s) da entidade, qual a actividade principal, e quais as actividades secundárias e os correspondentes códigos da CAE (Classificação das Actividades Económicas) – revisão 3. Esta classificação pode ser consultada em www.ine.pt

A descrição da actividade principal / secundária (s) deve permitir a sua codificação a cinco dígitos

Entende-se por actividade principal a que tem maior valor acrescentado bruto.

Campo 8 - Descrição do Acto Isolado ou Actividade a desenvolver em Portugal por um período inferior a 1 ano

Indique o acto que a entidade pretende praticar ou a actividade a exercer, em Portugal, por um período inferior a um ano

Campo 10 - Documentos entregues

Indique qual ou quais os documentos que servem de base ao pedido.

Campo 11 - Identificação do Subscritor

Se o subscritor actuar na qualidade de procurador, deve juntar a respectiva procuração.

Se o subscritor actuar na qualidade de representante de um organismo deve apor carimbo ou selo branco sobre a assinatura.

Nota: Os dados pessoais recolhidos destinam-se à identificação do requerente e são processados automaticamente nos termos previstos no Regime Jurídico do Registo Nacional de Pessoas Colectivas e na Lei da Protecção de Dados Pessoais, sendo a responsabilidade do seu tratamento do Presidente do Instituto dos Registos e do Notariado, IP. O acesso às informações é facultado ao próprio, que tem direito à correcção dos dados indevidamente registados.

Este formulário e as instruções de preenchimento estão disponíveis em www.irn.mj.pt

Morada para envio do impresso: Praça Silvestre Pinheiro Ferreira, 1 C, Apartado 4064, 1501-803 Lisboa

Página 2 de 2 - Modelo 2 do RNPC

LEGISLAÇÃO

COMPROVATIVO

Registo Nacional de Pessoas Colectivas

Pessoa Colectiva – Criação de Entidade

Data de Criação: 17- -2010 15:01:35 **NIPC:** 901857 2
Proveniência: Criação de novos registos
Tipo de entidade: Sociedades civis, irregulares, outras entidades equiparadas
Estado da entidade: Definitivo

Código de acesso ao cartão electrónico da empresa / pessoa colectiva:
7834-4426
Consultar em
www.portaldaempresa.pt/cve/pt/eol
www.empresaonline.pt
www.irn.mj.pt

Dados da Entidade

Nome da entidade: CONDOMÍNIO DO PRÉDIO SITO NA

Endereço da Entidade:
Código Postal: 4410-1
Sede: Distrito: Porto
Concelho:
Freguesia:
Natureza jurídica: Entidade Equiparada a Pessoa Colectiva

CAE/P: 683 **CAE/S:**

Documentos Apresentados

Documento de identificação
Cartão / Cédula profissional
Escritura

Diversos

Inscrição 20,00 €
Modalidade de pagamento: Multibanco Valor: 20,00 €

Declaro que aceito o presente pedido nos precisos termos em que se mostra registado.
Data: _____
Assinatura: _____
Nome: _____
Doc. Identificação: _____

Registo Nacional de Pessoas Colectivas

NIPC - 600 058 670
Praça Silvestre Pinheiro Ferreira 1 C
Apartado 4064 - 1501-803 LISBOA

RECIBO Nº 2010010014

17 2010 15:01:35   SII   jrobalo   901857432

CONDOMÍNIO DO PRÉDIO SITO NA

A - Cobranças Efectuadas   EUROS

Inscrição (Art.º 23º, nº 3 do RERN)   20,00

Total Parcial: 20,00

B - Meio de Pagamento

Multibanco   20,00

TOTAL PAGO: 20,00

Os artigos mencionados nos descritivos, sem indicação de diploma legal, reportam-se ao Regulamento Emolumentar dos Registos e do Notariado aprovado pelo Decreto-Lei nº. 322-A/2001, de 14 de Dezembro.

Linhas Azuis (Pedido de Informações das 9h00 às 17h00): Inscrição 217 783 973;
Certificado 217 783 771 / 217 741 063;
Cartão da Empresa/Cartão de Pessoa Colectiva 707 200 625;
Fax: Inscrição 217 743 465; Certificado 217 783 724 - Endereço electrónico: mpc@dgrn.mj.pt

Processado por computador

LEGISLAÇÃO

Notificação Videovigilância Edifícios de habitação/Condomínios

Finalidade: Protecção de Pessoas e Bens

☑ 1ª Notificação   ☐ Alteração de Notificação anterior   ☐ Substituição Notificação ainda não autorizada

1. Responsável pelo Tratamento

☐ Pessoa Colectiva   ☐ Pessoa Singular

a) Denominação *

b) NIPC/NIF *

c) Actividade Desenvolvida *   [Condomínios]

d) Morada*

e) Código Postal*

f) Telefone*

g) Email*

h) País*   ☑ Portugal   ☐ União Europeia   ☐ Fora da União Europeia

i) Nome comercial:

☐ Morada do local de instalação é a mesma da morada indicada em 1.d)

j) Morada local de Instalação*

k) Código Postal*

l) Pessoa de Contacto*

m) Contacto telefónico*

n) Email de Contacto*

Processamento da Informação

Serviço externo encarregado do processamento da informação *   Sim ☐   Não ☐

2. Características do Sistema

a) Nº total de câmaras *   [0]

b) Visualização em tempo real*   Sim ☐   Não ☐

c) Transmissão de imagens para exterior do estabelecimento*   Sim ☐   Não ☐

d) Zonas abrangidas pelo sistema de videovigilância *

☐ Áreas comuns   ☐ Acesso a elevedores

☐ Pontos de acesso a partir do exterior   ☐ Pontos de acesso interiores

☐ Parques de estacionamento exterior   ☐ Garagens

☐ Zonas internas de circulação

3. Exercício do Direito de Acesso

(Se não forem gravadas imagens, não preencha este ponto)

☐ Morada do local de exercício do direito de acesso é a mesma indicada em 1.d)

a)Morada para exercício do direito
de acesso:

b) Código postal:

c) Telefone:

d) Email:

e) De que forma é exercido o direito de acesso

☐ Presencial   ☐ Escrita

CONDOMÍNIO – CASOS RESOLVIDOS, LEGISLAÇÃO E JURISPRUDÊNCIA

Outra:

4. Medidas de segurança a implementar

a) Medidas segurança físicas ☐

b) Medidas segurança lógica ☐

Submeter

MINUTAS

Exmo. Senhor
Victor Domingos Campos
Alameda Dr. Júlio Henriques,
nº 59 – 1º Esq.
3000-457 Coimbra.

CONVOCAÇÃO ASSEMBLEIA DE CONDÓMINOS

Nos termos e para os efeitos do disposto no artigo 1432º do Código Civil, vimos pela presente, convocar V. Exª para a Assembleia Ordinária de Condóminos do edifício sito no nº 59 da Alameda Dr. Júlio Henriques, a realizar no próximo dia 17 de Junho, pelas 21.00 horas, na sala do condomínio, com a seguinte *Ordem de Trabalhos*:

1º Discussão e aprovação das contas respeitantes ao último exercício.
2º Aprovação do orçamento de despesas a efectuar durante o ano de 2012.
3ºEleição do Administrador.

Caso não se encontrem presentes o nº de condóminos que representem pelo menos metade do capital investido, fica desde já convocada nova Assembleia de Condóminos para o dia 20 de Junho, no mesmo local, pelas 21.00 horas.
A Assembleia constituir-se-á, então, com os condóminos presentes, desde que estes representem – pelo menos – um quarto do valor total do prédio (nº 4 do artigo 1432º do Código Civil).

Com os melhores cumprimentos.

A Administração

Exmo. Senhor
Mário Campos
Alameda Dr. Júlio Henriques,
nº 59 – 1º Esq.
3000-457 Coimbra.

CONVOCAÇÃO ASSEMBLEIA DE CONDÓMINOS

Nos termos e para os efeitos do artigo 1432º, em conjugação com o disposto no nº 1 do artigo 1472º, ambos do Código Civil, vimos pela presente, convocar V. Exª – na qualidade de *usufrutuário* – para a Assembleia Ordinária de Condóminos do edifício sito no nº 59 da Alameda Dr. Júlio Henriques, a realizar no próximo dia 17 de Junho, pelas 21.00 horas, na sala do condomínio, com a seguinte *Ordem de Trabalhos*:

1º Discussão e aprovação das contas respeitantes ao último exercício.
2º Aprovação do orçamento de despesas a efectuar durante o ano de 2012.
3ºEleição do Administrador.

Caso não se encontrem presentes o nº de condóminos que representem pelo menos metade do capital investido, fica desde já convocada nova Assembleia de Condóminos para o dia 20 de Junho, no mesmo local, pelas 21.00 horas.

A Assembleia constituir-se-á, então, com os condóminos presentes, desde que estes representem – pelo menos – um quarto do valor total do prédio (nº 4 do artigo 1432º do Código Civil).

Com os melhores cumprimentos.

A Administração

PROCURAÇÃO

Manuel António Leitão, proprietário da fracção autónoma designada pela letra "*E*", correspondente ao 2º andar direito do edifício constituído sob o regime da propriedade horizontal, vem **delegar** no Sr. Rui Rodrigues, portador do Bilhete de Identidade nº 123 456 789, plenos poderes para discutir e deliberar relativamente aos assuntos constantes na Ordem de Trabalhos da Assembleia de Condóminos designada para o próximo dia 17 de Junho.

Coimbra, 5 de Junho de 2011.

O Proprietário

Ao
Administrador do Condomínio
Alameda Dr. Júlio Henriques,
nº 59.
3000-457 Coimbra.

Coimbra, 10 de Junho de 2011.

ASSUNTO: CONDÓMINO NÃO RESIDENTE

Artur Jorge Teixeira, proprietário da fracção autónoma designada pela letra "J" – 4º andar direito – do edifício constituído sob o regime da propriedade horizontal, vem em conformidade e, para os efeitos do disposto no nº 9 do artigo 1432º do Código Civil, indicar novo domicílio:

Av. Dias da Silva, nº 111
3000 Coimbra

Com os melhores cumprimentos

O Proprietário

LEGISLAÇÃO

Ao
Administrador do Condomínio
Alameda Dr. Júlio Henriques,
nº 59.
3000-457 Coimbra.

Coimbra, 10 de Junho de 2011.

ASSUNTO: Encargos conservação e fruição/contrato arrendamento.

Artur Jorge Teixeira, proprietário da fracção autónoma designada pela letra "*J*" – 4º andar direito – do edifício constituído sob o regime da propriedade horizontal, vem comunicar a essa Administração, encontrar-se a referida fracção arrendada.

Mais informa, todos os encargos de conservação e fruição das partes comuns serem da responsabilidade do novo arrendatário, conforme contrato de arrendamento, cuja cópia se anexa.

Com os melhores cumprimentos

O Proprietário

PROCURAÇÃO

Joaquim Lucas Jesus, casado, titular do Cartão de Cidadão nº 321 654 987, na qualidade de proprietário da fracção autónoma designada pela letra "G" – 3.º andar esquerdo – do prédio sito na Alameda Dr. Júlio Henriques, nº 59, em Coimbra, constitui seu bastante Procurador o Sr. Paulo Grilo, portador do Bilhete de Identidade nº 123 789 654, residente na Av. Fernão de Magalhães nº 584 – 1º Dtº, em Coimbra, a quem confere poderes para o representar na Assembleia de Condóminos do referido condomínio a ter lugar no próximo dia 17 de Junho de 2011.

Coimbra, 5 de Junho de 2011.

O Condómino

LISTA DE PRESENÇAS

Condomínio: Alameda Dr. Júlio
Henriques, nº 59, Coimbra

Assembleia, 1 de Junho de 2011.

Nome	Fracção	Permilagem	Assinatura
	"A" – R/Dtº		
	"B" – R/Esq.		
	"C" – 1º Dtº		
	"D" – 1º Esq.		
TORAL PERMILAGEM			

CONDOMÍNIO – CASOS RESOLVIDOS, LEGISLAÇÃO E JURISPRUDÊNCIA

ACTA Nº 11

Aos 17 dias do mês de Junho de dois mil e onze, pelas vinte e uma horas, reuniu a Assembleia de Condóminos do edifício constituído sob o regime da propriedade horizontal, sito na Alameda Dr. Júlio Henriques, nº 59, para deliberar sobre os assuntos constantes da *Ordem de Trabalhos.*

Ponto UM: Apresentação discussão e votação do relatório de contas relativas ao período de um de Abril de dois mil e nove a trinta e um de Maio de dois mil e onze.

Ponto DOIS: Eleição da Administração para o exercício de 1 de Junho de dois mil e onze a trinta e um de Maio de dois mil e doze.

Ponto TRÊS: Apresentação, discussão e votação do orçamento previsional para o exercício.

A Assembleia de Condóminos foi regularmente convocada por carta registada.

À hora marcada, encontravam-se presentes os condóminos das seguintes fracções: *A, B, F* .... e, representados os condóminos das fracções "*E*" e "*G*"; conforme "Lista de Presenças" devidamente rubricada que se anexa e faz parte integrante da presente Acta.

Exerceu as funções de presidente da mesa da Assembleia de Condóminos, o Sr. Camilo Fernandes.

Verificada a regularidade da Convocatória e, o quórum necessário para a constituição da Assembleia, o presidente da mesa declarou iniciada a reunião de condóminos.

Relativamente ao Ponto UM da Ordem de Trabalhos, foram aprovadas por unanimidade, as contas apresentadas pelo presidente da mesa da Assembleia que ficam anexas à presente Acta.

No Ponto DOIS: ....

No Ponto TRÊS,

Nada mais havendo a tratar, encerraram-se os trabalhos da Assembleia, pelas 23.00 horas, lavrando-se a presente Acta que vai ser assinada pelo presidente desta Assembleia e por todos os condóminos presentes.

COMUNICAÇÃO CONDÓMINOS AUSENTES

No seguimento do disposto no nº 6 do artigo 1432 do Código Civil, vimos pela presente, comunicar a V. Exas., deliberação da Assembleia de Condóminos.

Assim, junto anexamos Acta nº 11 da Assembleia de Condóminos, realizada no passado dia 17 de Junho do corrente ano.

Por força dos nºs 5 e 7 do artigo 1432º do Código Civil, V. Exª dispõe do prazo de 90 (noventa dias) para comunicar por escrito o seu assentimento ou, a sua discordância.

A falta de resposta à presente comunicação, será considerada como aprovação das deliberações, como resulta do exposto no nº 8 do artifgo 1432º do Código Civil.

Com os melhores cumprimentos.

Coimbra, 27 de Junho de 2011.

A Administração

COMUNICAÇÃO ASSEMBLEIA DE CONDÓMINOS
(Discordância)

À
Administração do Condomínio
Alameda Dr. Júlio Henriques, nº 59
3000-457 Coimbra.

Na sequência da v/ comunicação datada de 27 de Junho do corrente ano e, na qualidade de legítimo e legal proprietário da fracção autónoma designada pela letra "G" do edifício em epígrafe, cumpre por força do disposto no artigo 1432º do Código Civil, apresentar total e completa discordância da Assembleia de Condóminos realizada dia 17 de Junho.

Os motivos atinentes à referida discordância, consubstanciam-se, nos seguintes fundamentos:

1º ...
2º ...
3º ...

Com os melhores cumprimentos.

O Condómino

LEGISLAÇÃO

REQUERIMENTO: ASSEMBLEIA EXTRAORDINÁRIA DE CONDÓMINOS
(nº 2 do artigo 1431º do Código Civil)

Exmo. Senhor
Administrador do Condomínio
Alameda Dr. Júlio Henriques, nº 59.
3000-457 Coimbra.

Fernando Oliveira Duarte, casado, no regime da comunhão geral de bens, com Mariana Coelho Dias, legítimo e legal proprietário da fracção autónoma designada pela letra "*H*", com a permilagem de 10%, Mário Luís Campos, solteiro, legítimo e legal proprietário da fracção autónoma designada pela letra "*C*", com a permilagem de 10% e, Álvaro Magalhães, casado no regime da comunhão de adquiridos com Cristina Marques, legítimos e legais proprietários da fracção designada pela letra "*K*", com a permilagem de 10%; *vêem* em conformidade com o disposto no nº 2 do artigo 1431º do Código Civil, **solicitar** a V. Exª, na qualidade de Administrador, a **convocação** de uma **Assembleia Extraordinária de Condóminos**, para discussão e aprovação das seguintes matérias:

1. Reparação do ascensor;
2. Pintura da fachada do edifício;
3. Obras de manutenção e conservação do edifício.

Com os melhores cumprimentos.

Os Condóminos

Exmos. Senhores
Alameda Dr. Júlio Henriques, nº 59.
3000-457 Coimbra.

CONVOCAÇÃO ASSEMBLEIA EXTRAORDINÁRIA DE CONDÓMINOS

Em conformidade com o disposto no nº 2 do artigo 1431º do Código Civil, vimos pela presente, convocar V. Exª para a Assembleia Extraordinária de Condóminos a realizar no próximo dia 15 de Outubro de 2011, pelas 21,00 horas, na sala do condomínio, com a seguinte Ordem de Trabalhos.

1. Reparação do ascensor;
2. Pintura da fachada do edifício;
3. Obras de manutenção e conservação do edifício.

Conforme resulta do disposto no nº 1 do artigo 1419º, em conjugação com o nº 2 do artigo 1431º – *in fine* – ambos do Código Civil, o ponto nº 4 da presente Ordem de Trabalhos, carece do acordo de todos os condóminos.

Com os melhores cumprimentos.

A Administração

ACTA Nº 12

Aos quinze dias do mês de Outubro de dois mil e onze, pelas vinte e uma horas, reuniu a Assembleia Extraordinária de Condóminos do edifício constituído sob o regime da propriedade horizontal, sito na Alameda Dr. Júlio Henriques, nº 59, para deliberar sobre os assuntos constantes da *Ordem de Trabalhos*.

Uma vez, verificada a regularidade da convocatória e o quórum deliberativo, o presidente da mesa da Assembleia declarou iniciada a reunião, concedendo a palavra ao Sr. Administrador para uma breve exposição sobre os diversos pontos da *"Ordem de Trabalhos"*.

Ponto UM: Reparação do ascensor.

Ponto DOIS: Pintura da fachada do edifício.

Nada mais havendo a tratar, encerraram-se os trabalhos da Assembleia, pelas 23.00 horas, lavrando-se a presente Acta que vai ser assinada pelo presidente desta Assembleia e por todos os condóminos presentes.

Exmo. Senhor
Juiz das Varas Cíveis de Lisboa.

Manuel Joaquim Guerra, solteiro, veterinário, residente na Av. Elias Garcia, nº 76 – R/c Dtº, 1050-038 Lisboa

vem propor contra.

Cristina Maria Branco, residente na Av. Elias Garcia, nº 76 – R/c Esq., 1050-038 Lisboa;
Mário Wilson, residente na Av. Elias Garcia, nº 76 – 1º Dtº., 1050-038 Lisboa;
José Cano de Brito, residente na Av. Elias Garcia, nº 76 – 1º Esq., 1050 Lisboa;
Outros...[56]

**Acção declarativa constitutiva
de anulação de deliberação de assembleia de condóminos
com processo comum ordinário**

nos termos e com os fundamentos seguintes:

I – Dos factos

1º

O Autor é o legítimo e legal proprietário da fracção autónoma designada pela letra "*A*" do edifício afecto ao regime da propriedade horizontal sito no nº 76 da Avenida Elias Garcia, em Lisboa (junta-se como Doc.1 certidão do registo predial, em que se comprova a qualidade de condómino do Autor, e onde se encontra identificada a fracção por si detida).

2º

O edifício já identificado é administrado, desde Setembro de 2007, pela empresa *VitóriaCondominium – Administração de Propriedades*, com sede na Av. Norton de Matos, em Lisboa (conforme Acta nº 11, que se dá aqui como integralmente reproduzida e que se junta como Doc.2).

---

[56] Nota: Todos os condóminos.

3º

Aos 11 dias do mês de Fevereiro de 2010, teve lugar a Assembleia de Condóminos (junta cópia da Acta como Doc.3, que se dá aqui como integralmente reproduzido), que teve como *"Ordem de Trabalhos"*, entre outros, o seguinte ponto nº 4:

"Reparação elevador".

Porém,

4º

Infelizmente, na Assembleia realizada na referida data – 11 de Fevereiro – apenas foram concluídos os dois primeiros pontos da *"Ordem de Trabalhos"*, sendo a referida Assembleia sido suspensa e agendada, desde logo, a sua continuação para o dia 19 de Fevereiro de 2010.

5º

Em 19 de Fevereiro de 2010, ocorreu a continuação da Assembleia de Condóminos iniciada – então – em 11 de Fevereiro de 2010, entrando-se na discussão do ponto 4 da *"Ordem de Trabalhos"*.

6º

Compreensivelmente, não existiu qualquer tipo de Convocatória – carta registada e/ou livro de protocolo – com uma *"nova"* *"Ordem de Trabalhos"*.

7º

Efectivamente – ponto fundamental – a assembleia de condóminos realizada aos 19 de Fevereiro de 2010, não constituía uma ***próxima*** Assembleia, mas antes de mais, a simples ***continuidade*** da Assembleia iniciada em 11 de Fevereiro de 2010.

8º

Tanto assim, que não existiu qualquer convocatória, mas apenas uma simples **circular interna**, afixada pela Administração do Condomínio no hall de entrada do edifício, referindo-se expressamente à continuação daquela Assembleia.

9º

Na reunião de condóminos, realizada aos 19 de Fevereiro de 2010, continuação da Assembleia de Condóminos iniciada no dia 11 de Fevereiro de

2010, ao iniciar a *"Ordem de Trabalhos"*, apresentou a Administração no ponto 6. *"Outros Assuntos"* uma proposta para *"Antecipação de quotizações, no montante de € 300,00 (trezentos euros) para fazer face às despesas de reparação do elevador"*.

10º

Foi, portanto, criada uma forma alternativa e absolutamente ilegal para votar, indevidamente um ponto da Ordem de Trabalhos, ao qual o presente Autor sempre manifestou a mais profunda discordância.

11º

Foi no entanto, como ficou devidamente patenteado, criada uma forma alternativa e ilegal de conseguir votar o dito orçamento suplementar.

12º

Aproveitando, indirecta e indevidamente, um ponto da *"Ordem de Trabalhos"* da Assembleia iniciada em 11 de Fevereiro de 2010, ainda por discutir, intitulado por *"Outros Assuntos"*, nele inserindo a discussão e aprovação do referido orçamento suplementar.

13º

Por outro lado, como consta da referida Acta *"reparação a suportar por todos os condóminos, sem excepção"*.

Sucede que,

14º

Por motivos de saúde, decorrentes de um acidente de automóvel, o ora Autor ficou manifestamente impossibilitado em comparecer na reunião de condóminos agendada para o dia 19 de Fevereiro de 2010, conforme documento hospitalar que se dá aqui como integralmente reproduzido (Doc.4).

15º

Mais! A todas estas situações, ainda, acresce o facto daquela Assembleia de Condóminos encontrar-se assinada por condóminos que jamais se encontravam presentes em 11 de Fevereiro de 2010.

LEGISLAÇÃO

16º

O que, eventualmente, poderá demonstrar a intenção maléfica da Administração em fazer aprovar um orçamento suplementar.

II – Do direito

17º

A referida deliberação de aprovação de um orçamento extraordinário tomada na assembleia de 19 de Fevereiro de 2010 é anulável, nos termos do disposto no nº 1433º do Código Civil.

18º

Além do mais, ainda representa uma clara violação ao disposto no nº 4 do artigo 1424º do Código Civil.

Isto porquanto,

19º

O próprio edifício, não possuir quaisquer garagens.

20º

Nem, sequer arrecadações.

21º

Inclusive, mais de um condómino opôs-se a que fosse discutido aquele orçamento extraordinário (condómino X e Y, como muito bem se pode constatar a folhas e e 4 da Acta de 19 de Fevereiro de 2010 (Doc.5).

22º

Para além do já exposto, não faz qualquer sentido aprovar um orçamento suplementar ou extraordinário quando ainda não foram fiscalizadas nem tão pouco aprovadas as contas de 2009 e 2010.

23º

Naturalmente, esta situação de descontrolo das contas e despesas apresentadas pela Administração é totalmente inaceitável.

24º

A presente acção é tempestiva, nos termos conjugados dos artigos 1433º, nº 4 e 279º, alínea *e*) do Código Civil.

25º

Correm os seus termos junto da 1ª Vara Cível de Lisboa, 1ª Secção, os autos de providência cautelar nº 123 123/10, em que o ora Autor requereu a suspensão da deliberação acima melhor identificada, e da qual vem agora, por via de acção, requerer a anulação.

Nestes termos e nos melhores de Direito, que V. Exª doutamente suprirá deve a presente acção ser julgada procedente pró provada e, consequentemente, ser decretado o seguinte:

a) A anulação, nos termos dos artigo 1432º, nº 2, e 1433º, nº 4, do Código Civil, da deliberação da assembleia de condóminos de 19 de Fevereiro de 2010 do prédio sito no nº 76 da Av. Elias Garcia, em Lisboa, que aprovou um orçamento suplementar.

b) Ou caso se entenda que a referida deliberação não foi tomada numa continuação da assembleia iniciada a 11 de Fevereiro de 2010, mas antes numa nova assembleia.

Para tanto se requer que seja citada a administração do condomínio, nos termos do artigo 1433º, nº 6 do Código Civil, à semelhança do verificado na providência cautelar dependente da presente acção, ou se assim não se entender os condóminos ora Réus na presente acção.

Mais se requer a V. Exª, nos termos do artigo 383º nº 3 do Código de Processo Civil, a apensação à presente acção dos autos de providência cautelar que correm seus termos junto da 1ª Vara Cível de Lisboa, 1ª Secção, sob o nº 123 123/10, em que o ora Autor requereu a suspensão da deliberação acima indentificada.

Valor: 30.000,01 €

Junta: – Procuração forense.

           – comprovativo de liquidação da taxa de justiça.

           – 5 documentos e cópias legais.

O Advogado
Francisco Cabral Metello

Exm.º Senhor
António Bentes
Alameda Dr. Júlio Henriques,
n.º 59 – 5.º Esq.
3000-457 Coimbra.

Coimbra, 1 de Junho de 2011.

ASSUNTO: Liquidação quotizações condomínio.
          Dívida: € 521,42 Euros.

Exm.º Senhor,

Na qualidade de Advogado, fui incumbido pela Administração do Condomínio sito na Alameda Dr, Júlio Henriques, n.º 59, em solicitar o pagamento da quantia de € 521,42 (Quinhentos e vinte e um euros e quarenta e dois cêntimos), referente a quotizações em atraso da fracção "D".

Assim, aguardamos o envio do pagamento para este escritório ou, um seu contacto para elaboração de um eventual plano de pagamento.

No caso de não recebermos qualquer contacto, num prazo de 8 (oito) dias, partiremos do pressuposto não estar interessado em resolver esta questão de forma extrajudicial.

Na expectativa da v/ breve apreciação.

Com os melhores cumprimentos.

O Advogado
Francisco Cabral Metello

Processo de Execução Fiscal / Penhora de bens

DIRECÇÃO-GERAL DOS IMPOSTOS
DIRECÇÃO DE FINANÇAS DE LEIRIA

SERVIÇO DE FINANÇAS DE CALDAS DA RAINHA

Ofício	Data 28.01.09
Processo	20
Contribuinte	
Sua Ref³:	
Técnico	Isabel Mateus

Exm°s Srs.:

Rua Prof.

Reg. C/ AR

Assunto: venda por proposta em carta fechada
Citação de credores

PROC° DE EXEC.FISCAL N° 1350200401001531 e aps

Fica por este meio citado, na qualidade de credor, que se procedeu à penhora dos bens pertencentes a   nif   908808   e
                    nif 177317   com domicilio fiscal na
                , para garantia da divida de IVA dos anos de 2002, 2003 e 2004 no valor de € 2906,13 (dois mil novecentos e seis euros e treze cêntimos), ao qual acrescem os respectivos juros de mora e custas do processo.

Mais fica citado de que, nos termos do art° 240° do C.P.P.T., pode, querendo, dentro do prazo de **15 dias** a contar da citação, reclamar os seus créditos.

A data da venda por proposta em carta fechada é   de Março de 2009 pelas **10 h 30 m**   e o valor atribuído é de €   710,00 (setecentos e dez euros) respeitante à fracção "J" do **prédio urbano** inscrito na respectiva matriz sob o art° **15**   da freguesia de

O valor base para a venda é de 70% do valor atribuído de acordo com o estipulado no n° 2 do art° 250° do CPPT.

Com os melhores cumprimentos

Por delegação do Chefe de Finanças
Publicado no DR n° 192 de 2008.10.03 II Série
A ADJUNTA

(Teresa Custódio)

LEGISLAÇÃO

INJUNÇÃO N.º TRIBUNAL JUDICIAL Comarca das	Assinalar com X as situações de opção indicadas no formulário	Este documento tem força executiva
Data de entrada :	Obrigação emergente de transacção comercial (DL n.º 32/2003, de 17 de Fevereiro) .... ☐ Sim ☐ Não	___ , __/__/__
Assin. Func. :	Domicílio convencionado .... ☐ Sim ☐ Não	O Secretário de Justiça,

Senhor Secretário de Justiça de : Caldas da Rainha

Nome / Designação do **requerente** *(1)* : Condomínio

Endereço de correio electrónico: .

Domicílio: _   CP: ˙

Tel.:   Fax :˙   NIF : 9007˙ ˙

Mandatário: _____   Cédula profissional : _____

Endereço de correio electrónico: _____

Domicílio profissional: _____   CP _____ - _____

Telf. : _____   Fax : _____   NIF : _____

(1) : Havendo mais requerentes, utilize a folha de continuação, indicando o número total de folhas que constituem o requerimento..... ☐

Nome / Designação do **requerido** *(2)*: Maria da Conceição Fernandes Santos do Carmo

Endereço de correio electrónico: _____

Domicílio: CP .

Telf. : _____   Fax : _____   BI : _____   NIF : _____

(2) : Havendo mais requeridos, utilize a folha de continuação, indicando o número total de folhas que constituem o requerimento...... ☐

Apresentar à distribuição no caso de frustração da notificação do requerido .... ☒ Sim ☐ Não

Indicar o Tribunal para distribuição : Tribunal Judicial da Comarca de Caldas da Rainha

Notificação a efectuar por solicitador de execução .... ☐ Sim ☒ Não

Notificação a efectuar por mandatário judicial... ☐ Sim ☒ Não

Em caso afirmativo, indicar o seu nome, domicílio profissional e cédula profissional : _____

_____ CP _____ - _____ Cédula profissional : _____

Telf.: _____   Fax : _____   Endereço de correio electrónico : _____

O(s) requerente(s) solicita(m) que seja(m) notificado(s) o(s) requerido(s), no sentido de lhe(s) ser paga a **quantia de € 2.259,19** conforme discriminação e pela causa a seguir indicada :

Capital € 2.151,61 ; Juros de mora € 107.58, à taxa de 5% desde 01/09/2000 até à presente data;

Taxa de justiça paga € 48 ; Outras quantias € _____._____

Contrato de :

1. Abertura de crédito	6. Compra e venda a prestações		11. Mútuo	
2. Aluguer	7. Empreitada		12. Seguro	
3. Aluguer de longa duração	8. Financiamento para aquisição a crédito		13. Utilização de cartão de crédito	
4. Arrendamento	9. Fornecimento de bens ou serviços	X	14. Outro (indicar qual em Obs.)	
5. Compra e venda	10. Locação financeira			

Origem do crédito

Contrato n.º _____   Data do contrato ___/___/___   Período a que se refere ___/___/___ a ___/___/___

Obs. / Descrição sumária.: O Condomínio deliberou que a quota mensal do requerido seria de €18.45 (setenta e três euros e oitenta cêntimos) de 01/09/2000 a 01/12/2002, €19.50 (dezanove euros e cinquenta cêntimos) de 01/01/2003 a 01/10/2006; €21.41 de 01/11/2006 até à presente data e o valor de €502.50 (quinhentos e dois euros e cinquenta cêntimos) para obras de impermeabilização do condomínio, quotas estas pagas mensalmente até ao dia oito de cada mês. A requerida é proprietária do 2º Dto, fracção I e Garagem E, várias foram as vezes que administração contactou e tentou contactar a requerida não mostrando esta, qualquer interesse, estando assim em dívida com o condomínio as mensalidades correspondentes a 01/09/2000 até à presente data. A dívida existente corresponde às duas fracções.

Em   O requerente, _____

243

CONDOMÍNIO – CASOS RESOLVIDOS, LEGISLAÇÃO E JURISPRUDÊNCIA

Tribunal Judicial das

Exmº Senhor(a):
CONDOMINIO RUA

NOTIFICAÇÃO DA REMESSA À DISTRIBUIÇÃO

Fica notificado(a) o(a) destinatário(a) da remessa à distribuição dos autos abaixo discriminados.

Injunção Nº	Requerente(s)	Requerido(s)
/2007	CONDOMINIO RUA	

22 OUTUBRO 2008

O Oficial de Justiça,

MAIS FICA NOTIFICADO QUE IRÁ PARA DISTRIBUIÇÃO NO DIA 24
E PARA NO **PRAZO DE 10 DIAS** PROCEDER À AUTOLIQUIDAÇÃO DA TAXA DE JUSTIÇA
CONFORME DECRETO-LEI Nº269/98, DE 1 DE SETEMBRO COM A RECTIFICAÇÃO Nº 26/2004,
DE 24 DE FEVEREIRO

Ser. Finanças
V./ofício 774 de 28.01.09
Proc. Exec. Fiscal nº 135020040100...

Ao
Juiz de Direito
Tribunal Administrativo e Fiscal de ...

AP – Administração de Condomínios., com sede na Av. 5 de Outubro 115 – 1º Esq., representada pela sócia gerente Florbela Pereira Santinha, vem apresentar **reclamação de créditos** contra Maria Imaculada Pureza, melhor identificada nos autos em epígrafe, o que faz nos termos e fundamentos seguintes:

1º

A ora reclamante exerce a actividade de administração de condomínios.

2º

No âmbito da respectiva actividade, a ora reclamante, foi eleita como Administrador do Condomínio sito no nº 120 da Avenida Marquês de Sá da Bandeira, pelo período de um ano (13 de Novembro de 2008 a 12 de Novembro de 2009), conforme resulta da Acta nº 21, que se dá aqui como integralmente reproduzida (Doc.1).

Nestes termos,

3º

A ora reclamante, prossegue, uma dívida no montante de € 3 333,33 (Três mil trezentos e trinta e três euros e trinta e três cêntimos).

Termos em que requer a V. Exª que, autuada, por apenso, esta reclamação aos autos em epígrafe se digne verificar a existência dos referidos créditos e graduá-los no lugar que lhe competir.

Junta: Duplicados legais
1 Documento.

CONTRATO DE ADMINISTRAÇÃO DE CONDOMÍNIO

Entre:

1. Administração do edifício denominado "Varandas das Avenidas Novas, sito no nº 31 da Avenida de Berna em Lisboa, pessoa colectiva nº 900 123 321, doravante designada por **1ª Contratante**.

2. "VIP – Administração de Condomínios. Ldª", com sede na Avenida da República, nº 115 – 1. Esq. em Lisboa, pessoa colectiva nº 500 123 321, doravante designada por 2ª Contratante.

Considerando, por deliberação da Assembleia Ordinária de Condóminos de 21/02/2011 foi por maioria deliberado entregar a gestão do condomínio à 2ª Contratante, conforme Acta dessa Assembleia anexa ao presente documento e que dele é parte integrante,

É celebrado o presente contrato de prestação de serviços de administração de condomínio, o qual se rege pelas seguintes cláusulas:

CLÁUSULA 1ª

Pelo presente contrato, a **1ª Contratante** entrega a gestão do edifício sito no nº 31 da Avenida de Berna, em Lisboa, à **2ª Contratante**, a qual a aceita.

CLÁUSULA 2ª

Compete à **2ª Contratante**, no âmbito da gestão ora contratada:

a) Manter uma conta em instituição bancária, em nome do Condomínio, exclusivamente afecta às despesas e às receitas do Condomínio;

b) Proceder ao recebimento das quotas do condomínio, contra a quitação de lei;

c) Zelar pela boa conservação do edifício, realizando as obras que se mostrem necessárias nos termos do orçamento aprovado em assembleia de condóminos.

d) Zelar pela segurança de pessoas e bens dentro do edifício, realizando a contratação de porteiros e ou seguranças e ou providenciando a instalação de equipamentos de vigilância electrónica, nos termos do orçamento aprovado em assembleia de condóminos;

e) Proceder ao pagamento de todas as despesas correntes durante o ano relativas às partes comuns, a saber e designadamente: água, luz e limpeza;

f) Proceder em juízo contra os condóminos que incumpram as suas obrigações para com os demais, designadamente por não pagarem as suas quotas e ou por não pagarem a sua quota-parte no fundo legal de obras;

g) Representar o Condomínio, em juízo nas acções em que este seja réu, executado ou por qualquer forma parte passiva

CLÁUSULA 3ª

Por força do presente contrato, a **1ª Contratante** liquidará mensalmente à **2ª Contratante** a quantia de ...

CLÁUSULA 4ª

1. O presente contrato é feito pelo prazo de efectivo de um ano a contar da data da assinatura, sendo renovável automaticamente, salvo vontade contrária das partes, desde que expressa nos termos dos números seguintes.

2. Fica desde já expressamente convencionado que qualquer das partes goza da faculdade de resolver unilateralmente o contrato desde que com um pré-aviso de sessenta dias, reportando ao termo do prazo ou de qualquer das suas renovações.

3. A **1ª Contratante** poderá igualmente resolver o contrato invocando violação culposa de qualquer dos deveres constantes da cláusula 2ª, desde que com um pré-aviso de trinta dias, reportado ao termo do prazo ou de qualquer das suas renovações.

CLÁUSULA 5ª

Para resolução dos litígios emergentes do presente contrato serão competentes os tribunais da Comarca de Lisboa, com expressa exclusão de quaisquer outros.

O presente contrato é efectuado em duplicado, ficando um exemplar em poder de cada um dos **Contratantes**.

Lisboa, ... de .... de 2011

A **1ª Contratante:**

A **2ª Contratante:**

CONTRATO DE PORTEIRO

Entre:

1. **Condomínio** do edifício sito no nº 59 da Alameda Júlio Henriques, em Coimbra, com o nº de pessoa colectiva 900 123 321, aqui representada pelo Sr. Artur Jorge Teixeira, *Administrador*, portador do Bilhete de Identidade nº 123 456 789, doravante designado por **1º Contratante** e

2. Florbela Calado, solteira, porteira, residente no nº 59 da Alameda Júlio Henriques, em Coimbra, contribuinte nº 123 456 789, portadora do Bilhete de identidade nº 987 654 321, emitido em 1.1.2011, doravante designado por **2º Contratante**.

É celebrado e reciprocamente aceite o presente contrato de trabalho de porteira, sem termo, o qual se rege pelas cláusulas seguintes e, no que for omisso, pela legislação aplicável:

CLÁUSULA 1ª

1. O **1º Contratante** admite ao serviço a **2ª Contratante**, para, sob a sua autoridade e direcção desta, exercer as funções inerentes à categoria profissional de Porteiro.

2. As funções a desempenhar pela **2ª Contratante** consubstanciam-se nas descritas na Base II das Portarias nº 2/05 e 05/06 de 1975.

3. Incluem-se no objecto do contrato tarefas conexas com as acima mencionadas bem como, eventuais substituições imediatas por razões de urgência, ou transitórias, no uso do poder de direcção do **1º Contratante**.

CLÁUSULA 2ª

A 2ª Contratante inicia as suas funções no dia 1 de Junho de 2011.

CLÁUSULA 3ª

O local de prestação do trabalho é na sede do 1º Contratante, ou em qualquer outro local que se mostre necessário, face à actividade do 1º Contratante, nos termos dos artigos 194º e 196º do Código do Trabalho.

CLÁUSULA 4ª

1. No período de Verão, que decorre de Maio a Outubro, a 2ª Contratante cumprirá o seguinte horário: dias úteis de Segunda a Sexta-feira das 9.00 horas

às 13.00 horas e das 18.00 horas às 21.00 horas, sendo que aos Sábados, cumprirá o horário das 9.00 horas às 13.00 horas.

2. No período de Inverno, que se considera decorrer entre os meses de Novembro a Abril, a 2ª Contratante cumprirá o seguinte horário de trabalho: dias úteis de Segunda a Sexta-feira, das 9.00 horas às 13.00 horas e das 17.00 horas às 20.00 horas, sendo que os Sábados serão dias de folga.

CLÁUSULA 5ª

1. O 1º Contratante pagará à 2ª Contratante a retribuição mensal de € 485,00 (quatrocentos e oitenta e cinco euros) sobre a qual incidirão os descontos legais, sendo o pagamento efectuado no último dia útil de cada mês.

2. Todos os valores indicados são revistos anualmente, por aplicação do índice de evolução da taxa de inflação nos últimos 12 meses.

CLÁUSULA 6ª

1. A 2ª Contratante habitará as instalações existentes no prédio do 1º Contratante, sito no piso 6, destinada a Porteiro.

2. Pelo uso desta habitação, a 2ª Contratante pagará um valor mensal de € 110 (cento e dez euros), sendo que, todas as despesas referentes ao consumo de água, electricidade e gás serão suportadas pela 2ª Contratante.

3. A 2ª Contratante obriga-se a conservar no estado actual, que aceita como bom, o imóvel e os bens que aí se encontrem, descritos no Anexo I do presente Contrato.

4. Com a Cessação do presente contrato, por qualquer dos motivos previstos no Código do Trabalho, cessa também o direito de habitação da 2ª Contratante, a qual deverá devolver o imóvel devoluto de bens e pessoas.

CLÁUSULA 7ª

1. São funções da 2ª Contratante as compreendidas na Cláusula 1ª, e ainda:

a) Vigiar as entradas e saídas do prédio;

b) Não se ausentar sem autorização do administrador em exercício, salvo urgência inadiável, que deverá justificar;

c) Providenciar pela limpeza das partes comuns do prédio do 1º Contratante, a qual deve ser efectuada regularmente;

d) Prestar informações sobre o prédio;

e) Se necessário, indagar das pessoas desconhecidas o andar a que se dirigem e a pessoa que procuram;

f) Receber as reclamações dos inquilinos e/ou proprietários/condóminos;

g) Reportar ao Administrador os incidentes anormais que se revelem com interesse, devendo em caso de urgência (como por exemplo, fuga de gás ou água, curto circuito, crime ou outros) contactar directamente as entidades competentes;

h) Quando necessário substituir lâmpadas ou fusíveis nas partes comuns do edifício;

i) Proceder à recolha e limpeza dos recipientes do lixo, tarefa essa que será assegurada independentemente de a trabalhadora, estar ou não no seu horário de trabalho, férias, feriados ou outra circunstância de não prestação efectiva do trabalho e sem que a prestação desses serviços dê lugar a qualquer remuneração normal ou especial;

j) Vigiar e prestar assistência ao imóvel, sempre que neste se encontre, ainda que fora do horário de trabalho, ou a dia que não seja de prestação de trabalho.

2. Sem prejuízo de outras disposições aplicáveis ao presente contrato, deve a 2ª Contratante no exercício das suas funções:

a) Tratar com urbanidade os ocupantes do prédio, seja qual for o título de ocupação que detenha, atendendo as suas solicitações legítimas;

b) Utilizar a habitação e as serventias comuns de forma a não causar prejuízos ou estragos e a não incomodar os outros moradores;

c) Vigiar os vestíbulos, escadas e serventias comuns aos moradores, de modo a evitar a incorrecta utilização susceptível de danificar o prédio;

d) Cumprir e fazer cumprir, na parte que lhe respeita, por todas as prescrições sobre a utilização dos ascensores:

e) Cumprir as determinações do 1º Contratante que não contrariem as disposições regulamentares, nem as fixadas no presente contrato.

CLÁUSULA 8ª

Constituem direitos da 2ª Contratante:

a) O uso e habitação das instalações que lhe são destinadas;

b) O direito ao respeito dos condóminos e inquilinos do prédio, e a receber dos mesmos a necessária colaboração ao cabal exercício das suas funções;

c) O gozo das férias, calculadas e asseguradas nos termos dos artigos 237º a 239º, 241º a 239º e 244º, todos do Código do Trabalho.

d) Os demais direitos consagrados na legislação em vigor.

CLÁUSULA 9ª

Sem prejuízo de outras obrigações, o 1º Contratante será obrigado a:

a) Pagar pontualmente a retribuição, que deve ser justa e adequada ao trabalho;

b) Respeitar e tratar com urbanidade a 2ª Contratante;

c) Assegurar boas condições de trabalho;

d) Fornecer os artigos de limpeza e outros utensílios que se apresentem necessários ao desempenho das funções da 2ª Contratante.

CLÁUSULA 10ª

1. Ocorrendo justa causa, qualquer dos Contratantes pode rescindir o presente contrato, comunicando, por forma inequívoca, essa vontade à outra parte.

2. Em caso de despedimento com justa causas da 2ª Contratante, o 1º Contratante fica obrigado a um aviso prévio nunca inferior a trinta dias, salvo quando a justa causa se referir a ofensas morais ou corporais, devidamente testemunhadas, na pessoa do proprietário, administrador, inquilinos e seus familiares.

3. Quando a cessação do presente Contrato opere por iniciativa do 1º Contratante, fica o mesmo obrigado a um aviso prévio nunca inferior a noventa dias.

CLÁUSULA 11ª

1. No que não se encontra especialmente previsto neste contrato serão aplicáveis as disposições legais pertinentes.

2. Na integração de lacunas e resolução de dúvidas eventualmente emergentes do clausulado no presente contrato, aplicar-se-á o regime estabelecido na legislação especial para o sector.

Coimbra, 1 de Junho de 2011.

1º Contratante:

2º Contratante:

CONTRATO DE TRABALHO A TERMO CERTO

Entre:

1º *A ADMINISTRAÇÃO do Condomínio do Edifício "VARANDAS DO MONDEGO"*, sito na Av. Marechal Gomes da Costa, nº 71, freguesia da Sé, concelho de Coimbra, entidade equiparada a pessoa colectiva nº 999 999 999, aqui representada pelo **Administrador**, Mário Rui Campos Costa, com o nº de Contribuinte 123 345 678, residente no 3º Dtº do Edifício *"Varandas do Mondego"*, com poderes para este acto, doravante designada abreviadamente por *ADMINISTRAÇÃO*; e

2º António Manuel Oliveira, solteiro, residente na Av. Emídio Navarro, nº 71 – R/c Esq. Portador do Bilhete de Identidade nº 123 456 789, emitido pelo Arquivo de Identificação de Lisboa e contribuinte fiscal nº 789 456 123, adiante designado como **TRABALHADOR**, acordam entre si o presente contrato de trabalho a termo certo, celebrado em conformidade com o disposto no artigo 139º e seguintes da Lei nº 99/2003 de 27 de Agosto, e que se regerá pelas seguintes cláusulas:

1ª

A Administração admite o Trabalhador ao seu serviço para desempenhar as funções inerentes à Categoria Profissional de Porteiro, bem como outras de que o possa incumbir ao abrigo das Convenções Colectivas aplicáveis ao sector.

2ª

A actividade do trabalhador será prestada nas instalações do *Condomínio do Edifício "VARANDAS DO MONDEGO"*, sito na Av. Marechal Gomes da Costa, nº 71, em Coimbra.

3ª

O trabalhador auferirá como contrapartida pelos serviços prestados e a pagar pela *Administração* o salário ilíquido mensal de € 500,00 (Quinhentos e euros), a que serão efectuados os descontos legais, e um subsídio de alimentação por cada dia de trabalho efectivo de € 8,25 (oito euros e vinte e cinco cêntimos).

4ª

O presente contrato é celebrado pelo prazo de um ano, tendo o seu início em 1 de Fevereiro de 2007 e termo a 31 de Janeiro de 2008.

5ª

O horário de trabalho será conforme ao afixado no local de trabalho, podendo o mesmo ser alterado, mantendo-se o quantitativo máximo de 40 horas semanais, sem prejuízo de alteração legislativa

6ª

O trabalhador terá direito a férias, subsídio de férias, e subsídio de Natal nos termos legais.

7ª

A celebração do presente contrato motiva-se no facto de se tratar da execução de uma tarefa ocasional e deliberado anualmente em Assembleia Geral de Condóminos, e que consiste num serviço de vigilância suplementar às câmaras existentes e na abertura dos portões aos condóminos como serviço de cortesia, nos termos da Lei nº 99/2003 de 27 de Agosto.

8ª

No que for omisso, o presente contrato regular-se-á nos termos da Lei.

Feito em Coimbra, no dia 1 Junho de 2011, em dois exemplares, ficando cada contraente com um exemplar, devidamente assinado.

A administração:

O trabalhador:

CONDOMÍNIO – CASOS RESOLVIDOS, LEGISLAÇÃO E JURISPRUDÊNCIA

Pré-mediacao: 26/5/9, 12.30h

> Julgado de Paz de Lisboa
> Entrada em 1 / 5 / 9
> Processo Nº 389/ 9 - JP

Exmº Senhor Dr. Juiz de Paz
Julgados de Paz
Lisboa

"Glorioso Condominium – Administração de Condomínios", com sede no nº 11 do Largo Cosme Damião, em Lisboa, na qualidade de **Administrador** do Condomínio sito no nº 108 da Avenida 5 de Outubro, freguesia de Nª Senhora de Fátima, em Lisboa.

vem intentar contra:

Adelino Martins e **Vitória Brilhante**, casados sob o regime da comunhão de adquiridos, ambos residentes nesta cidade de Lisboa, na Avenida 5 de Outubro, nº 108-R/c Esq. 1050-038 Lisboa.

Acção de cumprimento

o que faz, nos termos e fundamentos seguintes:

1º

Os ora requeridos, são os legítimos e legais proprietários de uma fracção autónoma, sita no R/c Esq. do nº 108 da Avenida 5 de Outubro, freguesia de Nª Senhora de Fátima, em Lisboa (conforme Doc.1 que se dá aqui como integralmente reproduzido).

2º

Edifício, afecto ao regime da propriedade horizontal; vulgarmente designado por "108 Varandas".

3º

E, consequentemente, "Entidade equiparada a Pessoa Colectiva", com o nº 900 111 222.

Ora sucede que,

4º

A ora A., dedica a sua actividade profissional à gestão e administração de condomínios.

5º

Assim, em Junho de 2005, a ora A., assumiu legítima e legalmente, por força do disposto no artigo 1435º do Código Civil, o cargo de Administrador do referido condomínio, conforme resulta da Acta nº 31 que se dá aqui como integralmente reproduzida (Doc.2).

Aliás,

6º

Na própria presença e, absoluta concordância dos ora RR.

Porém

7º

Desde Janeiro de 2007 e, até à presente data, os ora RR não têm contribuído de forma regular e atempada para a "satisfação"/liquidação de quaisquer "despesas do condomínio", como resulta da sua estrita responsabilidade por força do disposto no artigo 1424º do Código Civil.

Ou seja:

8º

As vulgar e corriqueiramente designadas *"quotizações"*.

E,

9º

Muito menos, ainda, qualquer tipo de contribuição no que tange à realização de todas e quaisquer **obras de conservação** do referido condomínio.

Obras de conservação, devida e regularmente aprovadas em Assembleia de Condóminos, conforme resulta da Acta nº 33, que se dá aqui como integralmente reproduzida (Doc.3).

Cujo montante global ronda ps € 8 000,00 (Oito mil euros).

10º

Ao que corresponde, por força da respectiva permilagem da fracção autónoma corresponde ao R/c Esq., propriedade do Sr. Adelino Martins e Vitória Brilhante, o montante de € 592,00 (Quinhentos e noventa e dois auros) (Doc.4).

Nesse sentido,

11º

A presente administração do referido condomínio – *GloriosoCondominium – Administração de Condomínios* – tem desenvolvido diversas diligências junto dos ora identificados, tenhdo em vista a regular liquidação das apelidadas "despesas do condomínio" e/ou contribuição das "obras de conservação".

Todavia,

12º

Até ao presente momento, quaisquer diligências revelaram-se sempre, absoluta e reiteradamente infrutíferas.

Inclusive,

13º

Até se revela quase impossível, contactar qualquer dos proprietários.

14º

Imiscuindo-se, sempre propositada e deliberadamente, a qualquer tipo de *responsabilidades condominiais*.

Além do mais,

15º

Já, aquando da Assembleia de Condóminos, realizada a 7 de Fevereiro de 2008, foi apurado o montante de € 640,00 (seiscentos e quarenta euros) em dívida, conforme extracto de conta corrente que se dá aqui como integralmente reproduzido (Doc. 5).

"Em virtude de existirem algumas dívidas de quotizações atrasadas deliberou-se que as mesmas conste de Acta, por forma a constituir Título executivo para a respectiva cobrança judicial.

O proprietário do R/c Esq., com a dívida de € 640 (Seiscentos e quarenta euros), referentes à quotização do condomínio à data de 30 de Dezembro de 2008".

Atitude,

16º

Mais uma vez, reafirmada pela vontade dos condóminos em Assembleia e, constante na Acta nº 34; face ao gradual e progressivo avolumar e acumular das "quotizações" e/ou contribuição nas "obras no condomínio", em atraso (Doc.5 e Doc.6).

"Em consequência a Assembleia de Condóminos considerou por unanimidade que a Administração envie mais uma vez carta aos condóminos com quotizações em atraso, concedendo-lhes um máximo de 15 dias para regularizarem os valores em dívida. Caso tais quotizações não sejam devidamente liquidadas, impõe-se o recurso as correspondentes acções judiciais".

Assim sendo,

17º

Aos diversos valores de "quotizações" em atraso € **990,00** (novecentos e noventa euros), contribuição para "obras de conservação" € **592** (Quinhentos e noventa e dois euros); também, já acrescem algumas quotizações do presente ano (Janeiro a Junho de 2009 – € **180,00** (Cento e oitenta euros)), conforme extracto de conta corrente que se dá aqui como integralmente reproduzido (Doc.7).

18º

Já, perfaz, todo um montante de € **1 762,00 (Mil setecentos e sessenta e dois euros)**.

Assim sendo,

19º

Atendendo ao disposto no ordenamento jurídico vigente, os ora proprietários constituem-se automática e **solidariamente responsáveis**, por todos os montantes em dívida.

Nestes termos, requer-se a citação dos proprietários, residentes na Av. 5 de Outubro, 108 – R/c Esq,. 1050-038 Lisboa, para liquidação do montante em causa – € 1 762,00 (Mil setecentos e sessenta e dois euros) – acrescidos dos juros legais, seguindo-se os ulteriores trâmites legais.

Valor: € 1 762,00 (Mil setecentos e sessenta e dois euros).

Junta: Procuração
7 documentos
Liquidação taxa

O Advogado

Francisco Cabral Metello

LEGISLAÇÃO

JULGADO DE PAZ

Exm.º Senhor
Dr. Francisco Cabral Metello
M. I. Advogado
Av.
1070-061 Lisboa

Data: 18-11-2009

Processo N.º 389/2009

Assunto: Decisão final.

Notifica-se V. Exa. da Sentença/Despacho, proferida(a) pelo(a) Senhor(a) Juiz(a) de Paz, cuja cópia junto se envia.

Notifica-se ainda V. Ex.ª que, caso a parte não tenha sido condenada em custas, tem direito a obter o reembolso das custas que tenha adiantado. Para o efeito, deverá dirigir-se ao Julgado de Paz de Lisboa entre o 15.º e o 30.º dia a contar da presente notificação.

Caso a parte tenha sido condenada em custas, o respectivo pagamento poderá ser efectuado através de cheque ou numerário (neste Tribunal) ou mediante o envio de cheque ou vale postal (para este Tribunal).
Os cheques ou vales postais deverão ser emitidos à ordem do Julgado de Paz de Lisboa.

Para qualquer esclarecimento pode contactar o Julgado de Paz nos dias úteis das 9.15h às 19.30h e aos Sábados das 10.15h às 13.30h.

O/A Técnico(a)

Suzana Colen

JULGADO DE PAZ
LISBOA

SENTENÇA

Proc. n.º 389/2009

I - IDENTIFICAÇÃO DAS PARTES

Demandante: Condomínio do prédio sito na

Contribuinte fiscal n.º 900.

Demandados: residente

A

com domicílio profissional

II - OBJECTO DO LITÍGIO

O Demandante intentou contra os Demandados uma acção declarativa de condenação, enquadrada na alínea c), do n.º 1, do artigo 9º, da Lei n.º 78/2001, de 13 de Julho, respeitante a direitos e deveres de condóminos, pedindo a condenação da Demandada a pagar a quantia de €: 1762,00, relativa a prestações de condomínio vencidas e não liquidadas, bem como nos vencidos e vincendos.

Alegou, para tanto e em síntese, que o Condomínio interpelou os Demandados para liquidarem os montantes em dívida acima descriminados. Alegou ainda que os Demandados, apesar de interpelados para tal efeito, nada fizeram.

Os Demandados, regularmente citados, não contestaram, não compareceram na data agendada para a realização da audiência de Julgamento, nem justificaram a falta no prazo legal.

Procedeu-se à realização da audiência de julgamento com observância do legal formalismo, como da acta se alcança.

Cumpre apreciar e decidir.

Verificam-se os pressupostos processuais de regularidade e validade da instância, não existindo mais questões prévias que obstem ao conhecimento do mérito da causa.

JULGADO DE PAZ
LISBOA

III - FUNDAMENTAÇÃO

Consideram-se provados todos os factos articulados pelo Demandante.

A prova produzida resulta do efeito cominatório decorrente do n.º 1, do art. 484.º, do Código de Processo Civil, aplicável por remissão do artigo 63.º, da Lei n.º 78/2001, de 13 de Julho, que diz o seguinte: "Se o réu não contestar, tendo sido ou devendo considerar-se citado regularmente na sua própria pessoa ou tendo juntado procuração a mandatário judicial no prazo da contestação, consideram-se confessados os factos articulados pelo autor". Por sua vez, o artigo 58.º, n.º 2, da Lei n.º 78/2001, de 13 de Julho, que regula os efeitos das faltas, diz que: "Quando o demandado, tendo sido regularmente citado, não comparecer, não apresentar contestação escrita nem justificar a falta no prazo de três dias consideram-se confessados os factos articulados pelo demandante." Além disso, a matéria provada decorre também dos dois documentos apresentados pelo Demandante que se encontram junto aos autos de folhas 6 a 19.

O n.º 3, do artigo 484.º, do Código Processo Civil aplicável por remissão do artigo 63.º da Lei n.º 78/2001, de 13 de Julho diz o seguinte: "Se a resolução da causa revestir manifesta simplicidade a sentença pode limitar-se à parte decisória, precedida da necessária identificação das partes e da fundamentação sumária do julgado".

Assim, da prova produzida, constatou-se que os Demandados são condóminos no condomínio que figura como Demandante nesta acção (cf. doc. a fls. 1 junto com o Requerimento Inicial) e que devem ao Demandante a importância de € 1762,00 relativa a prestações de condomínio vencidas e não liquidadas, relativas ao período compreendido entre Janeiro de 2005 até Junho de 2009, dado que os Demandados se encontram em mora nos termos da alínea a), do n.º 2, do artigo 805.º, do Código Civil, quanto à obrigação prevista no artigo 1424.º, n.º 1, do Código Civil, que diz o seguinte: "Salvo disposição em contrário, as despesas necessárias à conservação e fruição das partes comuns de edifício e ao pagamento de serviços de interesse comum são pagas pelos condóminos na proporção das suas fracções."

Assim, o Demandante é credor dos Demandados na importância de €: 1762,00.

IV- DECISÃO

Os Demandados, Lina Maria da Encarnação Correia Santos e Adalberto de Sousa dos Santos, são condenados a pagar ao Demandante a quantia de €: 1762,00 (mil setecentos e sessenta e dois euros), bem como nos juros vencidos após a interposição da acção.

JULGADO DE PAZ
LISBOA

Custas de €: 70 a pagar pelos Demandados,

, e , com a restituição de € 35 ao Demandante, nos termos dos artigos 8.º e 9.º da Portaria n.º 1456/2001 de 28 de Dezembro.

Os Demandados deverão efectuar o pagamento das custas em dívida num dos três dias úteis subsequentes ao conhecimento da presente decisão, incorrendo numa sobretaxa de € 10,00 (dez euros) por cada dia de atraso no efectivo cumprimento dessa obrigação, conforme disposto nos números 8.º e 10.º, da Portaria n.º 1456/2001, de 28 de Dezembro.

Decorridos dez dias sobre o termo do prazo supra referido sem que se mostre efectuado o pagamento, será enviada certidão para a execução por custas aos Serviços do Ministério Público junto dos Juízos Cíveis de Lisboa, pelo valor então em dívida, que será de € 170 (cento e setenta euros).

A data da leitura da sentença previamente agendada e lida na presença do Demandante.

Registe e notifique.

Lisboa, 6 de Novembro de 2009

Processado por meios informáticos
Revisto pelo signatário. Verso em branco

O Juiz de Paz

(João Chumbinho)

LEGISLAÇÃO

CONTRIBUINTE Nº 506 587 815
AV. D. JOÃO II, Nº1.08.01.E, BLOCO H 1990-097 LISBOA
TELEFONE: 21 790 88 77
FAX: 21 790 88 84
E-MAIL: CUSTASJUDICIAIS@IGFIJ.MJ.PT

DUC (Documento Único de Cobrança)

Tipo de pré-pagamento	Regulamento das Custas Processuais
Tipo de acção	Diligências de execução não realizadas por oficial de Justiça - Tabela II A
Descrição do pagamento	até 30.000,00 €
Entrega electrónica	Obrigatório
Pagamento a prestações	Não

Referência para pagamento	702 580 018 344 925
Montante a pagar	25,50 €
Data de emissão	06-07-2011 13:07:15

O pagamento pode ser efectuado através do Multibanco, da Internet e das instituições de Crédito aderentes (aos balcões ou através da internet), utilizando a referência indicada.
Para efectuar o pagamento pela Internet, utilize o serviço on-line do seu banco, seleccionando «Pagamentos ao Estado». Válido como recibo, após certificação, ou juntamente com o documento emitido pela entidade cobradora.

TAXAS DE JUSTIÇA: O documento comprovativo do pagamento da taxa de justiça perde validade 90 dias após a respectiva emissão, se não tiver sido, entretanto, apresentado em juízo ou utilizado para comprovar esse pagamento, caso em que o interessado solicita ao Instituto de Gestão Financeira e de Infra-Estruturas da Justiça, I. P., **no prazo de seis meses**, a emissão de novo comprovativo quando pretenda ainda apresentá-lo.

A emissão do novo comprovativo só poderá ser efectuada através da internet, utilizando a funcionalidade **"Revalidação de taxas de justiça"**, bastando para o efeito digitar a referência do pagamento do documento original.

Se o interessado não pretender apresentar o comprovativo em juízo, requer ao Instituto de Gestão Financeira e de Infra-Estruturas da Justiça, I. P., no mesmo prazo, o reembolso da quantia despendida, mediante entrega do original ou documento de igual valor, sob pena de reversão para o referido Instituto.

DEPÓSITOS AUTÓNOMOS: Se o documento comprovativo do pagamento do depósito autónomo não for apresentado em juízo ou utilizado para comprovar esse pagamento, o reembolso da quantia despendida pode ser requerido ao Instituto de Gestão Financeira e de Infra-Estruturas da Justiça, I. P., mediante entrega do original ou documento de igual valor, sob pena de reversão para o referido Instituto."

CONDOMÍNIO – CASOS RESOLVIDOS, LEGISLAÇÃO E JURISPRUDÊNCIA

Caixa Geral de Depósitos

Pagamentos ao Estado (DUC-Autoliquidações)

Balcão : 0127 - AV REPUBLICA-LX

Data Mov. : 2011-07-06

Identif. Docum.(15) ....: 702580018344925

Identif. Docum.(23) ....: 02100292027980018344925

Montante da Liquidação ....: 25,50 EUR

Documento Comprovativo do Pagamento
Processado por Computador

Assinatura Cliente

LEGISLAÇÃO

Requerimento Executivo entregue por via electrónica na data e hora indicadas junto da assinatura electrónica do subscritor (cfr. última página), aposta nos termos previstos na Portaria n.º 114/2008, de 6 de Fevereiro

REQUERIMENTO EXECUTIVO

REFª: 7692

TRIBUNAL COMPETENTE, TÍTULO EXECUTIVO E FACTOS

Finalidade: Iniciar Novo Processo   **Ref. de autoliquidação:** 702580018344925

Tribunal Competente:

Forma: Acção Executiva

Especie: Execução Comum (Sol.Execução)

Valor da Execução: 875, € (Oitocentos e Setenta e Cinco Euros e

Objecto da Execução: Pagamento de Quantia Certa - Dívida civil [Execuções]

Título Executivo: Acta

Factos:
Exmo. Senhor
Juiz

                                contribuinte   , com sede na Rua
                                           , representada por
                  , na qualidade de Administradora do Condomínio sito da Rua

Vem propor e fazer seguir acção para cumprimento de quantia certa, contra
António   residente na

      Nos termos e fundamentos seguintes:

1.º
A ora A. exerce a sua actividade profissional no âmbito da Administração de Condomínios.
2.º
Nesse sentido, em de 24 de Março de 2010, a A. foi regular e legitimamente eleita para o cargo de Administrador do condomínio do

3.º
Nessa mesma Acta, foi deliberado o recurso à via judicial para efectivo pagamento de quotizações em atraso.
4.º
Conforme resulta dessa Acta, a fracção designada pela Letra

5.º

6.º
Importâncias devidas pelos respectivos encargos de conservação e fruição das partes comuns do supra citado edifício.
7.º

8.º

9.º
Pelo que é devedor da quantia de €

Termos em que deve a presente acção ser julgada provada e procedente condenando-se o executado a pagar a quantia de €   ), sem prejuízo dos juros vincendos à taxa legal até integral pagamento.

Junta: 2 documentos, comprovativo do pagamento de taxa de justiça e procuração.
Valor: € 875,76 (Oitocentos e setenta e sete euros e setenta e seis euros).

Documento processado por computador   Requerimento Executivo nº 7692691   Pág. 1/2

265

CONDOMÍNIO – CASOS RESOLVIDOS, LEGISLAÇÃO E JURISPRUDÊNCIA

Requerimento Executivo entregue por via electrónica na data e hora indicadas junto da assinatura electrónica do subscritor (cfr. última página), aposta nos termos previstos na Portaria n.º 114/2008, de 6 de Fevereiro

O Advogado
Francisco Cabral Metello

EXEQUENTE

Nome/Designação: **Administração de Condomínios**
Profissão/Actividade: Administração de Condomínios
Morada:
Localidade:
Código Postal:
Telefone: Fax: NIF: 507
Email: NIB:
Apoio Judiciário: Não requerido
Matrícula: Conservatória:

EXECUTADO

Nome/Designação: António
Profissão/Actividade:
Morada:
Localidade:
Código Postal:
Telefone: Fax: NIF:
Email: NIB:
BI: Data Nascimento: Estado Civil: Desconhecido
Pai:
Mãe:
Outro documento de identificação: Nº:

LIQUIDAÇÃO DA OBRIGAÇÃO

Valor Líquido: 875, €
Valor dependente de simples cálculo aritmético: 0,00 €
Valor NÃO dependente de simples cálculo aritmético: 0,00 €

Total:

BENS INDICADOS À PENHORA

MANDATÁRIO

Nome: Francisco Cabral Metello   Cédula: 18526L
Morada: Avº. Columbano Bordalo Pinheiro, 71 - 4º A   NIF:
Localidade:
Código Postal: 1070-061 Lisboa
Telefone: 217265898/9660 71197   Fax: 217265900   Email: fcm-18526l@adv.oa.pt

---

Documento processado por computador   Requerimento Executivo nº 7692691 Pág. 2/2

LEGISLAÇÃO

Índice da Peça Processual

Anexo nº 1 - Acta

Anexo nº 2 - Aviso cobrança

Anexo nº 3 - Procuração

Anexo nº 4 - DUC

Documento assinado electronicamente.
Esta assinatura electrónica substitui a assinatura autógrafa.

Segunda, 11 de Julho de 2011 - 14:18:56 GMT+0100

REGULAMENTOS

Estatuto do condomínio fechado
"Terraços do mondego"

Capítulo I
Objecto

Artigo 1º – Constituição da Propriedade Horizontal

1. Pelo título constitutivo, pelo presente Estatuto e pela lei vigente aplicável se regerá a propriedade horizontal do imóvel sito na Av. Marechal Gomes da Costa nº 71, Freguesia da Sé e Concelho de Coimbra.

2. O imóvel é constituído por duas caves e sete pisos e encontra-se descrito na Conservatória do Registo Predial de Coimbra, Freguesia da Sé, sob a ficha 1234 daquela Freguesia e estando ainda omissa a sua inscrição na matriz predial urbana

3. A passagem a propriedade horizontal ocorreu por escritura pública realizada em 1 de Maio de 2005 e, lavrada no 3º Cartório Notarial de Coimbra, a fls. 11 verso a 15 do Livro 159 – F.

Artigo 2º – Propriedade Privada e Propriedade Comum

1. Constituem propriedade privada oitenta e quatro fracções, designadas pelas letras "A" a "CF" sendo:

a) Cinquenta e sete fracções destinadas a habitação e designadas pelas letras "A" a "BE", ambas inclusive;

b) Nove fracções destinadas a uso do sector secundário/terciário, correspondentes às fracções designadas pelas letras "BF" a "BN", ambas inclusive;

c) Quatro fracções destinadas a arrecadação, correspondentes às fracções designadas pelas letras "BO" a "BR", ambas inclusive;

d) Catorze fracções destinadas a parqueamento, correspondentes às fracções designadas pelas letras "BS" a "CF", ambas inclusive.

2 – São comuns as partes integrantes do imóvel objecto do presente Estatuto que correspondem às enumeradas no art. 1421º do Código Civil, bem como:

a) piscina e zona adjacente, destinada a uso exclusivo dos Condóminos proprietários das fracções destinadas a habitação, composta por piscina implantada no logradouro interior, um pátio coberto e um pátio descoberto de apoio, ambos ao nível do rés-do-chão, dois balneários, um compartimento destinado a arrumos e duas zonas técnicas, integrando dois depósitos de água e zona de bombas e ventilação, na primeira cave;

b) logradouro, com a área de 3.456 m2;

c) vinte e quatro floreiras, sendo quatro ao nível da primeira cave, dezasseis no rés do chão, duas no primeiro andar, uma no segundo andar e uma no terceiro andar;

d) galeria exterior de acesso às lojas e à portaria, ao nível do rés do chão;

e) portaria e hall de entrada, ao nível do rés do chão;

f) sala do condomínio, no rés do chão, composta por divisão ampla e lavabo;

g) área de estar, no primeiro andar, composta por divisão ampla, contígua ao corredor;

h) cinco arrecadações, sendo três na segunda cave, uma na primeira cave e uma no quinto andar;

i) galerias de acesso às lojas, sendo uma na primeira cave e uma no rés do chão;

j) terraço ao nível da cobertura do sexto andar;

k) parqueamento técnico na segunda cave;

l) duas casas das máquinas, uma no quinto andar e uma na cobertura.

Artigo 3º – Individualização das Fracções

É a seguinte a individualização das fracções e seu valor relativo, expresso em permilagem do valor total do prédio:

Fracção A	(habitação)	= 10	Fracção W	(habitação)	= 11
Fracção B	(habitação)	= 11	Fracção X	(habitação)	= 16
Fracção C	(habitação)	= 7	Fracção Y	(habitação)	= 17
Fracção D	(habitação)	= 6	Fracção Z	(habitação)	= 20
Fracção E	(habitação)	= 12	Fracção AA	(habitação)	= 9
Fracção F	(habitação)	= 11	Fracção AB	(habitação)	= 10
Fracção G	(habitação)	= 8	Fracção AC	(habitação)	= 14
Fracção H	(habitação)	= 9	Fracção AD	(habitação)	= 11
Fracção I	(habitação)	= 10	Fracção AE	(habitação)	= 12
Fracção J	(habitação)	= 11	Fracção AF	(habitação)	= 14
Fracção K	(habitação)	= 10	Fracção AG	(habitação)	= 25

Fracção L	(habitação)	= 11		Fracção AH	(habitação)	= 14
Fracção M	(habitação)	= 10		Fracção AI	(habitação)	= 11
Fracção N	(habitação)	= 12		Fracção AJ	(habitação)	= 17
Fracção O	(habitação)	= 13		Fracção AK	(habitação)	= 10
Fracção P	(habitação)	= 13		Fracção AL	(habitação)	= 23
Fracção Q	(habitação)	= 10		Fracção AM	(habitação)	= 9
Fracção R	(habitação)	= 11		Fracção AN	(habitação)	= 10
Fracção S	(habitação)	= 13		Fracção AO	(habitação)	= 15
Fracção T	(habitação)	= 12		Fracção AP	(habitação)	= 11
Fracção U	(habitação)	= 12		Fracção AQ	(habitação)	= 24
Fracção V	(habitação)	= 12		Fracção AR	(habitação)	= 22
Fracção AS	(habitação)	= 24		Fracção BM	(loja)	= 8
Fracção AT	(habitação)	= 13		Fracção BN	(loja)	= 6
Fracção AU	(habitação)	= 49		Fracção BO	(arrecadação	= 1
Fracção AV	(habitação)	= 10		Fracção BP	(arrecadação)	= 1
Fracção AW	(habitação)	= 11		Fracção BQ	(arrecadação)	= 1
Fracção AX	(habitação)	= 19		Fracção BR	(arrecadação)	= 1
Fracção AY	(habitação)	= 15		Fracção BS	(parqueamento)	= 1
Fracção AZ	(habitação)	= 23		Fracção BT	(parqueamento)	= 1
Fracção BA	(habitação)	= 23		Fracção BU	(parqueamento)	= 1
Fracção BB	(habitação)	= 52		Fracção BV	(parqueamento)	= 1
Fracção BC	(habitação)	= 31		Fracção BW	(parqueamento)	= 1
Fracção BD	(habitação)	= 36		Fracção BX	(parqueamento)	= 1
Fracção BE	(habitação)	= 23		Fracção BY	(parqueamento)	= 1
Fracção BF	(loja)	= 10		Fracção BZ	(parqueamento)	= 1
Fracção BG	(loja)	= 14		Fracção CA	(parqueamento)	= 1
Fracção BH	(loja)	= 16		Fracção CB	(parqueamento)	= 1
Fracção BI	(loja)	= 16		Fracção CC	(parqueamento)	= 1
Fracção BJ	(loja)	= 8		Fracção CD	(parqueamento)	= 1
Fracção BK	(loja)	= 8		Fracção CE	(parqueamento)	= 1
Fracção BL	(loja)	= 8		Fracção CF	(parqueamento)	= 1

Capítulo II
Direitos e obrigações dos condóminos

Artigo 4º – Direitos dos Condóminos

1. Cada Condómino é proprietário exclusivo da fracção que lhe pertence e comproprietário das partes comuns do imóvel.

2. O conjunto dos dois direitos é incindível; nenhum destes pode ser alienado separadamente, nem pode o Condómino renunciar à parte comum como meio de se desonerar das despesas necessárias à sua conservação ou fruição.

3. Das deliberações tomadas em Assembleia Geral sobre esta matéria pode qualquer condómino recorrer para Tribunal Arbitral Voluntário, nos termos do art. 26º do presente Estatuto.

Artigo 5º – Limitação ao exercício dos direitos

1. São proibidas quaisquer obras de alteração nas varandas, terraços e logradouro, designadamente a construção de recintos fechados, tais como marquises, lavadouros ou secadouros, arrumos, telheiros e, de uma forma genérica, todas e quaisquer construções não aprovadas em Assembleia Geral.

2. Qualquer Condómino que pretenda efectuar obras na sua fracção autónoma deve endereçar atempadamente ao Administrador -sob registo com aviso de recepção –, descrição exemplificativa e desenvolvida das mesmas, para que este verifique, por si ou por técnico responsável, se não contrariam o disposto nos presentes Estatutos.

3. O Administrador deverá emitir Parecer nos dez dias subsequentes à recepção do pedido.

4. Qualquer Condómino deve a efectuar na respectiva fracção as reparações necessárias, no sentido precaver quaisquer danos ou eventuais prejuízos aos demais Condóminos, ou, em tudo o que possa comprometer a estabilidade, segurança, uniformidade exterior ou decoração do imóvel, sob pena de responder civil e criminalmente, pelos prejuízos e danos decorrentes da demora injustificada ou má realização dessas obras.

5. Com vista à conservação da estética e bom funcionamento do imóvel, a instalação de antenas de rádio e televisão ou aparelhagens para outros fins, fica igualmente dependente de prévia aprovação do Administrador. No entanto, é estritamente vedada a instalação dos referidos aparelhos nas varandas, terraços, fachadas e chaminés.

6. As reparações das coisas comuns, efectuadas em consequência dos danos causados por qualquer Condómino, seus familiares, empregados, arrendatários ou visitantes constituem encargo da sua exclusiva conta e responsabilidade. Todavia, o Administrador em exercício deve providenciar imediatamente quanto às necessárias reparações.

7. O presente edifício destina-se a habitações familiares, estabelecimentos comerciais, arrecadações e parqueamentos.

A utilização das fracções autónomas e suas dependências, para fins diversos, só poderá ser consentida pela Assembleia de Condóminos, mediante deliberação tomada por unanimidade dos votos.

Fica, contudo, expressamente proibido:

- Armazenar ou guardar explosivos ou materiais inflamáveis;
- Destinar as habitações, total ou parcialmente, a infantário, creche, colégio, escola de dança e/ou musical, escritório, consultório ou quaisquer outros fins que, pela sua frequência ou utilização ofendam os bons costumes, ou, possam prejudicar o sossego dos moradores;

LEGISLAÇÃO

- Perturbar a tranquilidade do edifício com fumos, calores, vozes, cantares musicais ou ruídos incómodos;
- Instalar motores, máquinas ou aparelhagens que possam perturbar a tranquilidade dos moradores ou interferir na normal utilização da sua aparelhagem eléctrica ou electrónica;
- Colocar no rebordo ou nos exteriores das varandas, terraços e janelas, objectos que não estejam resguardados de queda ou que afectem a uniformidade e equilíbrio estético do prédio;
- Fixar estendais em varandas ou terraços;

8. As fachadas do imóvel, cobertura e terraços, próprios de cada fracção ou parte comum, não podem ser utilizadas para a instalação de reclamos luminosos ou quaisquer outros dispositivos publicitários, salvo mediante autorização dos Condóminos, através de deliberação aprovada por maioria.

9. No uso das garagens são proibidas as operações de manutenção e lavagem de veículos.

10. Não é permitido o estacionamento ou permanência nas partes comuns do parqueamento, de viaturas, objectos ou volumes, mesmo que temporariamente.

11. Nos elevadores não é permitido o transporte de volumes, bagagens, máquinas de grande dimensão, ou quaisquer objectos que possam colocar em causa o normal funcionamento do elevador, mesmo que transportados pelos próprios moradores, nem animais domésticos sem estarem acompanhados pelo dono.

12. É, ainda, especialmente vedado aos Condóminos prejudicar, quer com obras novas, quer por falta de reparação, a segurança, a linha arquitectónica ou o arranjo exterior do imóvel.

13. Não carece de autorização dos restantes Condóminos a junção, numa só, de duas ou mais fracções do imóvel, desde que contíguas, a menos que se trate de fracções correspondentes a arrecadações ou garagens.

14. Compete ao Condómino que proceda a tal junção introduzir a correspondente alteração no título constitutivo.

15. À noite, em condições e hora a definir pelo Administrador e, sem prejuízo dos horários de funcionamento das fracções destinadas ao sector secundário/terciário, são vedados os acessos às áreas comuns, a fim de garantir o sossego e tranquilidade da zona de habitação e a segurança de todo o imóvel.

16. Sempre que se justifique, os equipamentos, áreas e serviços comuns são objecto de regulamentos específicos, Anexos ao presente Estatuto.

Artigo 6º – Direitos de Preferência e de Divisão

Os Condóminos não gozam do direito de preferência na alienação das fracções, nem do direito de pedir a divisão das partes comuns.

Artigo 7º – Encargos

1. As despesas comuns necessárias à conservação, manutenção, reparação, e exploração das partes comuns do edifício, e, as de serviços de interesse comum são suportadas pelos Condóminos na proporção do valor das respectivas fracções, em conformidade com o previsto n o artigo 3º deste Estatuto.

2. São despesas comuns todas aquelas previstas em orçamento e aprovadas pela Assembleia de Condóminos.

3. São serviços de interesse comum os seguintes:

a) serviços de segurança;
b) serviços de manutenção preventiva, condicionada, correctiva e curativa;
c) serviços de recolha de lixo;
d) serviços de jardinagem;
e) serviços de limpeza;
f) serviços de recepção – portaria;
g) serviços de gestão e administrativos;
h) serviços jurídicos;
i) serviços de consultadoria técnica;
j) todo e qualquer serviço de conservação, manutenção, assistência técnica ou outro de interesse comum que a Assembleia de Condóminos delibere fazer incluir em orçamento anual, extraordinário ou complementar.

4. As despesas de fruição das partes comuns afectas ao uso exclusivo de algumas fracções, nos termos do título constitutivo, são suportadas pelos titulares destas.

4.1. São despesas de fruição afectas às fracções habitação:

a) consumo de energia eléctrica e água da zona da piscina;
b) assistência e consumíveis da piscina;
c) serviço de jardinagem da piscina.
d) serviços de limpeza da piscina

4.2. São despesas de fruição afectas às fracções habitação, parqueamentos e arrecadações:

a) consumo de energia eléctrica dos elevadores;

_b)_ consumo de energia eléctrica dos sistemas de detecção de atmosfera perigosa e ventilação;

_c)_ consumo de energia eléctrica da iluminação das garagens e portões.

5. Na impossibilidade de determinação, com precisão, a parcela das despesas comuns imputável às partes comuns afectas ao uso exclusivo de algumas fracções, nos termos do ponto anterior, será o respectivo valor fixado por aproximação, segundo o melhor critério do Administrador, com audição prévia do Conselho Efectivo regulado nos presentes Estatutos.

Caso o Conselho Efectivo discorde do Administrador este obriga-se a submeter o assunto à apreciação da Assembleia de Condóminos, que decidirá em definitivo.

6. As despesas relativas aos serviços jurídicos, contencioso e extra-judiciais, relacionadas com acção ou demanda a ser movida aos condóminos, são suportadas na totalidade por este, sendo o valor e prazo de pagamento fixado segundo o melhor critério do Administrador.

Artigo 8º – Inovações

As obras que constituam inovações dependem de aprovação da maioria dos Condóminos, devendo essa maioria representar dois terços do valor total do prédio. No entanto, nas partes comuns do imóvel não são permitidas inovações capazes de prejudicar a utilização por parte de alguns Condóminos, tanto das coisas próprias como das comuns.

Artigo 9º – Encargos com as Inovações

As despesas com inovações ficam a cargo do(s) Condómino(s) na proporção do valor das respectivas fracções, conforme o artigo 3º, desde que aprovadas nos termos do artigo 8º do presente Estatuto.

Artigo 10º – Reparações Indispensáveis e Urgentes

1. As reparações indispensáveis e urgentes nas partes comuns do imóvel, podem ser efectuadas, na falta ou impedimento do Administrador e do seu substituto, por iniciativa de qualquer Condómino.

2. Se, porém, o Condómino tiver que efectuar alguma reparação indispensável e urgente relativa a coisas comuns, sem que tenha podido avisar o Administrador ou o seu substituto, deverá comunicar-lhe o facto com a maior brevidade para que seja reembolsado, por todos os Condóminos, dos gastos incorridos devidamente documentados.

3. Se um Condómino efectuar quaisquer dessas obras com inobservância do disposto nos números anteriores, as despesas daí advenientes da sua

CONDOMÍNIO – CASOS RESOLVIDOS, LEGISLAÇÃO E JURISPRUDÊNCIA

exclusiva conta, sem prejuízo do eventual dever de indemnizar os restantes condóminos.

Artigo 11º – Orçamento e Quotas

1. O orçamento anual de despesas e receitas será elaborado para o período de um ano.

2. As despesas a inserir no orçamento do Condomínio respeitarão o disposto nos artigos 7º e 9º dos Estatutos, bem como uma provisão para fazer face ao previsto no artigo 10º, ficam a cargo dos Condóminos e são pagas por estes na proporção do valor das suas fracções, conforme o artigo 3º deste Estatuto.

3. Os Condóminos estão ainda obrigados a contribuir para o Fundo Comum de Reserva, nos termos da lei em vigor aquando da aprovação do orçamento anual, e com 3% para o Fundo de Despesas Extraordinárias. As quantias relativas a estes Fundos são calculadas sobre o valor apurado de despesa anual de cada Condómino, nos termos do ponto 2 do presente artigo, acrescem a ela e constituem a quota anual da fracção autónoma.

3.1. O Administrador exigirá de cada Condómino, até ao final da última semana do mês anterior ao do início de cada trimestre, uma quota equivalente a um quarto da importância anual a que este caiba satisfazer, em conformidade com o orçamento anual aprovado pela Assembleia de Condóminos.

3.2. E, o disposto no ponto três, com excepção da quota do primeiro trimestre de cada ano, a qual será cobrada na segunda semana a contar da data da Assembleia de Condóminos que aprovar o Orçamento anual de despesas.

4. Os pagamentos são efectuados directamente à Administração por cheque traçado e endossado à Administração do Condomínio "Terraços do Mondego" ou, por qualquer outra forma de pagamento praticado pelas instituições bancárias, ou, serviços postais.

5. O valor da quota entende-se líquido cabendo ao Condómino o pagamento de toda e qualquer quantia cobrada à Administração a título de portes, comissões ou despesas relacionadas com a transferência, depósito ou cobrança da quota.

6. O Fundo Comum de Reserva será depositado numa conta a prazo numa instituição bancária e será movimentado pelo Administrador em conformidade com as deliberações da Assembleia de Condóminos, ou, pelos Condóminos.

Artigo 12º – Penalidades e Bonificações

1. O Condómino que efectue o pagamento da sua quotização, em data anterior à do início da semana destinada ao pagamento beneficiará de uma bonificação equivalente a 1% do valor da contribuição respectiva calculado com base no valor do seu encargo com a despesa comum.

2. O Condómino que não cumpra pontualmente as suas contribuições, nos termos do artigo 11º, fica sujeito ao pagamento de juros de mora, à taxa legal em vigor.

3. Decorridos 60 dias sobre a data de vencimento do aviso de pagamento da quota sem que esta tenha sido atempadamente liquidada com os correspondentes juros, deve o Administrador promover a sua cobrança judicial, sendo suportadas pelo Condómino todas as despesas decorrentes e nos termos do número 6 do artigo 7º do presente Estatuto.

4. Para os efeitos do número anterior, a Acta que aprovar as contribuições anuais dos Condóminos constituirá título executivo bastante para a cobrança judicial coerciva de qualquer quota em atraso e respectivos juros.

5. No caso de infracção a norma do presente Estatuto que não esteja especialmente prevista e sancionada, deverá o Administrador avisar o Condómino infractor para que cesse a infracção e indemnize o condomínio dos prejuízos causados, sob pena de lhe ser aplicada uma multa, a propor pelo Administrador e a fixar pela Assembleia de Condóminos, sem prejuízo da responsabilidade civil ou criminal que ao caso couber.

6. O valor apurado de multas e juros será contabilizado como receita do Fundo de Despesas Extraordinárias.

Artigo 13º – Seguro Obrigatório

1. É obrigatório o seguro do imóvel contra os risco de incêndio, quer quanto às fracções autónomas, quer relativamente às partes comuns.

2. O seguro deve ser efectuado pelos Condóminos;

3. O Administrador deve, no entanto, efectuá-lo quando os Condóminos o não hajam realizado dentro do prazo e pelo valor que, para o efeito, tenha sido fixado em Assembleia.

4. Se a Assembleia assim o entender, poderá ser feito um seguro colectivo pelo Administrador.

5. A Assembleia deliberará quanto ao alargamento a outros riscos. Nomeadamente: terramoto, ciclone, entre outros.

Capítulo III
Administração das partes comuns

Artigo 14º – Órgãos Administrativos

1 – A Administração das partes comuns do imóvel compete à Assembleia de Condóminos e, ao Administrador, ou, ao seu substituto, na falta ou impedimento daquele.

CONDOMÍNIO – CASOS RESOLVIDOS, LEGISLAÇÃO E JURISPRUDÊNCIA

2 – Cada Condómino tem na Assembleia tantos votos quantas as unidades inteiras que lhe couberem na permilagem relativamente ao valor total do prédio e que são as seguintes:

Fracção A	(habitação)	= 10 votos	Fracção H	(habitação)	= 9 votos
Fracção B	(habitação)	= 11 votos	Fracção I	(habitação)	= 10 votos
Fracção C	(habitação)	= 7 votos	Fracção J	(habitação)	= 11 votos
Fracção D	(habitação)	= 6 votos	Fracção K	(habitação)	= 10 votos
Fracção E	(habitação)	= 12 votos	Fracção L	(habitação)	= 11 votos
Fracção F	(habitação)	= 11 votos	Fracção M	(habitação)	= 10 votos
Fracção G	(habitação)	= 8 votos	Fracção N	(habitação)	= 12 votos
Fracção O	(habitação)	= 13 votos	Fracção AX	(habitação)	= 19 votos
Fracção P	(habitação)	= 13 votos	Fracção AY	(habitação)	= 15 votos
Fracção Q	(habitação)	= 10 votos	Fracção AZ	(habitação)	= 23 votos
Fracção R	(habitação)	= 11 votos	Fracção BA	(habitação)	= 23 votos
Fracção S	(habitação)	= 13 votos	Fracção BB	(habitação)	= 52 votos
Fracção T	(habitação)	= 12 votos	Fracção BC	(habitação)	= 31 votos
Fracção U	(habitação)	= 12 votos	Fracção BD	(habitação)	= 36 votos
Fracção V	(habitação)	= 12 votos	Fracção BE	(habitação)	= 23 votos
Fracção W	(habitação)	= 11 votos	Fracção BF	(loja)	= 10 votos
Fracção X	(habitação)	= 16 votos	Fracção BG	(loja)	= 14 votos
Fracção Y	(habitação)	= 17 votos	Fracção BH	(loja)	= 16 votos
Fracção Z	(habitação)	= 20 votos	Fracção BI	(loja)	= 16 votos
Fracção AA	(habitação)	= 9 votos	Fracção BJ	(loja)	= 8 votos
Fracção AB	(habitação)	= 10 votos	Fracção BK	(loja)	= 8 votos
Fracção AC	(habitação)	= 14 votos	Fracção BL	(loja)	= 8 votos
Fracção AD	(habitação)	= 11 votos	Fracção BM	(loja)	= 8 votos
Fracção AE	(habitação)	= 12 votos	Fracção BN	(loja)	= 6 votos
Fracção AF	(habitação)	= 14 votos	Fracção BO	(arrecadação)	= 1 voto
Fracção AG	(habitação)	= 25 votos	Fracção BP	(arrecadação)	= 1 voto
Fracção AH	(habitação)	= 14 votos	Fracção BQ	(arrecadação)	= 1 voto
Fracção AI	(habitação)	= 11 votos	Fracção BR	(arrecadação)	= 1 voto
Fracção AJ	(habitação)	= 17 votos	Fracção BS	(parqueamento)	= 1voto
Fracção AK	(habitação)	= 10 votos	Fracção BT	(parqueamento)	= 1voto
Fracção AL	(habitação)	= 23 votos	Fracção BU	(parqueamento)	= 1 voto
Fracção AM	(habitação)	= 9 votos	Fracção BV	(parqueamento)	= 1voto
Fracção AN	(habitação)	= 10 votos	Fracção BW	(parqueamento)	= 1voto
Fracção AO	(habitação)	= 15 votos	Fracção BX	(parqueamento)	= 1 voto
Fracção AP	(habitação)	= 11 votos	Fracção BY	(parqueamento)	= 1 voto
Fracção AQ	(habitação)	= 24 votos	Fracção BZ	(parqueamento)	= 1 voto
Fracção AR	(habitação)	= 22 votos	Fracção CA	(parqueamento)	= 1voto
Fracção AS	(habitação)	= 24 votos	Fracção CB	(parqueamento)	= 1voto
Fracção AT	(habitação)	= 13 votos	Fracção CC	(parqueamento)	= 1voto
Fracção AU	(habitação)	= 49 votos	Fracção CD	(parqueamento)	= 1 voto
Fracção AV	(habitação)	= 10 votos	Fracção CE	(parqueamento)	= 1 voto
Fracção AW	(habitação)	= 11 votos	Fracção CF	(parqueamento)	= 1 voto

Artigo 15º – Assembleia de Condóminos

1. A Assembleia Ordinária de Condóminos reúne-se anualmente, mediante convocação do Administrador, para discussão e aprovação das contas

respeitantes ao ano transacto, aprovação do orçamento das despesas a efectuar durante o ano, e discussão de assuntos de interesse comum.

2. A Assembleia também reúne quando convocada pelo Administrador ou, por Condóminos que representem, pelo menos, 25% do capital investido.

3. Os Condóminos podem representar-se por procurador, desde que dirijam uma carta ao Administrador em exercício, mencionando a identificação do seu representante.

Artigo 16º – Convocação e Funcionamento da Assembleia

1. A Assembleia é convocada por meio de carta registada com aviso de recepção, enviada com dez dias de antecedência ou mediante aviso convocatório feito com a mesma antecedência, desde que exista recibo de recepção assinado pelos Condóminos, nomeadamente através de livro de protocolo, devendo tais avisos conter a indicação do dia, hora e local da reunião e respectiva Ordem de Trabalhos.

2. As deliberações são tomadas por maioria dos votos representativos do capital investido;

3. Salvo, para o caso do artigo 8º em que a maioria terá de ser dois terços do valor total do prédio.

4. Em conformidade com o estipulado no nº antecedente, deverá ser tal facto comunicado, no prazo máximo de 30 dias após a deliberação, aos Condóminos ausentes, com envio de cópia da deliberação em causa, através de carta registada com aviso de recepção ou entrega comprovada por assinatura em livro de protocolo ou, ainda, entrega pessoal testemunhada por duas testemunhas, que poderão ser Condóminos.

5. Caso não compareça o número de Condóminos suficiente, é convocada nova reunião dentro de oito dias imediatos, podendo nesse caso a Assembleia deliberar por maioria de votos dos Condóminos presentes desde que estes representem, pelo menos, um quarto do valor total do prédio.

6. A convocatória em que seja marcada a primeira reunião de Condóminos poderá, desde logo, fazer referência à data da segunda reunião, mencionado no nº. anterior, sem necessidade de ser efectuada uma nova convocatória para a mesma. Considerando-se, desde logo, convocados todos os Condóminos.

7. As deliberações que careçam de ser aprovadas por unanimidade dos votos podem ser aprovadas, em segunda reunião, por unanimidade dos Condóminos, desde que estes representem, pelo menos, dois terços do capital investido, *sob conditio* de aprovação da deliberação pelos Condóminos ausentes.

8. Para tal, devem as deliberações assim tomadas ser comunicadas aos Condóminos ausentes, por carta registada com aviso de recepção, no prazo de 30 dias seguidos, tendo os Condóminos o prazo dos 90 dias subsequentes para

comunicar, por escrito, à Assembleia de Condóminos o seu assentimento, ou, a sua discordância, sendo o seu silêncio considerado como aprovação tácita.

Artigo 17º – Impugnação das Deliberações

1. As deliberações da Assembleia contrárias à lei ou a regulamentos anteriormente aprovados são anuláveis a requerimento de qualquer Condómino que as não tenha aprovado.

2. No prazo de 10 dias contados da deliberação, para os Condóminos presentes, ou contado da sua comunicação, para os Condóminos ausentes, pode ser exigida ao Administrador a convocação de uma Assembleia Extraordinária, a ter lugar no prazo de 20 dias, para revogação das deliberações inválidas ou ineficazes.

3. No prazo de 30 dias contados nos termos do número anterior, pode qualquer Condómino sujeitar a deliberação a um centro de arbitragem.

4. O direito à proposição de acção de anulação caduca no prazo de 20 dias contados sobre a data da deliberação da Assembleia Extraordinária ou, caso esta não tenha sido solicitada, no prazo de 60 dias sobre a data da deliberação.

5. Pode ser requerida a suspensão de quaisquer deliberações nos termos da lei de processo civil.

6. A representação judiciária dos Condóminos contra quem são propostas as acções compete ao Administrador ou à pessoa que a Assembleia designar para esse efeito.

Artigo 18º – Administrador

1. O Administrador é eleito e exonerado pela Assembleia.

2. Se a Assembleia não eleger Administrador, será este nomeado pelo Tribunal, a requerimento de qualquer dos Condóminos.

3. O Administrador pode ser exonerado pelo Tribunal a requerimento de qualquer condómino, quanto se revele que praticou irregularidades, e/ou, agiu com negligência no exercício das suas funções.

4. O período das suas funções é de um ano, renovável.

5. O cargo de Administrador é remunerável e tanto pode ser desempenhado por um condómino, como por terceiro.

6. Na eventualidade de Administração a prosseguir por terceiro, a Assembleia optará, entre um mínimo de três propostas, pela economicamente mais vantajosa.

Artigo 19º – Administrador Provisório

1. Se a assembleia de condóminos não eleger administrador e este não houver sido nomeado judicialmente, as correspondentes funções são obrigato-

riamente desempenhadas, a título provisório, pelo condómino cuja fracção ou fracções representem a maior percentagem do capital investido, salvo se outro condómino houver manifestado vontade de exercer o cargo se houver comunicado tal propósito aos demais condóminos.

2. Quando, nos termos do número anterior, houver mais de um condómino em igualdade de circunstâncias, as fracções recaem sobre aquele a que corresponda a primeira letra na ordem alfabética utilizada na descrição das fracções constante no registo predial.

3. Logo que seja eleito ou judicialmente nomeado um administrador, o condómino que nos termos do presente artigo se encontre provido na administração cessa funções, devendo entregar àquele todos os documentos respeitantes ao condomínio que estejam confiados à sua guarda.

Artigo 20º – Funções do Administrador

São funções do Administrador, além de outras que lhe sejam atribuídas pela Assembleia e exigidas por lei:

1. Convocar a assembleia dos condóminos;
2. Elaborar o orçamento das receitas e despesas relativas a cada ano;
3. Verificar a existência do seguro contra o risco de incêndio, propondo à assembleia o montante do capital seguro;
4. Cobrar as receitas e efectuar as despesas comuns;
5. Exigir dos condóminos a sua quota-parte nas despesas aprovadas;
6. Realizar os actos conservatórios dos direitos relativos aos bens comuns;
7. Regular o uso das coisas comuns e a prestação dos serviços de interesse comum;
8. Executar as deliberações da assembleia;
9. Representar o conjunto dos condóminos perante as autoridades administrativas;
10. Prestar contas à assembleia;
11. Assegurar a execução do regulamento e das disposições legais e administrativas relativas ao condomínio;
12. Guardar e manter todos os documentos que digam respeito ao condomínio.

O Administrador tem ainda a obrigação de:

a) Entregar trimestralmente aos Condóminos um balancete das receitas cobradas e das despesas efectuadas;

b) Assegurar a publicação das regras respeitantes à segurança do edifício designadamente à dos equipamentos de uso comum;

CONDOMÍNIO – CASOS RESOLVIDOS, LEGISLAÇÃO E JURISPRUDÊNCIA

c) Facultar cópia do Estatuto aos terceiros titulares de direitos relativos ás fracções;

d) Remeter a todos os Condóminos, até 10 dias antes da Assembleia, cópia do balanço das contas do ano anterior, encerradas com data de 31 de Dezembro; bem como orçamento previsional relativo ao ano seguinte;

e) Patentear aos Condóminos, quando solicitado, quaisquer documentos e livros de escrituração respeitantes ao Condomínio;

f) Elaborar a definição de funções dos funcionários e colaboradores do Condomínio e, zelar pelo respectivo cumprimento;

g) Convocar e participar as reuniões do Conselho Efectivo;

h) Actualizar-se sobre legislação, regulamentos, assuntos fiscais, administrativos e tudo o mais referente à propriedade horizontal em geral, e, ao Condomínio "Varandas do Mondego" em especial; manter o Conselho Efectivo e os Condóminos informados quanto a notificações que receba relativas ao Condomínio, nomeadamente de entidades administrativas.

Artigo 21º – Legitimidade do Administrador

1. O Administrador possui legitimidade para agir em juízo, quer contra qualquer dos Condóminos, quer contra terceiro, na execução das funções que lhe competem ou quando devidamente autorizado pela Assembleia.

2. O Administrador pode também ser demandado nas acções respeitantes às partes comuns do edifício.

3. Exceptuam-se, as acções relativas a questões de propriedade ou posse de bens comuns, salvo se a Assembleia conceder poderes especiais ao Administrador.

Artigo 22º – Recurso dos Actos do Administrador

Dos actos do Administrador cabe recurso para a Assembleia de Condóminos, a qual, neste caso, pode ser convocada pelo Condómino recorrente.

Artigo 23º – Administrador Substituto

1. O cargo de Administrador Substituto é desempenhado por qualquer dos Condóminos com assento no Conselho Efectivo, e, por este indigitado.

2. Ocorre nos impedimentos do Administrador, e, por delegação escrita fica o Administrador Substituto, para todos os efeitos legais, adstrito às funções de Administrador.

3. É, ainda, atribuição do Administrador-Substituto colaborar com o Administrador sempre que seja por este solicitado.

Artigo 24º – Conselho Efectivo

1. O Conselho Efectivo é constituído por 3 membros eleitos pela Assembleia de Condóminos.

2. O período de exercício das suas funções é de um ano renovável.

3. Compete ao Conselho Efectivo acompanhar os actos de gestão do Administrador e dar Parecer sobre as matérias que por ele lhe forem submetidas para apreciação e discussão, quer no âmbito das deliberações da Assembleia de Condóminos, quer fora dele.

4. O Conselho Efectivo reúne com o Administrador por iniciativa própria, ou, sempre que lhe seja solicitado.

5. Das reuniões será lavrada Acta assinada por todos os participantes, e, depositado original nos arquivos do Condomínio.

Artigo 25º – Movimento de Contas Bancárias

A movimentação de quaisquer contas bancárias relativas ao Condomínio obriga a duas assinaturas. Sendo obrigatória a do Administrador ou, do Administrador Substituto, e, outra de um dos membros do Conselho Efectivo.

Artigo 26º – Entrada em Vigor e Alteração do Estatuto

1. O presente Estatuto e seus Anexos entram em vigor imediatamente após a sua aprovação.

2. As alterações ao Estatuto requerem os votos favoráveis dos Condóminos representando a maioria do capital investido.

3. Se na primeira reunião não for obtido "quórum" atender-se-á, na segunda, à maioria dos votos presentes desde que representem, pelo menos, um terço do capital.

Capítulo IV
Disposições gerais

Artigo 27º

1. As questões emergentes das relações reguladas por este Estatuto são decididas por árbitros em Tribunal Arbitral Voluntário.

2. O foro da Comarca de Coimbra será o competente para resolução de litígios sempre que se recorra à via judicial.

Artigo 28º

1. As disposições constantes nos presentes Estatutos são obrigatórias para todos os Condóminos actuais e futuros, os quais se comprometem, em todos os actos de transmissão, cedência, locação ou oneração das suas fracções autóno-

mas, fazer expressa menção das deliberações aqui assumidas. Para o que o presente Estatuto deve ser sempre referido em qualquer destes actos, sob pena de multa, em quantitativo a fixar pela Assembleia de Condóminos. Bem como, e indemnização por perdas e danos.

2. No caso de cedência ou locação, o Condómino em questão constituir-se-á solidariamente responsável com o cessionário pelas obrigações pecuniárias em que este incorra, com excepção das referentes às quotizações trimestrais devidas, as quais se manterão da responsabilidade do Condómino.

3. Nos casos omissos aplicar-se-ão as disposições do Código Civil e demais legislação em vigor.

Estatuto do condomínio "O Cruzeiro"
Estatuto de Condomínio
(Habitação e espaços não habitacionais)

Capítulo I
Objecto

Artigo 1º – (Constituição da Propriedade Horizontal)

1. O edifício "O Cruzeiro" constituído no regime da propriedade horizontal por escritura pública lavrada no 2º Cartório Notarial de Coimbra, em 1/06/2005, sito na Rua dos Coutinhos, freguesia da Sé Velha, descrito na 1ª Conservatória do Registo Predial de Coimbra, sob o nº 1234, e inscrito na competente matriz predial sob o nº 567 é regulado pelas presentes disposições.

2. Em tudo quanto seja omisso no presente estatuto aplicar-se-ão, com as devidas e legais adaptações, as normas constantes no instituto da propriedade horizontal e demais legislação em vigor.

Artigo 2º – (Propriedade privada e propriedade comum)

1. O edifício "O Cruzeiro" composto por 60 (sessenta) fracções às quais correspondem e competem os valores expressos em percentagem elencados no título constitutivo encontra-se dividido em três zonas:

a) As fracções autónomas e independentes designadas pelas letras __ a __ destinam-se à instalação de *espaços não habitacionais*.

b) As fracções autónomas e independentes designadas pelas letras __ a __ destinam-se a *habitação*.

2. Os espaços não habitacionais mencionados na alínea *a)* do presente artigo destinam-se a:

a) health club;
b) restaurantes;
c) lavandaria;
d) tabacaria;
e) sala do condomínio.

3. Os espaços enumerados no número anterior destinam-se à utilização por quaisquer utentes do edifício.

Artigo 3º – (Partes comuns do edifício)

Além das partes comuns constantes no artigo 1421º do Código Civil consideram-se ainda as instalações de antenas de televisão e rádio, até à entrada dos respectivos ramais nas respectivas fracções autónomas.

Capítulo II
Direitos e encargos dos condóminos

Artigo 4º – (Obras)

1. A realização de quaisquer obras que constituam uma alteração ou modificação à fracção de qualquer dos condóminos, carece de prévia autorização da Assembleia.

2. Para tanto, o condómino interessado deverá endereçar Projecto das mesmas com a antecedência de sessenta dias relativamente à data prevista para o seu início.

3. Compete ao administrador em exercício a obtenção de quaisquer autorizações junto das entidades competentes, para as obras que os condóminos pretendam efectuar.

4. O condómino que realize obras na respectiva fracção deverá velar pela limpeza e ausência de quaisquer perturbações ao regular e habitual utilização das partes comuns.

Artigo 5º – (Encargos de conservação e fruição)

1. As despesas relativas às partes comuns são pagas pelos condóminos na proporção do valor das respectivas fracções.

2. O valor de cálculo para definição da responsabilidade de cada um dos condóminos nas despesas efectuadas resulta do título constitutivo.

Artigo 6º – (Limitação ao exercício dos direitos)

1. Constituem limitações a quaisquer utentes do edifício "O Cruzeiro", além das constantes no artigo 1422º do Código Civil:

a) Não perturbar por quaisquer meios, o sossego no edifício, designadamente por via de receptores de televisão, rádio e aparelhos similares, devendo para o efeito ser comedido quanto aos respectivos volumes de audição;

b) Não efectuar nas partes comuns do edifício durante o período das 22.00 horas até às 08.00 horas quaisquer ruídos que incomodem os respectivos condóminos.

c) Não limpar carpetes, tapetes, panos ou objectos similares nos terraços, varandas e janelas das respectivas fracções.

2. A violação e consequente conhecimento de qualquer das infracções constantes no presente artigo será efectuada à Administração através de comunicação escrita, com o maior número de provas.

Capítulo III
Responsabilidade e Penalidades

Artigo 7º – (Vinculação)

1. O condómino que directa ou indirectamente violar as disposições do presente estatuto será responsável pelas perdas e danos a que o seu procedimento causar.

2. Os condóminos são ainda, solidariamente responsáveis por quaisquer danos causados por pessoas que se encontrem ao seu serviço.

Artigo 8º – (Cláusula Penal)

1. O incumprimento do disposto no presente estatuto será sancionado com uma multa de montante correspondente a 1/16 avos do valor do rendimento colectável anual da fracção de que o infractor seja proprietário.

2. As multas previstas no número anterior são elevadas ao dobro em caso de reincidência.

3. Considerar-se-á constituído em mora o condómino que, tendo sido avisado por carta registada com aviso de recepção, para liquidação de quotização não efectue o correspondente pagamento nos 30 dias subsequentes.

Capítulo IV
Disposições Gerais

Artigo 9º – (Foro competente)

1. As questões emergentes das relações reguladas pelo presente estatuto serão sempre decididas por árbitros em Tribunal Arbitral Voluntário.

2. O foro da comarca de Coimbra será o competente para a resolução de quaisquer litígios.

Artigo 10º – (Entrada em vigor)

O presente estatuto entra em vigor após a respectiva aprovação.

Regulamento
Parque de estacionamento

Artigo 1º – Definição e utilização

1. O parque de estacionamento destina-se única e simplesmente, à imobilização dos veículos automóveis dos diversos utentes do edifício (proprietários e/ou inquilinos).

2. É, todavia admitida a entrada e permanência no parque de estacionamento de outros veículos, nas seguintes situações:

a) Veículos automóveis de familiares ou visitas dos utentes do edifício (proprietários e/ou inquilinos) desde que ocupem o lugar correspondente à fracção a que estes se dirigem.

b) Veículos automóveis que transportem, ou recolham utentes do edifício, desde que não prejudiquem a normal circulação.

c) Quaisquer veículos automóveis utilizados por técnicos ou operários que se desloquem ao presente edifício. Durante o período de permanência no edifício, o aludido veículo permanecerá imobilizado em local próprio e devidamente indicado por qualquer funcionário do edifício, e, dotado de um indicativo com a designação "Visitante".

Artigo 2º – Lugares

1. O parque de estacionamento compõe-se de 50 lugares que correspondem:

a) 30 (trinta) lugares designados por "normais";
b) 20 (vinte) lugares designados por "extras".

2. Não é permitida a imobilização de mais de um veículo por local de estacionamento.

CONDOMÍNIO – CASOS RESOLVIDOS, LEGISLAÇÃO E JURISPRUDÊNCIA

3. A imobilização de quaisquer veículos motorizados, por qualquer dos utentes do edifício (proprietários e/ou inquilinos) efectuar-se-á em local apropriado para o efeito.

Artigo 3º – Atribuição dos lugares

1. Os lugares de estacionamento anteriormente designados por "normais" correspondem às respectivas fracções autónomas e independentes previamente identificadas no título constitutivo.

2. Os lugares designados por "extra" serão anualmente sorteados em Assembleia de Condóminos. Para tal:

a) Podem inscrever-se todos os Condóminos e Inquilinos;
b) Na atribuição dos lugares "extra" ter-se-á em consideração:

1. As características dos veículos automóveis que os inscritos pretendam imobilizar nos respectivos locais.

2. Casos de doença, lesão, incapacidade temporária ou insuficiência física de qualquer dos utentes, sempre que justifiquem a atribuição por escolha de um lugar mais favorável à sua deslocação ou à manobra do respectivo veículo.

3. No sorteio, a ordem de saída determina a prioridade na escolha dos lugares, constituindo obrigação dos interessados encontrarem-se presentes ou fazerem-se representar por outro condómino.

4. A falta de representação por qualquer dos inscritos será suprida pelo administrador.

Artigo 4º – Despesas parque de estacionamento

1. Todos e quaisquer encargos são repartidos entre os 30 (trinta) legítimos e legais proprietários das respectivas fracções, conforme estatuído no título de constituição.

2. A utilização dos lugares "extra", dado constituírem um benefício não extensível a todos os condóminos, dá lugar ao pagamento de uma quantia mensal, cujo quantitativo será anualmente estabelecido em Assembleia de Condóminos.

3. Todas e quaisquer receitas ou proveitos serão devidamente abatidos às despesas do parque de estacionamento.

a) Os utentes dos designados lugares "extra", devem antes do fim do ano, com a antecedência mínima de 60 (sessenta) dias, comunicar por escrito à administração a respectiva desistência.

b) O utente desistente (proprietário e/ou inquilino) será dispensado do correspondente pagamento de "pré-aviso", caso o novo interessado pretenda ocupar tal espaço antes de decorrido tal prazo.

LEGISLAÇÃO

c) Os condóminos preferem aos inquilinos, desde que se apresente mais de um candidato à mesma vaga.

Artigo 5º – Serviços Parque de Estacionamento

Os utentes do presente parque de estacionamento beneficiam:

a) Existência de um guarda durante 24 horas;
b) Uma lavagem semanal dos veículos.

Artigo 6º – Funções do Guarda

1. São funções do guarda do parque de estacionamento, além de outras que lhe sejam atribuídas pelo administrador:

a) Lavar os carros de todos os utentes, com lugar no parque, em local apropriado;
b) Proceder à limpeza diária dos vidros de todos os veículos automóveis recolhidos no parque;
c) Vigiar atentamente a entrada do parque no intuito impedir o acesso de pessoas estranhas ao edifício;
d) Assegurar pela boa iluminação do parque de estacionamento e seus acessos;
e) Providenciar pelo estado do material instalado para combate a incêndios.

2– O guarda poderá, com autorização do Administrador, ser coadjuvado nas suas funções por quaisquer auxiliares às suas ordens e, sob a sua inteira responsabilidade.

Artigo 7º – Lavagem dos veículos

1. As lavagens aos veículos são efectuadas, pelo guarda ou outros funcionários, sob as suas ordens, em local apropriado (fossa).

a) Os utentes do parque devem deixar os veículos abertos e providos de chave na ignição;
b) Os pedidos de lavagem – para o próprio dia ou no dia anterior – são registados, por ordem de apresentação, pelo guarda ou outro funcionário às suas ordens.

Artigo 8º – Limitações aos utentes

É especialmente vedado aos utentes:

a) Efectuar, por si ou por qualquer membro do seu agregado familiar, lavagens dentro dos limites fixados para cada lugar;

b) Mudanças de óleo;

c) Proceder a quaisquer tipo de reparações nos veículos.

Artigo 9º – Estacionamento

1– Os veículos automóveis ou motorizados devem ser correctamente imobilizados nos respectivos e competentes lugares, previamente definidos, no sentido de não impedir ou prejudicar o acesso e combate a incêndio no parque de estacionamento.

2– A imobilização de quaisquer veículos nas zonas comuns do parque de estacionamento é sancionada com multa em montante a fixar pela Assembleia.

3– As importâncias provenientes de tais actos, revertem como receita do parque de estacionamento.

Artigo 10º – Disposições Finais

1– A Administração assegurará a substituição do guarda do parque de estacionamento durante o respectivo período de férias.

2– Quaisquer infracções ao presente Regulamento por utentes do edifício, devem ser comunicadas pelo guarda do parque de estacionamento.

3– A não observância ao disposto no número anterior poderá acarretar suspensão, ou despedimento em caso de reincidência.

Regulamento
Piscina
"Quinta da Barraca"

Capítulo I
Disposições gerais

Artigo 1º

A Piscina da *"Quinta da Barraca"*, sita nos Lotes 10 a 14, destina-se aos respectivos Condóminos como centro de convívio e lazer.

Artigo 2º

A Administração da Piscina da *"Quinta da Barraca"* compete à Administração das partes comuns da *"Quinta da Barraca"*.

Artigo 3º – Período de horário de funcionamento

A Piscina da *"Quinta da Barraca"* funciona de 15 de Maio a 15 de Setembro, com o seguinte horário de funcionamento: 10.00 horas às 20.00 horas.

O horário de funcionamento da Piscina da *"Quinta da Barraca"* poderá ser alterado pela Administração do Condomínio das partes comuns da *"Quinta da Barraca"*, quando se mostra absolutamente necessário.

Artigo 4º

As condições de admissão, utilização e funcionamento da Piscina realizar-se-ão em harmonia com as disposições constante no presente Regulamento.

Capítulo II
A piscina

Artigo 5º – Condóminos

1. O uso da Piscina da *"Quinta da Barraca"* está aberto a qualquer Condómino que se obrigue ao presente Regulamento e ao respeito por todas as regras de civismo e de higiene, próprias de qualquer local público.

2. Devem os Senhores(as) Condómios(as) identificarem-se no acesso à piscina – nome e respectiva fracção – para que seja possível manter e assegurar o seu normal funcionamento das condições adequadas.

3. Os menores de 10 anos de idade só poderão utilizar e fruir da piscina, desde que:

a) Acompanhados pelos pais, e/ou representantes, a quem cabe a sua responsabilidade;

b) Devem os acompanhantes apresentar-se devida e adequadamente equipados para o efeito, desde que pretendam entrar na área destinada aos utilizadores.

Artigo 6º – Acesso

1. A entrada será vedada aos que apresentem deficientes condições de asseio r não ofereçam garantias para a necessária higiene da água e do recinto ou, indicarem estado de embriaguez e/ou sob o efeito de quaisquer drogas; bem como, indicarem não ser portadores de doenças contagiosas, doenças de pele, e lesões de que possa resultar grave prejuízo para a saúde pública.

2. É especialmente vedada a entrada a todos e quaisquer Condóminos que possuam atraso nas quotizações mensais do condomínio.

Artigo 7º – Obrigações

1. O vestuário obrigatório para a piscina é o seguinte: fato de banho.

2. É obrigatório o uso de vestuário referido no número anterior, qualquer que seja a idade do utilizador, devendo o equipamento apresentar-se em bom estado de utilização (não podendo o fato de banho ser de ganga, nem ter botões ou ser do tipo bermudas).

3. É absolutamente indispensável tomar duche nos balneários e ou chuveiro, antes da entrada na piscina, bem como passar na zona do lava pés.

4. Respeitar e acatar as determinações do pessoal de serviço e cumprir as disposições regulamentares.

Artigo 8º – Proibições

É expressamente proibido:

1. Urinar na água da piscina;
2. Cuspir ou assoar-se para a água da piscina e para os pavimentos;
3. Saltar para a água, praticar jogos, correrias desordenadas de forma a incomodar os utentes, bem como a utilização de bóias, bolas ou colchões pneumáticos;
4. Transportar alimentos, bebidas, ou pastilhas elásticas para a zona de banho;
5. Usar objectos de bijutaria que possam pôr em perigo a integridade física de outros utilizadores, usar maquilhagens ou produtos de tratamentos de pele, devendo os mesmos ser retirados antes da entrada na água.
6. Vestir-se ou despir-se fora da zona dos vestiários;
7. Entrada e transporte de qualquer tipo de animais.

Artigo 9º – Extravio de bens

Nas instalações da piscina o Condomínio não se responsabilizará pelo extravio de quaisquer bens.

Capítulo III

Artigo 10º – Fiscalização e sanções

Aos utilizadores que, pela sua apresentação e conduta, se revelem indisciplinados, desordeiros e afectem o normal e salutar funcionamento da piscina poderão ser aplicadas as seguintes sanções:

a) Repreensão verbal;
b) Expulsão das instalações

Capítulo IV

Artigo 11º – Competência do pessoal

Ao pessoal em serviço nas piscinas, compete:

a) Zelar pela higiene, segurança, e comportamento dos utilizadores, fazendo cumprir as disposições do presente Regulamento.
b) Zelar pela conservação das instalações, equipamentos e utensílios, participando qualquer ocorrência para a qual não tem competência para resolver;
c) Providenciar todas as análises necessárias da qualidade das águas.

Capítulo V
Disposições finais

Artigo 12º – Dúvidas e omissões

Os casos omissos e as dúvidas suscitadas na interpretação do presente Regulamento serão resolvidos pela Administração das partes comuns da *"Quinta da Barraca"*.

Artigo 13º – Bar da Piscina

O bar da Piscina será explorado pelo Restaurante "Barraca Club", comportando toda a responsabilidade de funcionamento e de serviços por parte deste.

Artigo 14º – Entrada em vigor

O presente Regulamento entra em vigor após a entrada em funcionamento da piscina, dia 15 de Maio, e a sua validade cessa com o encerramento periódico da mesma, dia 15 de Setembro.

Edital
nº 499/2002
Câmara Municipal de Oeiras

TERESA MARIA DA SILVA PAIS ZAMBUJO, PRESIDENTE DA CÂMARA MUNICIPAL DE OEIRAS

FAZ PÚBLICO que, a Assembleia Municipal de Oeiras, em sessão ordinária realizada a 02 de Junho de 2002, aprovou, mediante proposta desta Câmara Municipal, tomada em reunião ordinária, realizada em 17 de Abril de 2002, o Regulamento sobre as Partes Comuns dos Prédios em Regime de Arrendamento Municipal.

"REGULAMENTO SOBRE AS PARTES COMUNS DOS PRÉDIOS EM REGIME DE ARRENDAMENTO MUNICIPAL"

Considerando que o Município de Oeiras, nos seus objectivos de promoção da habitação para as classes mais desfavorecidas do Concelho, tem vindo a levar a cabo, a par de outras acções, uma política de arrendamento social que cada vez mais contribua para o desenvolvimento integrado das respectivas populações ao nível habitacional.;

Sabendo que não há normas de carácter geral que, semelhante ao regime da propriedade horizontal, regulem os direitos e obrigações dos arrendatários em prédios cujas fracções pertencem a um só proprietário.;

Finalmente, pretendendo dotar os prédios municipais, cujas fracções sejam destinados ao arrendamento urbano habitacional social, de regras análogas às condominiais, salvaguardadas as devidas diferenças e adaptações, propõe-se a aprovação do seguinte regulamento:

Artigo 1º – Princípio Geral

Todas as pessoas que licitamente residam em unidades independentes, em regime de arrendamento social, e que façam parte do respectivo agregado familiar, ficam sujeitas ao disposto no presente regulamento.

Artigo 2º – Objecto

1. Constitui objecto do presente regulamento a boa gestão dos espaços comuns do prédio, nos termos dos artigos seguintes, cabendo, em última instância, a responsabilidade do arrendatário da cada fracção e/ou representante de família.

2. Os actos de constituição, modificação ou simples alteração da gestão referida no número anterior, serão obrigatoriamente precedidos de audição ao legal representante da Câmara Municipal de Oeiras junto do prédio em causa.

Artigo 3º – Direitos dos moradores

1. Na qualidade de arrendatário da correspondente fracção, cada inquilino usufrui das partes comuns do edifício.

2. Para além de outras incluídas no respectivo "Regulamento dos Espaços Construídos", consideram-se comuns as seguintes partes do edifício:

a) As entradas, vestíbulos, escadas e corredores de uso ou passagem comum a dois ou mais inquilinos;

b) Os pátios e jardins anexos ao edifício.

Artigo 4º – Deveres dos moradores

1. Os inquilinos, e de uma maneira geral os moradores, nas relações entre si, estão sujeitos, quanto às fracções que exclusivamente lhes estejam arrendadas e quanto às partes comuns referidas no artigo 3º, às limitações impostas aos proprietários e aos comproprietários de coisas imóveis e que apenas, em função do contrato de arrendamento, lhes sejam aplicáveis.

2. Quanto às partes comuns, é especialmente vedado aos moradores:

a) Efectuar quaisquer obras;

b) Destiná-las a usos ofensivos dos bons costumes ou diversos dos fins a que se destinam;

c) Nas arrecadações e zonas de circulação, a colocação de qualquer tipo de utensílios ou mobiliário, como bicicletas, motorizadas, bilhas de gás, pequenos móveis ou outros similares;

d) O acesso à cobertura e/ou telhado;

e) A execução e emissão de fumos, nomeadamente assados em carvão ou queimadas.

LEGISLAÇÃO

3. Em geral, são deveres dos residentes:

a) Manter as escadas e os pátios limpos e em condições de higiene e conservação adequadas;

b) Não depositar lixo, senão nos locais para isso destinados;

c) Não fazer ruídos que incomodem os vizinhos;

d) Manter a porta de entrada do prédio fechada, sempre que possível, e zelar pela sua conservação e bom estado da fechadura;

e) Não violar e não abrir as caixas eléctricas, ou outras relativas a prestação pública de serviços (gás, telefones, televisão, etc.);

f) Pagamento de uma quota mensal para despesas de manutenção dos espaços comuns, designadamente com limpeza, substituição de lâmpadas e vidros partidos.

4. O valor da quota mensal referida na alínea f) do número anterior, será graduada entre o limite mínimo de 100$00 (cem escudos) e o limite máximo de 50% da importância da renda mínima estabelecida pela portaria, publicada anualmente nos termos da actualização prescrita pelo Decreto-Lei nº 166/93, de 7 de Maio.

Artigo 5º – Competências

A Administração e gestão das partes comuns do prédio compete à Câmara Municipal coadjuvada pelos representantes de prédio, eleitos pela respectiva assembleia de inquilinos.

Artigo 6º – Assembleia de inquilinos

1. A assembleia reúne-se duas vezes por ano, ou mais vezes se for convocada por motivos imperiosos, em local comum do prédio, ou outro se previamente acordado.

2. De cada reunião deverá ser feita uma acta contendo o que de relevante nela se tiver passado, lacrada pelos representantes do prédio e da qual, obrigatoriamente, entregarão cópia à Câmara Municipal, depois de devidamente assinada por todos os presentes.

3. As deliberações são tomadas por maioria de votos dos inquilinos presentes ou dos seus representantes.

4. Poderão representar o inquilino, para os efeitos do número anterior, qualquer pessoa maior de 18 anos que faça parte do seu agregado familiar, bem como outro inquilino do prédio, sendo título bastante declaração assinada pelo próprio.

5. Os inquilinos faltosos à reunião da assembleia terão conhecimento da respectiva acta, obrigatoriamente no prazo máximo de 15 dias.

Artigo 7º – Eleição dos representantes de prédio

1. Os representantes de prédio são eleitos pela assembleia de inquilinos, em local a definir pela Câmara, na qual estarão presentes técnicos representantes desta, com direito de intervenção.

2. Os representantes de prédio terão um mandato de, em média, dois anos, sendo as respectivas reuniões para a sua eleição convocadas pela Câmara Municipal, e só serão exonerados por esta.

3. Os mesmos prestarão contas na reunião do final do seu mandato, a qual coincidirá com a eleição de novos representantes.

4. O cargo de representante de prédio é remunerável, na forma de desconto de _ % na respectiva renda mensal do seu locado.

Artigo 8º – Funções do representante de prédio

1. São funções do representante do prédio, além de outras, lícitas, que lhe sejam atribuídas pela assembleia de inquilinos:

a) Convocar a assembleia de inquilinos;

b) Recebimento da quota mensal de cada inquilino, nos termos acordados na última assembleia de inquilinos;

c) Regular e zelar pelo uso das coisas comuns e pela prestação dos serviços de interesse comum;

d) Executar as deliberações da assembleia;

e) Representar o conjunto dos inquilinos perante a Câmara ou representantes desta;

f) Colaborar com os técnicos municipais no âmbito da gestão da habitação social;

g) Redigir as actas conforme modelo anexo, e fornecê-las a todos os inquilinos e à Câmara Municipal;

h) De uma maneira geral, fazer observar aos inquilinos os deveres descritos no artigo 4º.

Artigo 9º – Sanções aos representantes de prédio

1. Quando no exercício do seu mandato, os representantes de prédio que não cumpram os deveres a que estão sujeitos ou mostrem manifesto desinteresse pelas suas funções, ou ainda quando ele seja notório, perderão a bonificação adveniente do desconto da sua renda.

2. No caso do número anterior, a Câmara convocará uma reunião da assembleia de inquilinos para a substituição do ou dos representantes do prédio.

Artigo 10º – Sanções aos inquilinos

1. O inquilino que não efectue, dentro do mês seguinte, o pagamento da quota mensal correspondente, ficará sujeito a um acréscimo de 50%.

2. O inquilino devedor de quotas mensais ou rendas em atraso, não pode ser eleito representante de prédio enquanto não regularizar a situação.

Artigo 11º – Fiscalização

Compete ao Serviço de Polícia Municipal a fiscalização dos actos dos residentes lesivos do interesse público municipal, da violação das normas do presente regulamento e, bem assim, daqueles que forem passíveis de contra-ordenação, devendo sempre informar o Departamento de Habitação sobre as irregularidades detectadas.

E para constar se passou o presente e outros de igual teor, que vão ser afixados nos lugares públicos do costume.

Oeiras, 5 de Agosto de 2002

A Presidente
(*Teresa Maria Silva P. Zambujo*)

Edital
nº 49/2002
Câmara Municipal de Oeiras

ISALTINO AFONSO MORAIS, LICENCIADO EM DIREITO, PRESIDENTE DA CÂMARA MUNICIPAL DE OEIRAS

FAZ PÚBLICO que, a Assembleia Municipal de Oeiras, em sessão ordinária realizada em 20
de Novembro de 2001, aprovou, mediante proposta desta Câmara Municipal, tomada em
reunião ordinária, realizada em 31 de Outubro de 2001, o *Regulamento para a Edificação de Marquises*.

"REGULAMENTO PARA A EDIFICAÇÃO DE MARQUISES"

Considerando o elevado número de situações irregulares no que respeita à colocação de marquises e fechamento de varandas, subsistente apesar das normas regulamentares há muito vigentes no Município de Oeiras;

Considerando que até à entrada em vigor do regulamento sobre edificações urbanas, complementar ao Decreto-Lei nº 555/99, de 16 de Dezembro, com as alterações introduzidas pelo Decreto-Lei nº 177/2001, de 4 de Junho, importará não só manter a disciplina atinente ao licenciamento de marquises e do fecho de varandas, mas igualmente possibilitar a correcção das irregularidades;

Considerando que, para além da reposição da legalidade, importa clarificar direitos e deveres dos interessados, quer sejam proprietário, inquilinos ou condóminos, tendo em vista as relações entre estes ou entre eles e a autarquia, bem como contribuir para a contínua qualificação do Concelho ao nível dos aspectos arquitectónico e de ambiente urbano;

Considerando ainda ser do interesse colectivo a adopção de medidas procedimentais simplificadas e flexíveis, em ordem a atingir os objectivos referidos, nomeadamente quanto à instrução dos processos de legalização;

São aprovadas, ao abrigo do disposto no art. 3º do Decreto-Lei nº 555/99, de 16 de Dezembro, com as alterações introduzidas pelo Decreto-Lei nº. 177/2001, de 4 de Junho, do art. 5º nº 1, do Regulamento Geral das Edificações Urbanas, aprovado pelo 38.382 de 7 de Agosto de 1951, e no exercício do poder regulamentar conferido pelo art. 241º da Constituição da República Portuguesa e pelas alíneas a) do nº 2 e b) do nº 3, ambas do art. 53º do Decreto-Lei nº 169/99, de 18 de Setembro, as seguintes normas:

Capítulo I
Disposições técnicas

Artigo 1º – Definição

Considera-se marquise, para efeitos do presente Regulamento, o espaço envidraçado, normalmente na fachada dos edifícios, fechado na totalidade ou em parte, incluindo as varandas fechadas por estruturas fixas ou amovíveis.

Artigo 2º – Implantação

1. As marquises podem ser implantadas:

a. Em varandas salientes em relação ao plano das fachadas;
b. Em varandas recolhidas em relação ao plano das fachadas;
c. Em varandas de tipo misto (recolhidas e salientes simultaneamente);
d. Em varandas corridas abrangendo vários compartimentos;
e. Em terraço de cobertura ao nível do logradouro em geral quando se prolonga
o piso térreo;
f. No logradouro dos estabelecimentos comerciais ou industriais.

Artigo 3º – Edificações no último piso

As edificações no último piso recuado dos edifícios e nos terraços de cobertura que constituam amarquisados, bem como aqueles que impliquem o aumento de área coberta, só poderão ser licenciados mediante projecto próprio de alterações, a apresentar à Câmara Municipal, não podendo beneficiar das normas transitórias previstas no Capítulo II deste Regulamento.

LEGISLAÇÃO

Artigo 4º – Instrução dos projectos

1. Sem prejuízo do previsto no Capítulo II, os pedidos de licenciamento de marquises que não integrem pedidos de licenciamento ou autorização para obras, são instruídos de acordo com o disposto no regime jurídico da urbanização e edificação, com as necessárias adaptações.

2. Os originais dos documentos deverão ser acompanhados de duas cópias, sendo uma delas, depois de aposta nota de recepção, devolvida ao apresentante.

3. O projecto ficará anexo ao processo inicial respeitante ao edifício.

4. No pedido deverá figurar qual o título que confere ao requerente a faculdade de edificar o pretendido.

5. Sendo o locatário a formular o pedido, deverá este juntar uma declaração de concordância do proprietário.

6. Quando se trate de fracções em regime de propriedade horizontal, o requerimento será acompanhado de cópia autenticada da acta da Assembleia de Condóminos aprovada nos termos do nº 3 do artigo 1422º do Código Civil, de onde conste a respectiva autorização.

Artigo 5º – Normas técnicas gerais

A apreciação dos projectos relativos a marquises rege-se pelo disposto no Regulamento Geral das Edificações Urbanas e pelas restantes normas legais e regulamentares aplicáveis.

Artigo 6º – Normas técnicas especiais

1. As estruturas a implantar devem, sempre que possível, respeitar a uniformidade de materiais e cores e volumetrias.

2. Nas varandas corridas, existindo instalações sanitárias que fiquem com "segunda luz", terá de ser adoptado sistema de ventilação forçada eficaz, para garantir o arejamento das mesmas.

3. As marquises tipo esplanada e as dos estabelecimentos comerciais e industriais nos logradouros constituirão sempre casos especiais e serão objecto de análise individual.

Capítulo II
Normas transitórias

Artigo 7º – Legalização

As marquises construídas até à data de entrada em vigor deste regulamento sem a adequada licença podem ser legalizadas nos termos dos artigos seguintes.

Artigo 8º – Pedido de legalização

1. O requerimento, dirigido ao Presidente da Câmara, deverá ser instruído com os seguintes documentos:

a. Memória descritiva sumária, com indicação do material empregue;
b. Planta do andar, com indicação precisa do local de construção;
c. Fotografia a cores da fachada onde se implanta a marquise.

2. O requerimento deverá ainda ser acompanhado de cópia da acta da Assembleia de Condóminos, de onde conste a autorização para alteração pretendida, aprovada nos termos do art. 1422º, nº 3, do Código Civil, caso se trate de edifício em propriedade horizontal.

3. Quando o requerente for simples inquilino, deverá ser junta autorização do respectivo senhorio, se não constar do documento previsto no número anterior.

Artigo 9º – Condições de legalização

1. As marquises só poderão ser legalizadas desde que respeitem a homogeneidade da fachada, nomeadamente quanto à uniformidade de materiais e quanto à forma construtiva, relativamente a outras existentes e legalizadas.

2. Poderá constituir motivo de indeferimento a existência de saliências não resultantes da construção original dos edifícios, nomeadamente ao nível do andar térreo.

3. Poderá constituir ainda condição de legalização a execução de obras de conservação ou reparação necessárias das marquises ou dos elementos em que estas assentam.

Artigo 10º – Isenções

1. O procedimento de legalização previsto no presente capítulo isenta o requerente do pagamento de taxas agravadas, se requerido no prazo de dois anos posteriores à entrada em vigor deste Regulamento.

2. Os processos de contra-ordenação instaurados serão suspensos se, até à Decisão dos mesmos, tiver sido apresentado projecto de legalização.

3. As marquises não legalizadas após o decurso do prazo previsto no número um deste artigo deverão ser retiradas e ser reposta a situação inicial, sem prejuízo de procedimento criminal por crime de desobediência qualificada e execução forçada por via judicial, nos termos gerais.

Artigo 11º – Fiscalização

Compete aos Serviços de Polícia Municipal fiscalizar a existência de marquises ilegais e proceder de imediato ao levantamento do respectivo auto de ocorrência.

Capítulo III
Disposições finais

Artigo 12º – Sanções

1. As situações irregulares para as quais não seja solicitada a respectiva legalização, ou que venham a ser indeferidos, continuarão sujeitas às sanções legais e regulamentares previstas.

2. O pagamento de quaisquer coimas não isenta o proprietário da obrigação de remover a marquise não licenciada.

Artigo 13º – Vigência

1. É revogado o regulamento sobre marquises constante do Edital aprovado pela Assembleia Municipal de Oeiras em 15 de Fevereiro de 1979.

2. O presente regulamento entra em vigor 30 dias após a sua publicação.

E para constar se passou o presente e outros de igual teor, que vão ser afixados nos lugares públicos do costume.

Oeiras, 15 de Janeiro de 2002

O PRESIDENTE,
(*Isaltino Afonso Morais*)

Acordo
de "Cedência e utilização de equipamentos"

Capítulo I
Objecto

Artigo 1º – Constituição

1. A Assembleia Extraordinária do "Condomínio Rua das Castanholas nºs 7 a 23", freguesia e concelho do Cadaval – actas 2 e 4 –, foi *deliberado* celebrar um "Acordo de Cedência e utilização de equipamentos". Ora, avante, abreviadamente designado apenas por *"Acordo"*.

2. O presente "Acordo" rege a *"cedência e utilização de equipamentos de lazer dos "espaços comuns", em área descoberta"*.

Artigo 2º – Propriedade Privada e "espaços comuns"

1 – Constituem propriedade privada:

a) As fracções autónomas e independentes designadas pelas letras "*A*" a "*P*", constantes na escritura pública lavrada no Cartório Notarial do Cadaval, em 12/1/2007, sitas na Rua das Castanholas, e inscrito provisoriamente sob o artigo P 2545;

b) As fracções autónomas e independentes designadas pelas letras "*A*" a "*P*", constantes na escritura pública lavrada no Cartório Notarial do Cadaval, em 9/4/2007, sitas na Rua das Castanholas, nºs 13, 15 e 17, e inscrito provisoriamente sob o artigo P 2596;

c) As fracções autónomas e independentes designadas pelas letras "*A*" a "*Q*", constantes na escritura pública lavrada no Cartório Notarial do Cadaval, em 15/10/2007, sitas na Rua das Castanholas, nºs 7, 9 e 11, e inscrito provisoriamente sob o artigo P 2623;

2 – Constituem *"espaços comuns"* todos e quaisquer equipamentos de diversão e lazer integrados nos aludidos edifícios objecto do presente *"**Acordo**"*. Designadamente:

a) logradouro com piscina e terraço (churrasqueira);
b) parque infantil;
c) túnel e logradouro.

Capítulo II
Direitos e obrigações dos condóminos

Artigo 3º – Direitos e utilização

1 – Os Condóminos dos edifícios descritos nas alíneas *a)* a *c)* do nº 1 do artigo anterior, acordam *inter partes* a cedência e utilização dos equipamentos constantes no nº 2 do artigo anterior.

2 – A utilização da piscina efectuar-se-á da seguinte forma:

a) Condóminos;
b) E/ou residentes das aludidas fracções autónomas.

3 – A utilização da churrasqueira efectuar-se-á da seguinte forma:

a) Condóminos;
b) E/ou residentes das aludidas fracções autónomas.

Artigo 4º – Encargos

1 – As despesas necessárias à conservação, manutenção, reparação, e exploração dos *"**espaços comuns**"* em área descoberta, são suportadas pelos Condóminos na proporção do valor das respectivas fracções, em conformidade com o previsto nos respectivos títulos constitutivos.

2 – São serviços de interesse comum os seguintes:

a) serviços de segurança;
b) serviços de manutenção preventiva, condicionada, correctiva e curativa;
c) serviços de jardinagem;
d) serviços de limpeza;
e) todo e qualquer serviço de conservação, manutenção, assistência técnica ou outro de interesse comum que a Assembleia de Condóminos delibere fazer incluir em orçamento anual, extraordinário ou complementar.

Capítulo III
Administração

Artigo 6º – Órgãos Administrativos
A Administração dos espaços e equipamentos comuns compete à Assembleia de Condóminos e, ao Administrador em exercício.

Capítulo IV
Disposições gerais

Artigo 5º – Penalização
A denúncia do presente "Acordo", implicará uma contra-prestação no montante de € 40 000,00 (Quarenta mil euros).

Artigo 7º – Entrada em Vigor e Alteração do Estatuto
O presente Acordo entra em vigor imediatamente após a sua aprovação.

ÍNDICE

1º Caso Prático: A primeira Acta — 9
2º Caso Prático: Alteração do destino da fracção — 19
3º Caso Prático: Inovações: uma pala — 25
4º Caso Prático: Ruído de obras e vizinhança — 31
5º Caso Prático: Construção *"box"*... — 37
6º Caso Prático: Alteração propriedade horizontal / Procuração — 41
7º Caso Prático: Instalação de painéis solares!... — 53
8º Caso Prático: Infiltrações nas partes comuns/Ocupação partes comuns — 59
9º Caso Prático: Seguro de incêndio — 63
10º Caso Pratico: Procurações/Assinatura Acta/*"Livro de Reclamações"*/
Comissão de Acompanhamento — 67
11º Caso Prático: Destino casa da porteira — 75
12º Caso Prático: Afixação quotização — 85
13º Caso Prático: Quotizações em atraso — 97
14º Caso Prático: Acessibilidade e mobilidade nas partes comuns — 101
15º Caso Prático: Reparações indispensáveis e urgentes — 105
16º Caso Prático: Exoneração do Administrador — 111
17º Caso Prático: Assembleia extraordinária/Quotizações extraordinárias — 119
18º Caso Prático: Penhora partes comuns: casa da porteira — 123
19º Caso Prático: Penas pecuniárias — 143
20º Caso Prático: Sala do condomínio/Regulamento — 153
21º Caso Prático: Impugnação de deliberações — 155
22º Caso Prático: Danos na garagem — 161
23º Caso Prático: Administração: divisão ou união? — 165
24º Caso Prático: Obras nas partes comuns — 169
25º Caso Prático: Falta de quórum / instalação de equipamento
de videovigilância — 177

CONDOMÍNIO – CASOS RESOLVIDOS, LEGISLAÇÃO E JURISPRUDÊNCIA

Legislação

Código Civil	181
Relações entre Condóminos e Terceiros (Decreto-Lei nº 268/94, de 25 de Outubro)	193
Conta Poupança Condomínio (Decreto-Lei nº 269/94, de 25 de Outubro)	197
Portaria 2/75 de 1975, de 2 de Maio	201
Portaria nº 1172/2010, de 10 de Novembro	209
ACTUALIZAÇÃO SALARIAL – 2011 (PORTEIROS PRÉDIOS URBANOS)	211

Impressos

Registo Nacional de Pessoas Colectivas	215
Formulário Notificação Videovigilância Edifícios de habitação/condomínio	217

Minutas

1. Convocação Assembleia de Condóminos	223
2. Convocação Assembleia de Condóminos (usufrutuário)	224
3. Procuração	225
4. Declaração condómino não residente	226
5. Procuração	228
6. Lista Presenças	229
7. Acta Assembleia de Condóminos	230
8. Comunicação condóminos ausentes	231
9. Comunicação Assembleia de Condóminos (Discordância)	232
10. Assembleia Extraordinária de Condóminos	233
11. Convocação Assembleia Extraordinária de Condóminos	234
12. Acta Assembleia Extraordinária de Condóminos	235
13. Nomeação judicial de Administrador de Condomínio	236
14. Impugnação	
15. Carta cobrança coerciva de quotizações	
16. Processo de Execução Fiscal / Penhora de bens	242
17. Reclamação de créditos	245
18. Contrato de administração de condomínio	246
19. Contrato de Porteiro	248
20. Contrato de Trabalho	252
21. Julgados de Paz: Acção	254
22. Sentença Julgados de Paz	260
23. Emissão DUC	263
24. Liquidação DUC	264
25. Acção Executiva	265

Regulamentos

– Estatuto Condomínio fechado (Terraços do Mondego)	271
– Estatuto Condomínio "O Cruzeiro" (Habitação e espaços não habitacionais)	287
– Regulamento Parque de Estacionamento	291
– Regulamento Piscina "Quinta da Barraca"	295
– Regulamento sobre as Partes Comuns dos Prédios em regime de Arrendamento Municipal	229
– Regulamento para edificação de Marquises	299
– Acordo (Cedência e utilização de equipamentos)	311